NOUVELLES ÉTUDES SUR LES LIEUX DE SPECTACLE DE LA PREMIÈRE MODERNITÉ

Nouvelles études sur les lieux de spectacle de la première modernité

dirigé par
Pauline Beaucé et Jeffrey M. Leichman

OpenBook
Publishers

https://www.openbookpublishers.com

St Andrews Studies in French History and Culture | 1
ISSN Print: 2755-2632
ISSN Digital: 2755-2640

ISBN Paperback: 978-1-80511-284-6
ISBN Hardback: 978-1-80511-285-3
ISBN PDF: 978-1-80511-286-0
ISBN eBook (EPUB): 978-1-80511-203-7
ISBN HTML: 978-1-80511-289-1

DOI: 10.11647/OBP.0400

Contents

IV. THÉÂTRES IMAGINÉS   125

Remerciements

Nous tenons à remercier toutes les personnes et institutions dont le soutien a rendu possible la publication de ces *Nouvelles études sur les lieux de spectacle de la première modernité*. Tout d'abord, nous remercions Alessandra Tosi, Cameron Craig et toute l'équipe d'Open Book Publishers, pour leur accueil professionnel et l'efficacité de leur gestion du montage de ce beau livre. Nous remercions les experts qui ont contribué à la forme définitive de cet ouvrage par leur lecture attentive et rigoureuse. Les origines de ce volume remontent à une bourse de la *Transatlantic Research Partnership* (à l'époque, Thomas Jefferson Fund) obtenue en 2020 des services culturels de l'Ambassade de France aux États-Unis. Ce soutien précieux nous a permis de lancer un projet de recherche collaboratif, *Virtual Theatres in the French Atlantic World, Urbanism and Spectacle* (*18th-19th centuries*), et d'organiser (avec la participation de la Louisiana State University, de l'unité de recherche ARTES et de l'université Bordeaux Montaigne), à Bordeaux, en décembre 2022, le colloque international dont une partie des contributions est issue. Nous remercions chaleureusement les contributeurs et les contributrices de ce volume d'avoir enrichi notre réflexion au-delà de nos attentes, et relevé le défi d'un calendrier de publication serré, afin de partager ces travaux dans les meilleurs délais, sans en compromettre la qualité scientifique. Nous remercions enfin particulièrement pour leur généreux soutien financier l'Institut universitaire de France et le *Provost's Fund for Innovation in Research de la Louisiana State University*, ainsi que ses deux chaires de recherche, le *Jacques Arnaud Professorship II in French Studies* et le *William Boizelle Professorship in French Studies*.

Introduction :
Des archives au virtuel (aller-retour)

Pauline Beaucé et Jeffrey M. Leichman

L'histoire des lieux de spectacle n'est pas, comme on l'envisage encore trop souvent, un catalogue de solutions architecturales et scénographiques. C'est l'opportunité d'entrer dans des processus complexes, aux intervenants multiples. C'est [...] une autre façon de parler du théâtre.

Sandrine Dubouilh, « Le lieu théâtral comme objet de recherche : enjeux, méthodes et perspectives », *Horizons/théâtre*, n° 15, 2022, p. 25.

L'exergue pointe un désir commun aux études ici rassemblées, d'écrire l'histoire des lieux de spectacle de la première modernité en sondant de nouvelles perspectives historiographiques. Notre objectif est de relever un défi épistémologique autour de la notion de virtuel pour la recherche en histoire du théâtre, ce qui engage des formats différents de réflexion (entretiens, articles multimédia, brèves de méthodologie, exposition) afin d'ouvrir la discussion aux chercheurs et chercheuses en littérature, musicologie, histoire, études théâtrales, histoire de l'art, informatique, architecture et sciences du numérique. Le titre que nous donnons à cette introduction résume à la fois la méthode et la volonté d'un renouveau interprétatif ancré dans le concret des archives multiformes, en partant d'hypothèses rendues possibles par des perspectives contemporaines – qu'il s'agisse d'outils techniques ou de revalorisation d'objets autrefois jugés mineurs ou sans intérêt – afin de situer le lieu de spectacle aussi largement que possible au carrefour des imaginaires et de ses usages pratiques. Vu sous cet angle, le lieu de spectacle est avant tout la conjugaison du tangible (l'environnement bâti urbain, salles, décors, et leurs traces matérielles) avec le momentané (la performance, les évolutions techniques, politiques et artistiques). Cet ouvrage témoigne de l'essor des recherches sur l'histoire matérielle des spectacles et sur les considérations autour du virtuel qui orientent désormais les travaux d'une large communauté scientifique, allant des doctorants aux professeurs chevronnés. Il intègre aussi une réflexion sur la transmission des savoirs car ces recherches ne sont pas déconnectées d'enjeux pédagogiques. La diversité des objets de recherches, des méthodes et des résultats rassemblés éclairent non seulement la question des lieux mais aussi inévitablement et expressément maints autres aspects de l'histoire du théâtre.

***

https://doi.org/10.11647/OBP.0400.00

Le virtuel est d'abord ce qui est en puissance, ce qui reste à l'état de potentialité, de possibilité, sans jamais être actualisé, définition qui place le virtuel dans le giron de l'imaginaire. Ce terme a aussi pris un sens propre à son usage dans le monde informatique au XXe siècle, renvoyant alors à l'univers du numérique qui se déploie comme un double ou un prolongement du réel. C'est ce sens qui prime dans l'expression « réalité virtuelle », une réalité non pas en puissance ou à l'état de possibilité mais simulée par la perception de présence physique de l'utilisateur dans un environnement créé informatiquement. La réalité virtuelle (RV) n'a pas encore réalisé le potentiel initialement projeté de recréer le monde dans l'espace informatique (pensons aux déceptions du métaverse), mais ce dispositif produit néanmoins des effets notables, surtout l'impression immanquable d'être immergé dans un espace différent de celui où se trouve son corps physique, une capacité qui rend la RV particulièrement utile pour l'étude des lieux historiques. Mais bien au-delà d'une nouvelle modalité numérique, le virtuel est aussi un élément propre à l'architecture (projets papiers) et à la performance théâtrale elle-même. La scène de théâtre se caractérise par sa virtualité, au carrefour de toutes les potentialités qui la composent (texte avant son passage à la scène par exemple) et son rapport complexe au réel. Les chapitres suivants cherchent à promouvoir la réflexion autour des concepts et des procédés du virtuel, dans toute leur polysémie, en même temps qu'elles enrichissent l'histoire matérielle des spectacles. Ce volume représente ainsi une volonté de déployer la plurivocité du virtuel contre une tradition de cloisonnement disciplinaire, tant la diversité des considérations qui déterminent la réalisation du lieu de théâtre excède les limites factices de l'organisation académique. Il s'agit d'étendre les domaines de recherche, de mobiliser des expertises diverses et de bousculer les habitudes intellectuelles afin de réévaluer les sources et de faire dialoguer les époques entre elles.

Des échafauds simples ou complexes à la fin du Moyen Âge aux théâtres-temples et espaces hybrides des Lumières en passant par les jeux de paume et autres lieux d'enveloppes diverses dédiés à la performance, les espaces du spectacle ne sauraient se réduire à quelques modèles[1]. L'intérêt que leur porte la recherche en histoire de l'art et du théâtre n'est pas neuf[2], mais depuis l'avènement du numérique à la fin

---

1   Sandrine Dubouilh, « Le lieu théâtral comme objet de recherche : enjeux, méthodes et perspectives », *Horizons/théâtre*, n° 15, 2022 ; Pauline Beaucé, Dubouilh, Cyril Triolaire (dir.), *Les espaces du spectacle vivant dans la ville : permanences, mutations, hybridité (XVIIIe–XXIe s.)*, Clermont-Ferrand, Presses universitaires Blaise-Pascal, 2021.

2   Quelques références sans prétendre à l'exhaustivité : Anne Surgers, *Scénographies du théâtre occidental*, Paris, Armand Colin, 2000 ; Charles Mazouer (dir.), *Les lieux de spectacle dans l'Europe du XVIIe siècle*, Tübingen, Gunter Narr, 2006 ; Marvin Carlson, *Places of Performance: The Semiotics of Theatre Architecture*, Ithaca, Cornell University Press, 1989 ; Gay McCauley, *Space in Performance: Making Meaning in Theatre*, Ann Arbor, University of Michigan Press, 1999 ; Pannill Camp, *The First Frame: Theatre Space in Enlightenment France*, Cambridge, Cambridge University Press, 2014 ; Joanne Tompkins, *Theatre's Heterotopias: Space and the Analysis of Performance*, Basingstoke, Palgrave Macmillan, 2014 ; Juliet Rufford, *Theatre & Architecture*, Londres, Macmillan Education UK, 2015 ; Michèle Sajous d'Oria, *Bleu et or : la scène et la salle en France au temps des Lumières*, Paris, CNRS Éditions, 2007 ; Yuji Nawata et Hans Joachim Dethlefs (dir.), *Performance Spaces and Stage*

du XXᵉ siècle, il s'accompagne de nouvelles potentialités. Aux recensements et aux méthodes d'analyse et de restitutions traditionnelles, s'ajoutent les outils offerts par les technologies numériques (modélisation, infographie, réalité virtuelle, les systèmes d'information géographique ou SIG) et les usages nouveaux (médiation culturelle, jeux vidéo, création artistique[3]). La visualisation informatique, désormais au cœur de la transmission du savoir dans beaucoup de domaines, permet non seulement de voir, d'analyser et de situer les espaces mais aussi de faire l'expérience sensible des lieux du passé, offrant des perspectives pédagogiques importantes. Les attraits des nouvelles technologies pour réinvestir l'étude du passé ne sont cependant pas neutres, et appellent même à une vigilance particulière de la part du chercheur, car l'illusion perfectionnée convainc sans besoin de raisonner et la perspective d'une histoire fausse, voire révisionniste, demande une méthode exigeante[4]. Dans la mesure où l'une des spécificités de l'outil informatique est de produire des rendus visuels réalistes sans besoin de fondement dans la réalité, la recherche se doit de déployer ces outils avec le même soin appliqué aux interprétations visuelles d'autrefois. C'est une leçon livrée au début de l'ère des ordinateurs personnels par le travail de John Golder, qui s'est tourné vers l'infographie afin de déjouer des erreurs dans la compréhension du théâtre du Marais. Dans ce cas, il s'agissait de questionner un mode d'autorité visuelle plus ancien : les dessins réalisés par des architectes à base d'informations incomplètes, mais considérés véritables pendant des années à cause de leur exécution soignée[5]. Quarante ans plus tard, les avancées graphiques rendent d'autant plus pertinent le point principal de Golder, à savoir que la documentation historique, la collecte des archives et leur analyse doivent fonder toute représentation visuelle des lieux de spectacle du passé – et surtout les images numériques.

Que reste-t-il des lieux de spectacle de la première modernité ? Dans quelques cas, il reste un bâtiment rénové dont on conserve encore des éléments (pensons aux décors du théâtre public de Feltre, en Italie, étudiés par Raphaël Bortolotti), dans d'autres des vestiges, parfois menacés de ruine complète (le cas du « Vieux Théâtre » de Morlaix analysé par Rafaël Magrou et ses étudiantes). Mais souvent ne subsiste que peu voire aucune trace matérielle, lacune à combler par les nombreuses sources qui sont à disposition pour comprendre, imaginer et restituer ces espaces avérés ou

---

Technologies: A Comparative Perspective on Theatre History, Transcript Publishing, 2022, https://doi.org/10.1515/9783839461129 ; Jan Clarke, *The Guénégaud Theatre in Paris (1673–1680). Volume One: Founding, Design and Production*, Lewiston-Queenston-Lampeter, The Edwin Mellen Press, 1998.

3 Parmi les nombreux projets visant à mêler réalité virtuelle, modélisation 3D et création artistique citons le récent projet ARTECH (2023–2025) né d'un partenariat entre le Théâtre du Chatelet, la plateforme de réalité virtuelle VRtuoz et l'école d'ingénieurs des sciences et technologies numériques Télécom Sud Paris, https://www.telecom-sudparis.eu/wp-content/uploads/2023/05/Communique%CC%81-de-presse-projet-ARTECH-Vf.pdf.

4 Jeffrey M. Leichman, « Depth Match: History, Theatre and Digital Games », *The Eighteenth Century*, vol. 62, n° 1, 2021, p. 1–20; *id.*, « Game Never Over: Replaying History in Interactive Digital Simulation », *L'Esprit Créateur*, vol. 62, n° 2, été 2022, p. 62–74.

5 John Golder, « The Théâtre du Marais in 1644: A New Look at the Old Evidence Concerning France's Second Public Theatre », *Theatre Survey*, vol. 25, n° 2, novembre 1984, p. 127–152.

hypothétiques intimement associés à l'activité du spectacle. La première qui vient à l'esprit, l'iconographie (plans, dessins, peintures, gravures, etc.), revêt un caractère paradoxal : déceptive parce que souvent inexistante, partielle (un plan sans échelle, un dessin abîmé, un croquis isolé[6], etc.) ou partiale (par exemple une peinture qui reflète le point de vue de l'artiste ou une restitution postérieure), elle n'en reste pas moins un puissant catalyseur et une source majeure pour l'histoire matérielle du théâtre[7]. Une partie de l'intérêt de ces images réside dans les difficultés interprétatives qu'elles soulèvent : *quid* d'un plan dont on ne sait quel état il présente, d'une esquisse nimbée de mystère, d'une gravure sans légende, d'une restitution numérique éblouissante mais peu documentée ? Les images, quand elles existent, ne sauraient se suffire à elles-mêmes pour analyser ou restituer un espace théâtral dont les « dimensions » comprennent aussi bien sa taille que ses usages et son importance sociale[8]. Depuis longtemps la recherche scientifique s'appuie sur d'autres sources, parfois plus arides (devis, contrats, archives administratives et policières, textes et musiques, description dans des sources textuelles, etc.). La méthodologie qui traverse les études rassemblées dans ce livre s'articule autour de la relation complexe des archives au virtuel, et ce même lorsqu'il n'est pas question d'appliquer des techniques de visualisation numérique, tant leur omniprésence dans le monde habité par les chercheurs contemporains les établit comme une finalité à tout moment possible. Faire résonner l'histoire des lieux de spectacle avec la notion de virtuel, loin de mettre de côté la question des sources au profit d'une réflexion sur les technologies, place au contraire la focale sur les archives, leur pluralité, la complexité de leur analyse à tous les niveaux de la recherche sur les lieux, en leur donnant une épaisseur historique qui dépasse une représentation visuelle isolée.

***

---

6   Voir Jan Clarke, « L'Hôtel Guénégaud selon un croquis inédit », *Papers on French Seventeenth-Century Literature*, vol. 45, n° 88, 2018, p. 159–179.

7   L'iconographie théâtrale est aussi bien entendu utilisée pour la recherche sur les techniques d'interprétation, voir David Wiles, « Seeing is Believing: The Historian's Use of Images », dans Charlotte Canning et Thomas Postlewaite (dir.), *Representing the Past: Essays in Performance Historiography*, Iowa City, University of Iowa Press, 2010 ; Sajous d'Oria et Pierre Rosenberg (dir.), *Le dessin et les arts du spectacle*. vol. 2, *Le geste et l'espace II*, Villeneuve-l'Archevêque, L'Échelle de Jacob, 2019.

8   Plus largement sur les difficultés du travail en iconographie théâtrale on relira les travaux de Martine de Rougemont et l'article fondateur de Christopher Balme, « Interpreting the Pictorial Record: Theatre Iconography and the Referential Dilemma », *Theatre Research International*, vol. 22, n° 3, 1997, p. 190–201. Voir aussi Clarke, « Problematic Images: Some Pitfalls Associated with the Use of Iconography in Seventeenth-Century French Theatre History », *Theatre Journal*, vol. 69, n° 4, 2017, p. 535–553, https://www.jstor.org/stable/48560826 (consulté le 30 juin 2023) ; Guy Spielmann, « Problématique de l'iconographie des spectacles sous l'Ancien Régime : une étude de cas à partir des frontispices du *Théâtre de la Foire* (1721–1737) », *Revue d'histoire du théâtre*, n° 237, 2008, p. 77–86 ; Julie Anne Plax, « Theatrical Imagery and Visual Conventions », Actes du 2d colloque international Cesar, https://cesar.huma-num.fr/cesar2/conferences/cesar_conference_2006/confintro.html (consulté le 4 juillet 2023).

Ce volume s'inscrit – par son interdisciplinarité, l'empan chronologique couvert, le resserrement géographique principalement sur l'espace francophone, et les problématiques exploratoires choisies – dans le sillage de projets collectifs internationaux qui ont permis de recenser des salles oubliées dans les villes de province en France (ANR THEREPSICORE[9]), de restituer des théâtres disparus (*Visualising Lost Theaters*[10]), de recréer une soirée théâtrale dans un théâtre forain du XVIIIe siècle pour explorer les sociabilités à l'œuvre (VESPACE), d'expérimenter la réalité virtuelle pour la pédagogie (ARCHAS), ou encore d'interroger la manière dont l'outil virtuel permet de mettre au jour des lieux qui n'ont jamais abouti, en marge des théâtres institutionnels (The LAB 18-21, RECREATIS, *Virtual Theaters in the French Atlantic World*[11]). Ces projets et travaux récents en histoire du théâtre, dont les exemples cités ne sauraient être exhaustifs[12], proposent des solutions inédites aux questions difficiles posées par l'étude des lieux de spectacle de la première modernité auxquelles le présent ouvrage entend en partie répondre : comment travailler sur des lieux pour lesquels il semble ne rester aucune source visuelle ou matérielle ? Quelles sont les précautions et les méthodes à mettre en œuvre lors de restitutions virtuelles d'espaces du passé ? Quels sont les usages de ces modèles ? Quelle place donner au virtuel, à ce qui n'est resté qu'à l'état de potentialité, dans le discours historique ? Question qui fait écho aux études de l'architecte Yann Rocher et des historiens Pierre Singaravélou et Quentin Deluermoz sur l'histoire des possibles[13].

Ce volume invite à repenser les lieux de spectacle de la première modernité à l'aune d'une virtualité de plus en plus présente dans notre pensée et notre monde. Les études rassemblées partagent une même méthode, malgré les écarts sensibles dans les ressources mobilisées et les objectifs visés : toutes se fondent sur des informations attestées en soulignant les zones de spéculation et en dépliant les étapes de leur interprétation. Un paradoxe se dégage tout particulièrement des contributions qui s'attachent à la visualisation des lieux et objets du passé, à savoir que plus la

---

9   *Le théâtre en province sous la Révolution et l'Empire : salles et itinérance, construction des carrières, réception des répertoires*, dir. par Philippe Bourdin, CHEC, Université Clermont Auvergne.

10 En plus du site, les porteurs de ce projet ont publié un ouvrage : Tompkins, Julie Holledge, Jonathan Bollen et Liyang Xia, *Visualising Lost Theatres. Virtual Praxis and the Recovery of Performance Spaces*, Cambridge, Cambridge University Press, 2022.

11 The LAB 18–21 (Théâtre et lieux de spectacle à Bordeaux XVIIIe–XXIe siècles), projet financé par la PSE de l'université Bordeaux Montaigne (2018–2020) et porté par Beaucé et Dubouilh ; RECREATIS (Recréer en réalité virtuelle : architecture et théâtres inaboutis), projet financé par la MSH de Nantes et porté par Françoise Rubellin et Laurent Lescop.

12 Il serait difficile de l'être vu le nombre de projets et la diversité des périodes qu'ils recouvrent. Citons pour le théâtre antique les travaux de Sophie Madeleine, directrice du Centre interdisciplinaire de réalité virtuelle (*Le théâtre de Pompée à Rome. Restitution de l'architecture et des systèmes mécaniques*, Caen, Presses universitaires de Caen, 2014), le projet de restitution des théâtres oubliés de Dublin au XXe siècle (Hugh Denard et Freya Clare Smith, https://lost-theatres.net) ou encore celui du Palais-Royal au temps de Molière et Lully (carnet de recherche de l'historienne de l'art Gaëlle Lafage, https://moliere.hypotheses.org/).

13 Yann Rocher, *Théâtres en utopie*, Paris, Actes Sud, 2014 ; Pierre Singaravélou et Quentin Deluermoz, *Pour une histoire des possibles. Analyses contrefactuelles et futurs non advenus*, Paris, Seuil, 2016.

réalisation est convaincante, plus le besoin de documentation est pressant, tant la communication par l'infographie a le potentiel de court-circuiter la déontologie de la recherche scientifique par le biais d'un mimétisme séduisant mais dépourvu de référent historique.

***

Ce livre propose différents formats à même de rendre compte des recherches récentes et expérimentales menées par des collègues à l'international. Les contributions donnent une large place à l'image et à la vidéo pour que les lecteurs et lectrices puissent suivre visuellement les démonstrations. Enrichies de plus de cent images, ces *Nouvelles études sur les lieux de spectacle de la première modernité* ont ainsi été pensées pour le support numérique, qui seul permet de nos jours une communication multimédia fluide. La publication en accès ouvert (*open access*), dans la collection *Saint Andrews Studies in French History and Culture*, d'un volume conçu pour profiter des affordances d'un livre numérique natif – publié simultanément dans une belle version imprimée – reflète reflète également une volonté de décloisonner les recherches spécialisées afin d'élargir le cercle de lecteurs et poursuivre les discussions.

Nous avons fait le choix d'organiser les études autour de quatre thématiques qui invitent à explorer les problématiques soulevées sous différents angles. Les premiers chapitres envisagent le lieu de spectacle dans son rapport étroit à la performance. Cyril Triolaire retrace les étapes de la reconstitution virtuelle du théâtre de Clermont-Ferrand au service d'une création contemporaine, alors que François Rémond appuie son analyse de la scène du théâtre de l'Hôtel de Bourgogne au XVIIe siècle sur des hypothèses infographiques. Raphaël Bortolotti étudie méticuleusement les décors existants du théâtre de Feltre, en Italie, afin de préparer une hypothétique reconstitution numérique de ces objets qui, comme les images informatiques, sont des mélanges de création artistique et technique mis au service d'une illusion. La deuxième partie poursuit ces réflexions, troquant la matrice de la performance scénique pour explorer les archives des lieux de spectacle du passé qui échappent aux récits historiques canoniques dans deux chapitres qui reprennent le concept du virtuel en dehors d'une réalisation numérique. Pour Bertrand Porot, il est question de revenir sur les terrains exploités par le couple Vonderbeck-Godefroy, qui dirigeait une entreprise foraine sans pareille au début du XVIIIe siècle, dont il ne reste plus de traces matérielles. Magaly Piquart-Vesperini détaille les enquêtes qu'elle mène afin d'écrire l'histoire des architectures éphémères des wauxhalls parisiens au XVIIIe siècle. Autre exemple de la manière dont l'étude des lieux de spectacle permet de réécrire l'histoire culturelle même de la capitale en imaginant les dimensions sociales et esthétiques d'espaces dont la disparition physique contribue à leur minorisation dans le récit historique. Entre ces deux contributions, nous intégrons une première « brève de méthodologie ». Ce format tout à fait particulier permet à Paul François de présenter, à l'appui de cinq images, les protocoles et les résultats de la restitution spatiale du projet scientifique VESPACE. Il montre à quel point la restitution virtuelle s'appuie sur l'analyse de sources souvent opposées (plans techniques et peintures) pour étayer l'interopérabilité d'une méthode pluridisciplinaire.

Le troisième temps de l'ouvrage donne une place centrale aux enjeux pédagogiques qui sous-tendent nombre des études sur les lieux de spectacle, un champ de recherche où les méthodes et concepts du virtuel se sont révélés particulièrement efficaces. Le premier article expose le contexte et les recherches du projet ARCHAS, porté par Estelle Doudet et Natalia Wawrzyniak à l'université de Lausanne, qui utilise la modélisation du lieu de spectacle et la RV afin de canaliser l'expérience des étudiants dans une recherche sur les textes théâtraux et le jeu corporel de la fin du Moyen Âge. Le virtuel permet une entrée dans la fabrique de l'objet artistique, confère une épaisseur à des textes, à des gestes et des musiques, et donne un accès sensible et rapide à des savoirs du passé. Ensuite l'architecte Rafaël Magrou rend compte, sous forme d'une seconde « brève de méthodologie », du workshop mené avec des étudiantes en architecture sur le « Vieux Théâtre » de Morlaix, où la technologie permet de restituer un passé menacé de destruction matérielle. Cette partie se clôt par un entretien avec Sandrine Dubouilh, architecte DPLG, professeure en études théâtrales, et l'historien du contemporain Nicolas Patin, sur leur expérience commune d'une séance de *Montaigne in Game*, un projet pédagogique qui utilise des jeux vidéo (et notamment la série *Assassin's Creed*, dont le monde informatique est créé en consultation avec des historiens) pour explorer, expérimenter et interroger la vision de l'histoire véhiculée par ces divertissements ultra-populaires[14]. Ce dialogue met en valeur deux aspects importants du virtuel pour l'étude historique, qui sert à la fois de lieu de rencontre entre disciplines, et entre le temps historique et le temps de l'historien. La vertu du virtuel est de nous sortir de notre zone de confort, mais aussi de nous laisser porter par l'inattendu et le contre-intuitif qui ne manquent pas d'apparaître chaque fois qu'on réexamine de manière critique des objets, des époques et des phénomènes que nous croyions bien connaître. Dans tous ces projets, les questions éthiques sur la puissance de l'illusion (et pour ARCHAS et *Montaigne in Game*, l'engouement de pouvoir infléchir la narration en jouant un personnage, une perspective à la première personne qui caractérise la modalité vidéoludique[15]) accompagnent la réflexion critique sur la transmission des savoirs à des générations qui acceptent plus facilement la « vérité » de l'image numérique.

La dernière section de l'ouvrage donne une place visible à des lieux oubliés, à des espaces qui appartiennent au possible. Nous invitons les lecteurs et lectrices à y entrer par une exposition virtuelle conçue par Louise de Sédouy mettant en valeur des recherches sur un faisceau de théâtres non-aboutis à Bordeaux : vingt images de

---

14   Chaîne YouTube du projet : https://www.youtube.com/channel/UCFDO48aiMSBxBXwTMbwuaEg (consulté le 2 juillet 2023).

15   L'analyse désormais classique d'Espen Aarseth propose la catégorie de « littérature ergodique » comme un genre qui exige un effort non-trivial de la part du lecteur afin de traverser le récit, situant le jeu vidéo dans l'évolution d'oeuvres narratives interactives dont la compréhension est dépendante des actions entreprises par l'individu au moment de la lecture (*Cybertext: Perspectives on Ergodic Literature*, Baltimore, Johns Hopkins Press, 1997).

projets utopiques, fantaisistes, innovants et diversement impossibles qui montrent à quel point le développement d'une ville moderne en France est rythmé de propositions de lieux de spectacle, dont chacun aurait changé l'image de la ville. Non seulement ces images témoignent d'un goût pour le spectacle, mais elles nous laissent aussi imaginer d'autres avenirs possibles, et nous interrogent sur la tendance à réduire l'histoire à ce qui a été fait et dit, construit et détruit. Cette réflexion sur des passés urbains alternatifs se prolonge dans les articles de Julien Le Goff, de Logan Connors et de Jeffrey Leichman et Shea Trahan. Le Goff étudie des projets non-aboutis à Nantes, effacés par la construction bien réelle du théâtre Graslin, exposant l'évolution de la pensée d'une autorité civile désireuse de doter la ville d'une salle de spectacle digne de sa nouvelle richesse commerçante. Connors s'intéresse pour sa part à l'impact d'une expérience théâtrale virtuelle (conçue à partir du projet d'un espace pour les spectacles jamais construit) dans la ville militarisée de Brest, et à la manière dont elle permet d'évaluer et d'analyser les rouages administratifs à l'œuvre dans les relations entre militaires, administration royale et édiles urbains. Leichman et Trahan offrent une modélisation numérique d'une immense salle de spectacle projetée sur les bords du Mississipi à La Nouvelle-Orléans en 1805 par l'architecte Jean-Hyacinthe Laclotte. Dans les trois cas, le bâtiment théâtral apparaît comme une potentialité de l'espace urbain qui répond aux besoins politiques et sociaux autant voire plus qu'esthétiques, et dont il est essentiel de comprendre l'existence virtuelle – celle d'une idée qui ne se réalisera jamais – afin d'apprécier pleinement la signification des structures historiquement attestées. Les lieux non aboutis révèlent clairement la circulation des imaginaires urbains et l'importance des lieux culturels dans la construction de la cité occidentale.

Le volume s'achève sur un entretien conclusif avec Françoise Rubellin, professeure de littérature française du XVIIIᵉ siècle et directrice de plusieurs projets numériques sur l'histoire des spectacles de la Foire et de la Comédie-Italienne, et son collaborateur Olivier Aubert, maître de conférences associé en informatique. Leur conversation invite à réfléchir – à l'instar des études qui la précèdent – à l'impact des outils numériques sur la conception du lieu, de l'histoire et de la recherche en sciences humaines et sociales, ainsi que sur la construction de notre réalité actuelle (durabilité, écologie). En guise de conclusion, nous offrons ainsi une ouverture à de futures conversations et études qui confrontent les technologies de pointe et les positionnements épistémologiques renouvelés aux objets de recherche historiquement éloignés, afin de redécouvrir la pluralité de nos passés et le potentiel de notre présent.

I. PERFORMANCES

1. Recréation 3D et création théâtrale contemporaine : enjeux et perspectives du spectacle *1759. Ça commence la Comédie !*

Cyril Triolaire

Résumé

Le Wakan Théâtre, compagnie de théâtre professionnel dirigée par Dominique Touzé, crée en 2011 le spectacle *1759. Ça commence la Comédie !* Cette création met à l'honneur le premier théâtre du Massif central, établi à Clermont-Ferrand en 1759, dans les murs de l'hôtel de ville construit sous l'intendant d'Auvergne Ballainvilliers. Le spectacle intègre la reconstitution en 3D du théâtre, en collaboration avec le cabinet d'architecture Panthéon et 3D Studio EDA. Cet article propose de revenir sur les enjeux de la recréation numérique de ce théâtre disparu à partir de plans de coupe, des dessins des motifs décoratifs de Berinzago, et de plans de ville et d'élévation des bâtiments en deux dimensions. Par-delà la mise en images numériques des sources mobilisées pour ce projet, la confrontation des discours, des architectes 3D, du comédien et de l'historien doivent permettre de réinterroger tout à la fois la matérialité et la mise en espace d'un lieu de spectacle, le lien entre patrimonialisation numérique et création vivante contemporaine, et la portée pédagogique d'un objet une fois le spectacle achevé.

Abstract

In 2011, the Wakan Theatre, a professional theatre company directed by Dominique Touzé, devised a performance called *1759. Ça commence la comédie !* about the first permanent theatre in the Massif Central, built within the walls of the city hall in Clermont-Ferrand at the behest of Intendant of Auvergne Ballainvilliers in 1759. The show integrates a 3D reconstitution of the theatre created in collaboration with the architectural firm Panthéon and 3D EDA Studio. This article proposes to return to the issues surrounding the digital recreation of this bygone theatre, based on cross-sections, drawings of decorative patterns by Berinzago, city maps and elevation drawings. Beyond the digital images created from these sources, Wakan's work brings together architectural, performance and historical discourses, fostering questions on the materiality and layout of a theatre, the link between digital heritage conservation and contemporary theatrical creation, as well as the pedagogical reach of such works once the show is over.

https://doi.org/10.11647/OBP.0400.01

Le premier théâtre du Massif central est construit à l'initiative de l'intendant Ballainvilliers à Clermont-Ferrand en 1759. Il s'agit d'une petite salle de trois cent spectateurs établie à l'intérieur de l'hôtel de ville[1]. En 2011, le Wakan Théâtre, compagnie professionnelle de théâtre conventionnée créée en 1990 par Dominique Touzé, Danielle Rochard et Marc Dumas, et dirigée par le premier, a décidé de le faire « revivre » en lui consacrant un spectacle, *1759. Ça commence la Comédie !*

Le spectacle intègre la reconstitution en 3D du théâtre, réalisée en collaboration avec le cabinet d'architecture Panthéon, 3D Studio EDA et le service du patrimoine de la ville de Clermont-Ferrand (voir fig. 1.1).

Fig. 1.1 Architecture intérieure 3D de la Comédie de Clermont. Cabinet d'architecture Panthéon & 3D Studio EDA.

Formé au Conservatoire d'Art dramatique de Clermont-Ferrand, au Théâtre du Laboratoire Gerzy Grotowski puis au Centre international de recherche des Bouffes du Nord, sous la direction de Peter Brook et Jean-Paul Denizon, Dominique Touzé défend un théâtre populaire « élitaire pour tous » selon la formule d'Antoine Vitez. Parmi ses créations, le Wakan Théâtre est reconnu pour ses « spectacles-promenades » écrits et mis en scène pour des lieux particuliers en s'inspirant de leur histoire et visant une poétique singulière. Le défi à relever pour la modélisation numérique de la Comédie est réel. Ne subsiste en effet aucun plan de la salle[2]. En 1779, les auteurs d'une histoire générale du théâtre – probablement l'*Histoire universelle de toutes les nations depuis Thespis jusqu'à nos jours par une société de gens de lettres* de Coupi, Testu, Desfontaines et Le Ferel de Méricourt, 13 volumes in-8° composés entre 1779 et 1781 – réclament à l'intendant de Chazerat les plans, la coupe et l'élévation du théâtre afin de les intégrer à leur ouvrage. Transmise aux échevins, la requête a pu être exécutée, ce qui pourrait expliquer leur absence des fonds d'archives clermontois. Engager un travail de reconstitution 3D de ce théâtre disparu nécessite de mobiliser d'autres

---

1   Philippe Bourdin, *Des lieux, des mots, les révolutionnaires. Le Puy-de-Dôme entre 1789 et 1799*, Clermont-Ferrand, PIEMC, 1995, p. 25 ; André Bossuat, « Le théâtre de Clermont-Ferrand aux XVIIe et XVIIIe siècles », *Revue d'histoire du théâtre*, Paris, SHT, 1961–1962, t. II, p. 127–132.

2   *Ibid.*, p. 130.

sources, généralement reléguées, à savoir les devis et factures des entrepreneurs. Or, ces sources permettent-elles de développer un modèle 3D convaincant et de dépasser les écueils du vide iconographique ? L'immersion rendue possible par la modélisation et son articulation au spectacle ouvrent-elles une voie nouvelle dans la médiation des savoirs par la création ?

Le *corpus* mobilisé révèle des étapes de réflexion, de conception et de mise en œuvre, et laisse imaginer la salle disparue. Ses qualités et ses imperfections combinées définissent un champ des possibles indispensable à une modélisation vraisemblable, susceptible de répondre aux attentes de l'historien, de l'artiste et du public.

Généalogie documentaire d'un projet de construction

Le projet de construction de la salle clermontoise est révélé par les sources produites à mesure de son avancée. Le 28 mars 1758, le conseil de ville décide de transformer l'ancienne salle de concert en salle de spectacles. Consciente de l'enjeu mais incapable d'en assurer le financement, la ville encourage un actionnariat de circonstance et le remboursement *a posteriori* des investisseurs particuliers[3]. La ratification par l'assemblée générale des habitants de la décision du conseil de ville lance l'aventure le 9 avril 1758.

L'ingénieur des ponts et chaussées Dijon en prend la responsabilité après avoir demandé les plans de l'Opéra-Comique de Monnet à la Foire Saint-Laurent et pris conseil auprès des deux architectes, Le Carpentier et Contant d'Ivry[4]. Critique à l'égard de la salle de l'Opéra-Comique, inconfortable à l'œil du spectateur, « longue et étroite », Le Carpentier conseille au contraire de suivre « les principes des anciens qui composoient leurs salles de manière que le rayon visuel tendoit au centre et que du même centre la voix parcouroit la portion du cercle plus ou moins étendu[5] ». Il est convaincu de la pertinence du modèle circulaire à l'antique. Alors déjà largement présent en architecture, il n'est pleinement adapté au théâtre[6] que plusieurs années après par Marie-Joseph Peyre (*Œuvres d'architecture*, 1765), Claude-Nicolas Ledoux (1775) et Pierre Patte (*Essai sur l'architecture théâtrale*, 1782)[7]. Le Carpentier préconise qu'une partie des travaux soient effectués à Paris et « transportés par les bateaux de sel à hauteur de Clermont[8] ». La Comédie est aménagée dans les murs de l'hôtel de ville et livrée à l'automne 1759. Une forme allongée est retenue. L'orchestre est séparé du parterre, debout, par une cloison de bois surmontée de piques de fer, tandis qu'un amphithéâtre garni de quatre rangées de

---

3   *Ibid.*, p. 129 ; Lauren R. Clay, *Stagestruck. The Business of Theater in Eighteenth-Century France and Its Colonies*, Ithaca et Londres, Cornell University Press, 2013.

4   Pierre Frantz et Michèle Sajous d'Oria, *Le siècle des théâtres. Salles et scènes en France 1748–1807*, Paris, BHVP, 1999, p. 136.

5   Archives départementales (AD) du Puy-de-Dôme, 1C7062. Lettre de Le Carpentier, 19 janvier 1759.

6   Sajous d'Oria, *Bleu et or. La scène et la salle en France au temps des Lumières. 1748–1807*, Paris, CNRS Éditions, 2007, p. 48–70.

7   Pierre Patte, *Essai sur l'architecture théâtrale ou De l'Ordonnance la plus avantageuse à une salle de spectacles, relativement aux principes de l'optique et de l'acoustique*, Paris, chez Moutard, 1782.

8   AD Puy-de-Dôme, 1C7062. Lettre de Le Carpentier, 19 janvier 1759.

banquettes occupe le fond de la salle et que les premières loges les entourent. Un escalier conduit aux secondes loges placées en encorbellement et rapproche les spectateurs des armes royales et des attributs de Thalie et Melpomène peints au plafond par l'Italien Giovanni Antonio Berinzago[9].

Esquisses, coupes et discours peuvent être confrontés aux factures finales pour saisir les contours définitifs de la salle. Au printemps 1758, le projet initial de Dijon consiste en la démolition intégrale de la salle de concert et au décaissement de la parcelle pour construire un théâtre *ad hoc*. La première version confiée à l'architecte Peyrat présente une charpente en bois et une « voute en brique d'un seul berceau en ence de panier ». Contant d'Ivry valide le principe de « terminer la voute du côté des galleries, en voute de cloistre, afin de [la] rendre plus sonnore et former le retentissement que l'on désire pour la voix des acteurs[10] ». « Une corniche reçoit les tombées de la voute dans toutes les parties de la salle exceptée celle du théâtre [...] ; [elle] est arrêtée sur l'arc doubleau qui sépare la salle d'avec le théâtre et qui forme l'ouverture de l'avant-scène[11] ». La coupe dans la largeur du bâtiment (voir fig. 1.2) et le dessin griffonné (voir fig. 1.3) au bas d'une page présentant le projet indiquent une première version du chantier imaginé, complété par une coupe de la salle dans sa longueur (voir fig. 1.4) présentant l'ajustement entre la scène, séparée par l'orchestre du parterre, debout, surplombé d'une seule galerie[12].

Fig. 1.2 Coupe sur la largeur de la salle voûtée, 1758. Archives départementales (AD) du Puy-de-Dôme, 3 E 113 115.

---

9 Bossuat, art. cit., p. 103–171.
10 AD Puy-de-Dôme, 3 E 113 135, lettre, [s.d.], probablement juin 1758.
11 *Ibid.*
12 *Ibid.*, Coupes sur la largeur et sur la longueur de la salle voûtée, [s.d.] [1758].

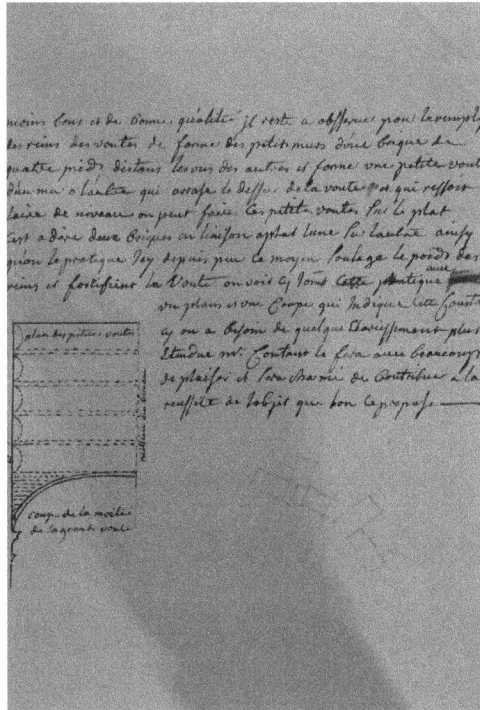

Fig. 1.3 Coupe de la moitié de la grande voûte (détail), dans lettre, n.d. (1758). AD Puy-de-Dôme, 3 E 113 115.

L'intérieur de la salle est pensé pour être réalisé en bois « tant pour les galleries que tribunes, parquets de parterre et de théâtre », en évitant « tous les massifs de maçonnerie [...] sans quoy le lieu devient d'un lourd insupportable[13] ». Probablement à la fin du mois de juin 1758, un nouveau plan de coupe est adressé à Contant d'Ivry. Il est alors proposé d'abaisser le plafond voûté de la salle en dessous du niveau de celui du théâtre afin de pouvoir installer des appartements immédiatement au-dessus ; proposition recalée au motif que le plâtre auvergnat est de moins bonne qualité que celui de Paris[14]. La destinée de ce plafond voûté est scellée par l'intendant Ballainvilliers lui-même qui décide d'abandonner la voûte pour un plafond plus simple au début du mois de septembre[15]. Dès le 12 novembre, un marché est conclu avec Godart pour l'achat de dix poutres de sapin destinées au plafond[16] ; un second suit, le 11 avril 1759, pour le bois nécessaire aux planchers[17]. Du printemps 1759 à novembre, la distribution intérieure et les décorations de la salle se révèlent donc à la faveur des factures finales de la mise en chantier. La modélisation en 3D repose alors sur l'identification de chaque dépense, le relevé de chaque mesure, le repérage des pigments commandés.

---

13   *Ibid.*, 3 E 113 135, lettre [s.d.], probablement juin 1758.
14   *Ibid.*, lettre [s.d.], 29 juin [1758].
15   *Ibid.*, lettre de M. Ballainvilliers, 9 septembre 1758.
16   *Ibid.*, marché conclu avec M. Godart, 12 novembre 1758.
17   *Ibid.*, 11 avril 1759.

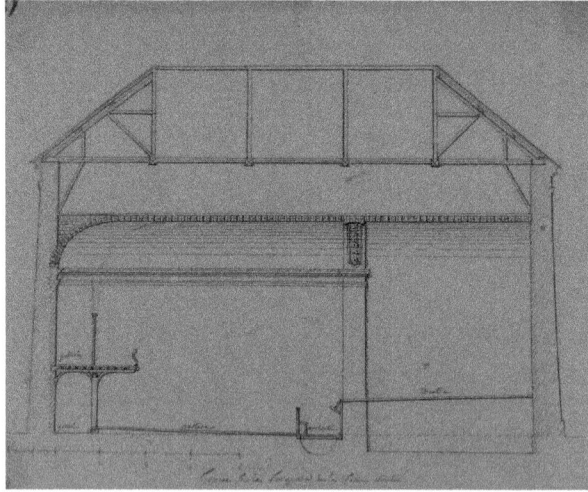

Fig. 1.4 Coupe sur la longueur de la salle voûtée, 1758. AD Puy-de-Dôme, 3 E 113 115.

Radioscopie d'une démarche de modélisation 3D

Les informations recueillies ouvrent la voie à une modélisation 3D qui permet de mettre en œuvre et tester des hypothèses. En 2021, Paul François a montré dans sa thèse *Outils de Réalité Virtuelle pour l'histoire et l'archéologie* combien la définition et la déclinaison d'une méthode rigoureuse, la rétro-architecture, peut permettre de reconstituer une salle de spectacles[18].

Ici, la reconstitution en 3D est assurée par Jean-François Panthéon[19], architecte DPLG, en dialogue avec Dominique Touzé. Il fait le choix de la méthode diagnostique suivie dans le cadre des missions de maîtrise d'ouvrage public et s'intéresse au contexte qui prévaut alors à la construction de la salle. Une fois les sources réunies et contextualisées, elles sont analysées et les éléments contradictoires confrontés par le passage au plan et à la coupe en 2D avant d'être modélisés en 3D. Il s'agit d'une démarche traditionnelle dans l'établissement des premiers modèles architecturaux en 3D et antérieure à la méthode de la rétro-architecture « consistant au contraire à faire l'expérience de la restitution grâce à la réalité virtuelle[20] ». Un plan de la ville de Clermont (1725) au tracé des rues incomplet et incertain[21] donne à voir l'hôtel de ville (voir fig. 1.5). Il permet une mise en contexte et laisse envisager l'emplacement qui aurait pu accueillir le théâtre.

---

18   Paul François, *Outils de Réalité Virtuelle pour l'histoire et l'archéologie. Recherche, diffusion, médiation : le cas des théâtres de la Foire Saint-Germain*, thèse de doctorat sous la dir. de François Laroche et Françoise Rubellin, Ecole Centrale de Nantes, 2021; voir sa brève de méthodologie *infra*.

19   Un entretien libre est réalisé avec Jean-François Panthéon le 29 novembre 2022.

20   François, *op. cit.*, p. 122.

21   *Plan de la ville de Clermont-Ferrand pour toute la province d'Auvergne*, 1725, dans Vivien Manobert, *Catalogue des plans de Clermont*, n° 10, 1969, Bibliothèque du Patrimoine, A75002 I.

Fig. 1.5 *Plan de la ville de Clermont pour toute la province d'Auvergne* (détail), 1725. Bibliothèque du patrimoine de Clermont-Ferrand, A 75002 I.

En suivant la méthode de l'isomorphisme, le dessin du plafond peint projeté de Berinzago (voir fig. 1.6) est appliqué au parcellaire de l'ensemble architectural : son image s'imbrique parfaitement dans le bâtiment bas latéral, sans aucune déformation possible ; c'est lui qui est choisi pour implanter la Comédie (voir fig. 1.7).

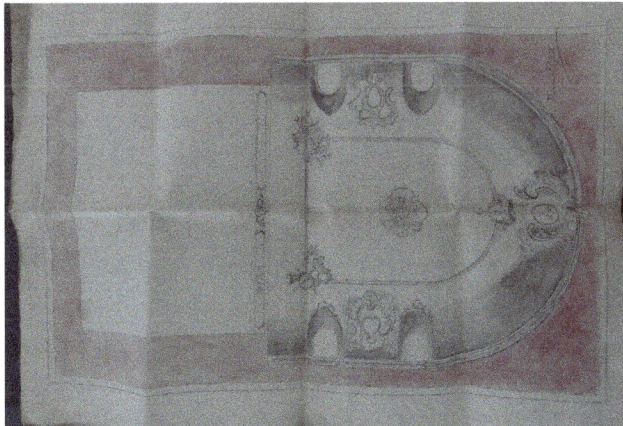

Fig. 1.6 Dessin du plafond pour la salle de spectacle de Clermont, Berinzago, 1759. AD Puy-de-Dôme, 3 E 113 115.

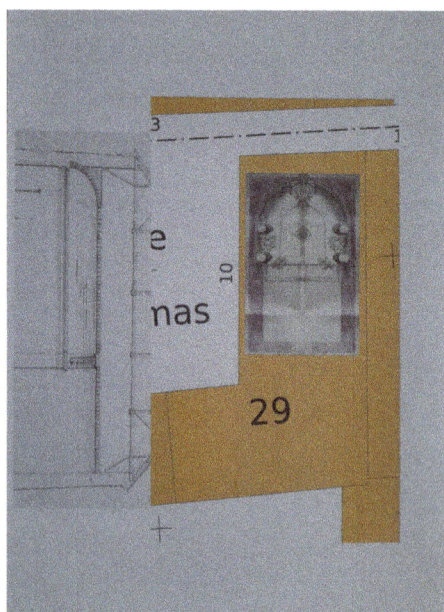

Fig. 1.7 Isomorphisme de la Comédie. Jean-François Panthéon, cabinet d'architecture Panthéon, 2011.

À partir des factures, la taille du bâtiment est déterminée avec une précision certaine. Les poutres et les planches utilisées pour construire la structure du plateau entre les deux murs du bâtiments mesurant trente pieds de long pour les premières et douze pieds de long et un pied de large pour les secondes permettent d'évaluer à 9,75 m sur 7 à 8 m de profondeur l'espace accueillant la scène ; une évaluation chiffrée tirée du contrat passé avec le marchand de bois Godart compatible avec les mesures du théâtre données par le toisé des ouvrages de maçonnerie, charpente et autres faits pour la salle – vingt-sept pieds sur vingt-deux, soit 7,15 m sur 8,80 m[22]. Les proportions du théâtre rapportées à celles des murs de côté de la salle – dix toises chacun, soit près de 19,50 m – et à celles du dessin du plafond exécuté permettent d'imaginer un bâtiment de trente mètres de long sur dix de large. Le toisé de février 1759 offre aussi à découvrir la structure intérieure de la salle et son rapport aux bâtiments et salles connexes. La salle tout en longueur s'achève au fond, face au théâtre, par un « mur circulaire ». La salle pensée dans sa première version présente une seule galerie et un seul niveau de loges et sa hauteur est fixée à vingt-trois pieds, soit 7,50 m ; les factures finales montrent la construction de deux niveaux de loges, à la faveur donc probable d'un bâtiment rehaussé ou d'une redirection de l'étage des appartements qui avait été imaginé au départ au-dessus de la salle.

Dans la salle, le *Devis des réparations à faire à la salle du concert de la ville*[23] – non daté mais réalisé dans la seconde moitié de 1758 – et les toisés de 1758 et de début 1759 permettent le passage au plan par niveau à l'échelle 1/50e, et ainsi de structurer l'espace :

---

22 AD Puy-de-Dôme, 3 E 113 135, Toisé des ouvrages de maçonnerie, charpente et autres faits pour la salle de spectacle de la ville de Clermont-Ferrand, 5 février 1759.

23 *Ibid.*, Devis des réparations à faire à la salle du concert de la ville de Clermont-Ferrand, [s.d.] seconde moitié de 1758.

le second toisé impose un nombre certain de lignes directrices, tandis que le premier et le *Devis* permettent de combler *a minima* certains des vides identifiés. Le rez-de-chaussée et le premier niveau de loges sont desservis par un corridor étroit auquel le public accède directement depuis la porte d'entrée de la salle dans le premier cas, et depuis un escalier dans le second – escalier qui court ensuite à la deuxième galerie. En fond de salle en 1758, deux espaces en rez-de-chaussée – « pièces séparées par un galandage » prévues pour les comédiens et les comédiennes – disparaissent *a priori* au profit d'un seul en 1759. Un chauffoir *ou* foyer est accessible juste au-dessus depuis les premières loges ; encore au-dessous, un ou deux espaces non déterminés sont probablement imaginés dans le projet final. L'accès aux loges s'opère au premier niveau par des portes à un ou deux battants[24]. L'architecture exacte du rez-de-chaussée donne lieu à un dialogue renouvelé pour tenter de pallier les vides de la documentation. Sa distribution spatiale générale est acquise : un plateau surélevé équipé de dessous accessibles par plusieurs marches, un orchestre en contrebas de la scène – creusé deux pieds plus bas que le niveau de la salle –, un parterre debout, un amphithéâtre assis. Une différence de niveau existe *a priori* entre la salle et la (les) pièce(s) située(s) en arrière, comblée par plusieurs marches[25]. La position des spectateurs assis dans l'amphithéâtre à l'arrière du parterre est interrogée à partir de croquis réalisés avec l'intervention de Michel Cova, scénographe et ex-directeur technique du TNP (voir fig. 1.8 et 1.9). Le positionnement des individus, instrumentistes à l'orchestre, spectateurs debout au parterre et assis dans l'amphithéâtre, encouragent à poser l'hypothèse d'un amphithéâtre réhaussé et gradiné ; hypothèse conforme à la distribution des théâtres de Nancy et de Metz à l'intérieur des palais ducal et de l'intendance en 1748 et 1752[26] et conservée *in fine* dans la modélisation 3D, mais avec une pente douce compatible avec la volée de marches empruntée pour rejoindre le niveau de la pièce située en arrière.

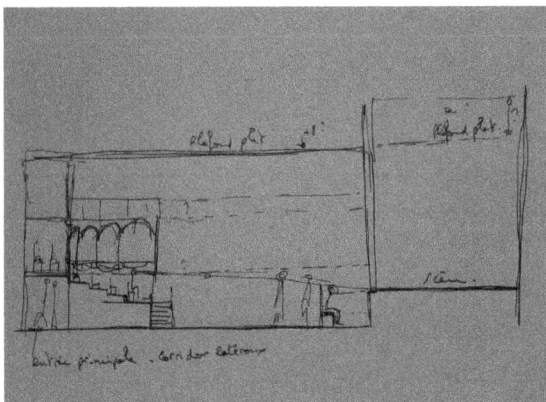

Fig. 1.8 Croquis de travail : coupe de la Comédie de Clermont. Jean-François Panthéon, cabinet d'architecture Panthéon & Michel Cova, scénographe et ancien directeur technique du TNP à Villeurbanne, 2011.

---

24   *Ibid.*, État des portes et fenestres qui sont dans la salle de l'hôtel de ville, [s.d.].
25   *Ibid.*, Toisé des ouvrages de maçonnerie...
26   Frantz et Sajous d'Oria, *op. cit.*, p. 131–133 et 142–143.

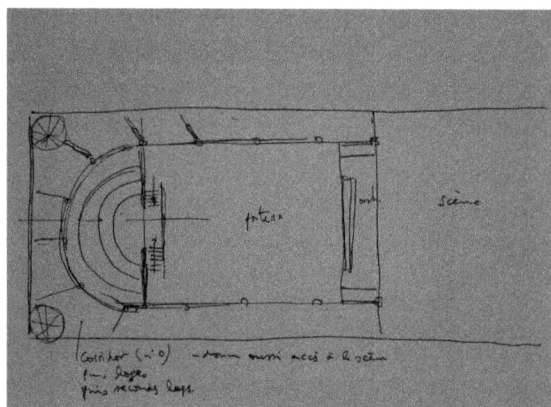

Fig 1.9 Croquis de travail : plan de la Comédie de Clermont. Jean-François Panthéon, cabinet d'architecture Panthéon & Michel Cova, scénographe et ancien directeur technique du TNP à Villeurbanne, 2011.

La première coupe et les trois plans dressés par niveau rendent compte de cette première exploitation contextualisée du *corpus* documentaire (voir fig. 1.10, 1.11, 1.12 et 1.13), faisant même dans un premier temps le pari d'un café en arrière du parterre, perspective abandonnée après, l'amphithéâtre ayant été, à raison, définitivement intégré. Les plans des rez-de-chaussée et premier niveau de loges positionnent la Comédie dans le contexte bâtimentaire élargi de l'hôtel de ville. La distribution des espaces connexes, archives et salle du conseil de ville, correspond à celle pensée dans le premier projet de 1758[27]. Au premier étage, un tambour en galandage est fait dans la dite salle ainsi que deux portes, l'une ouvrant directement dans le corridor du théâtre[28] ; la salle du conseil surplombe dans les plans la salle des archives[29]. L'écurie mentionnée dans la première toisée de Peyrat en 1758[30] et le devis du menuisier François Magny en décembre de la même année[31] est évacuée de la reconstitution de la salle. Rien n'indique qu'elle est conservée en 1759 et si elle l'a été, l'emplacement le plus probable aurait été au rez-de-chaussée de l'avant-corps, flanqué sur le bâtiment du théâtre à l'entrée dans la cour, sur le modèle des écuries intégrées au théâtre de Soufflot à Lyon[32] ; les toilettes des comédiens sont en tout cas positionnées à cet endroit-là[33]. Au-dessus d'elles, peut-être, se trouvent les loges des comédiens, évacuées de l'arrière de l'amphithéâtre et non mentionnées dans le toisé de 1759. C'est en tout cas le choix opéré dans la reconstitution 3D.

---

27   AD Puy-de-Dôme, 3 E 113 135, Projet d'une salle pour le concert et la comédie, 27 janvier 1758.
28   *Ibid.*, Devis des réparations à faire à la salle de concert de la ville de Clermont-Ferrand, 7 mai 1758.
29   *Ibid.*, Devis des réparations à faire à la salle du concert de la ville de Clermont-Ferrand, [s.d.] vraisemblablement deuxième moitié de 1758.
30   *Ibid.*, Toisée de l'ouvrage par Peyrat, 1758.
31   *Ibid.*, Devis de M. Dijon pour les portes et fenestres de la salle de l'hôtel de ville, soussigné François Magny menuisier de la ville de Clermont-Ferrand, 15 décembre 1758.
32   J.-G. Soufflot [?], *Plans et dessins du théâtre de Lyo*n, bibliothèque de l'Institut de France, Paris.
33   AD Puy-de-Dôme, 3 E 113 135, État des carreaux de vitres posées aux croisées de la salle de spectacle de la maison de ville de Clermont-Ferrand, [s.d.].

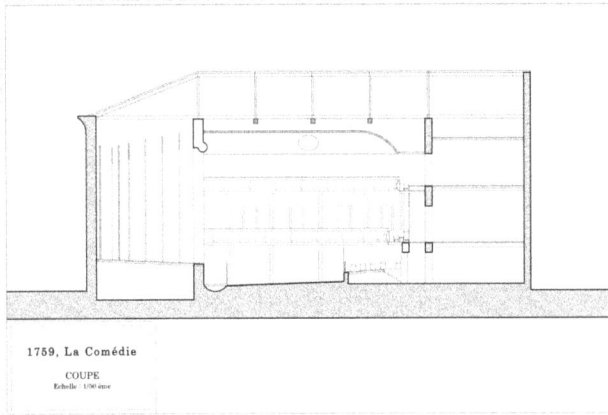

Fig. 1.10 Coupe de la Comédie. Jean-François Panthéon, cabinet d'architecture Panthéon, 2011

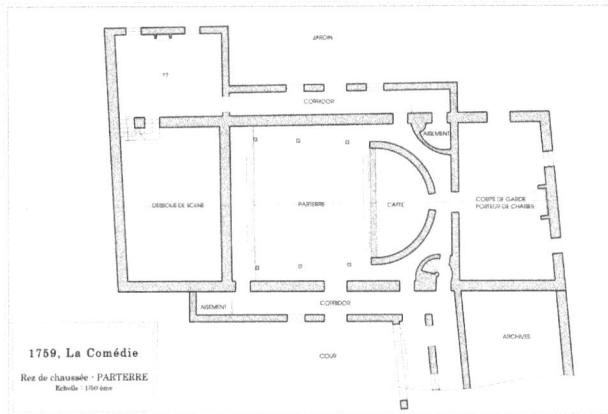

Fig. 1.11 Plan du parterre de la Comédie. Jean-François Panthéon, cabinet d'architecture Panthéon, 2011

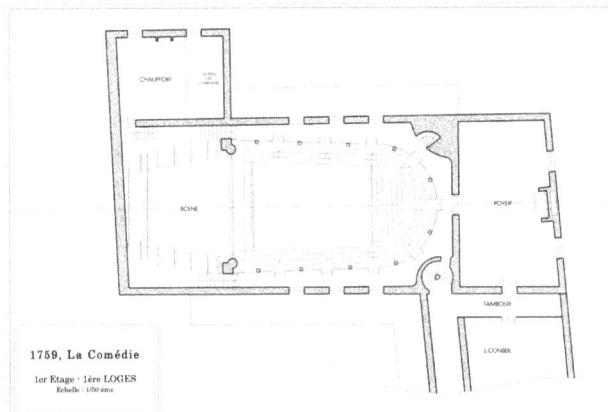

Fig. 1.12 Plan des premières loges de la Comédie. Jean-François Panthéon, cabinet d'architecture Panthéon, 2011.

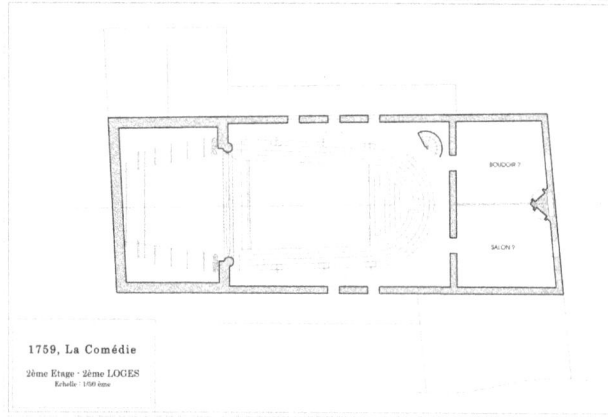

Fig. 1.13 Plan des secondes loges de la Comédie. Jean-François Panthéon, cabinet d'architecture Panthéon, 2011.

Une dernière caractéristique de la salle doit être requestionnée et indique un choix discutable dans la modélisation : celui de l'étagement des deux galeries de loges. Deux coupes – *a priori* de 1759 – présentent les deux étages de galeries superposées en léger décalé, et non pas en aplomb (voir fig. 1.14 et 1.15).

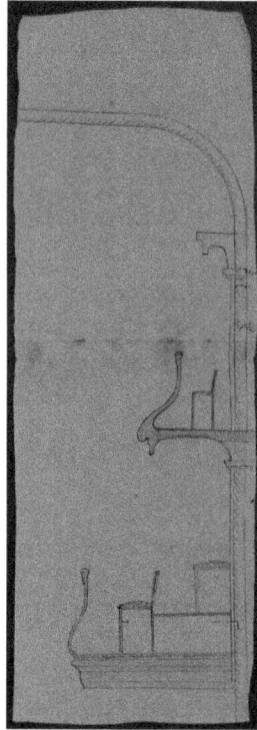

Fig. 1.14 Coupe n°1 des premières et deuxièmes loges de la Comédie de Clermont, 1759. AD Puy-de-Dôme, 3 E 113 115

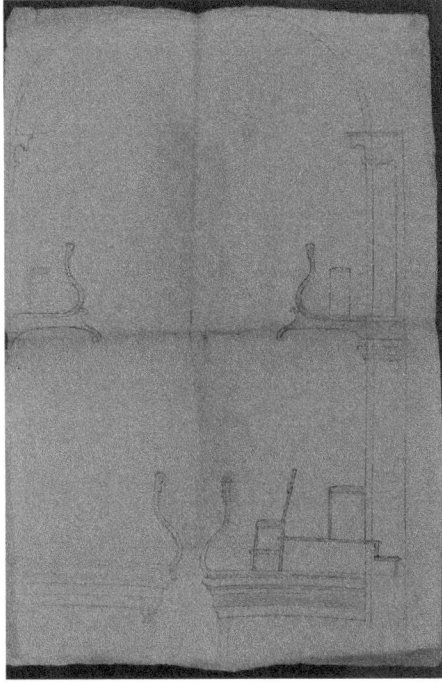

Fig. 1.15 Coupe n°2 des premières et deuxièmes loges de la Comédie de Clermont, 1759.
AD Puy-de-Dôme, 3 E 113 115.

L'innovation lyonnaise de Soufflot conciliant « le système traditionnel des loges et un modèle perçu comme 'naturel' et civique[34] » semble déclinée dans le projet clermontois. Le Lombard Berinzago, choisi pour exécuter le décor du plafond de la Comédie, séjourne à Lyon depuis janvier 1756, à l'invitation probable de Soufflot, et jusqu'en novembre 1759, moment de son retour en Italie[35]. Au printemps 1759, alors que les devis finaux montrent des modifications dans la structure de la salle, il est *quasi* impossible que Berinzago, qui côtoie alors Soufflot, et que l'intendant Ballainvilliers, qui fait le déplacement à Lyon au début du mois de juin, n'aient pas été sensibilisés à l'innovation de l'architecte au point de faire le choix de la reproduire pour la Comédie auvergnate. La modélisation propose des galeries quasiment en aplomb probablement à tort, empêchant le double rang de fauteuils et de banquettes de velours d'être déployé aux premières loges.

La physionomie décorative générale intérieure est envisagée à partir du dessin du plafond de Berinzago[36] (voir fig. 1.16 , 1.17 et 1.18) et de deux factures datées de juillet et octobre 1759[37].

---

34   Sajous d'Oria, *op. cit.*, p. 41.
35   Sylvain Chuzeville, *Vie, œuvre et carrière de Jean-Antoine Morand, peintre et architecte à Lyon au XVIIIᵉ siècle*, thèse de doctorat sous la dir. de Philippe Bordes, Université Lumière-Lyon 2, 2012, p. 61–62.
36   AD Puy-de-Dôme, 3 E 113 135, Berinzago, *Dessin du plafond*, 1759.
37   *Ibid.*, Facture acquittée à M. Bouchet le 21 juillet 1759 et facture d'octobre 1759.

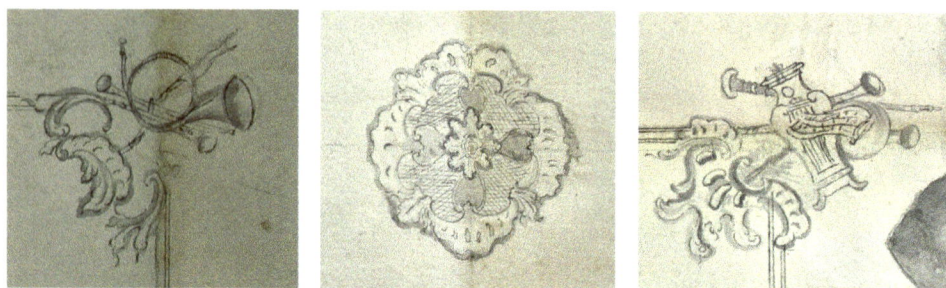

Fig. 1.16, 1.17 et 1.18 Plafond de la Comédie de Clermont (détails), Berinzago, 1759. AD Puy-de-Dôme, 3 E 113 115.

Dominique de Dominique dirige la réalisation du plafond sur lequel sont moulurés et peints les armes du roi et les attributs du chant et de la comédie dans un ensemble de tons rose pâle et gris ; attributs isolés et reproduits sculptés dans la modélisation 3D sur le pourtour de la première galerie, comme rapporté par l'accord pour travaux du maître plâtrier[38]. L'ambiance colorimétrique est au diapason du goût progressivement dominant de ce second XVIIIe siècle. Le bleu se mêle au blanc et à l'or dans une combinaison annonçant les futurs choix de Ledoux à Besançon (voir fig. 1.19 et 1.20).

Fig. 1.19 Intérieur de la Comédie depuis les premières loges. Cabinet d'architecture Panthéon & 3D Studio EDA.

Fig. 1.20 Intérieur du foyer de la Comédie, vue comédien. Cabinet d'architecture Panthéon & 3D Studio EDA.

38　*Ibid.*, Accord de travaux pour les plafonds de Dominique de Dominique, le 29 avril 1759.

Une constante certaine est de mise dans les devis et factures successives, les murs intérieurs « sont crépis à grain d'orge et enduits par dedans pour blanchir les planchers et galandages[39] » ; un blanc tranchant avec les pierres de taille et les dalles noires débitées dans la pierre volcanique de Volvic alors utilisée dans les constructions civiles. Les quantités importantes de cendre bleue, d'indigo, d'azur et de terres d'ombre achetées et combinées aux touches d'ocre et de pigments rouges indiquent une salle au goût du jour[40]. La modélisation de l'éclairage est fonction des différentes sources lumineuses identifiées. Les factures payées pour les vitres de la salle tendent à indiquer que la lumière naturelle pénètre directement dans les corridors et le chauffoir et sans doute aussi dans la salle, des fenêtres et des bois courbes pour y fixer des œils de bœuf pour l'intérieur étant réglés en mars 1759[41]. Un grand lustre manipulé par trois poulies éclaire la salle[42]. Une rampe à double chandelle et « dix-neuf lampions à cinq mèches » sont placés sur le devant du théâtre, huit planches clouées de cent cinquante feuilles de fer blanc placées en coulisses pour moduler l'usage de la lumière[43]. L'ambiance lumineuse restituée reste sombre : aucune girandole en applique en galerie n'apparaît dans la documentation. Si la démarche de reconstitution vise à offrir la modélisation la plus fidèle, elle sert aussi un discours théâtral et une expérience de spectateur.

De la visite numérique à l'expérience sensible du spectacle

Le Wakan Théâtre revendique un théâtre de recherche s'emparant d'une culture commune pour mieux l'interroger. La référence historique et patrimoniale est investie « dans une authentique démarche de création avec l'ambition de creuser le sillon d'une œuvre cohérente[44] ». En 2011, lors de cette création, le Wakan Théâtre compte déjà 25 « spectacles-promenades » à son actif – 29 aujourd'hui – et 15 créations en salle – 23 en 2022. Dominique Touzé est alors sensible à l'idée de permettre au public de faire l'expérience d'un dispositif numérique en spectacle et de concourir ainsi à son appropriation sensible.

La modélisation 3D de la Comédie ne relève donc pas de la même démarche des musées recourant aux techniques numériques pour mettre en valeur leurs collections ou offrir une nouvelle expérience de visiteur à leurs publics. Ici, par-delà la démarche scientifique et les propriétés techniques, la Comédie numérique ne s'inscrit pas dans une logique communicationnelle patrimoniale stricte[45] mais dans un processus

---

39 *Ibid.*, Devis des réparations à faire à la salle du concert de la ville de Clermont-Ferrand, [s.d.] vraisemblablement seconde moitié de 1758.

40 Sajous d'Oria, *op. cit.*, p. 85.

41 AD Puy-de-Dôme, 3 E 113 135, Marché pour les vitres de la salle, 10 mars 1759.

42 *Ibid.*, Mémoire de Jacques Manard, [s.d.].

43 *Ibid.*, Mémoire de Chapes [s.d.].

44 https://www.wakantheatre.com/demarche-artistique/patrimoine-mais-presque/ (consulté le 3 décembre 2023).

45 Jessica de Bidéran, Julie Deramond et Patrick Fraysse, *Scénographies numériques du patrimoine*, Avignon, Éditions universitaires d'Avignon, 2020.

d'écriture théâtrale et de réception du spectateur. La modélisation est ici partie prenante du prologue, première partie, d'un spectacle : 1759. *Ça commence la Comédie !* Elle indique au public qu'il va lui être proposé de remonter aux origines de la Comédie de Clermont-Ferrand. Les spectateurs sont accueillis dans une salle aménagée telle une loge d'acteurs présentant un dispositif décoratif empruntant tout à la fois au XVIIIe siècle et aux années 2000. Un écran est déroulé au-dessus de l'espace-loge, face aux personnes assemblées, et la modélisation de l'ancien théâtre est proposée sous la forme d'un film de 5'41". Le public est ainsi immédiatement invité à pénétrer et à circuler virtuellement entre les murs de la Comédie reconstituée en suivant l'avatar du comédien en charge du prologue et en costume d'époque, Dominique Touzé ; celui-là même qui vient de l'accueillir en ouverture du spectacle. En optant pour un mouvement de traveling circulaire du haut vers le bas et une création sonore extra-diégétique inspirée de l'alunissage de la mission Apollo XI en 1969 (parfaitement identifiée dans l'imaginaire collectif), la réalisation invite *de facto* à la première découverte d'un espace virtuel aujourd'hui disparu. Cette descente et cette entrée à l'intérieur de la Comédie sont présentées comme un événement. La surimposition de plusieurs sons hors-champ – des spectateurs partageant un verre et discutant au foyer, un mouvement musical montant depuis l'orchestre, des heurts au parterre, des dialogues sur scène – invite à une immersion contextualisée. La vidéo vise l'efficacité. L'écran disparaît une fois le film achevé. La fiction vivante proposée tend alors immédiatement à se confondre avec le récit numérique[46]. La vidéo laisse place à une narration participative. Deux types de réception sont convoquées : celle du cinéma, face à l'écran, puis celle du théâtre, induisant des postures hétérogènes mais pouvant se combiner à la faveur d'un « nouveau régime du voir[47] ». L'esprit des spectateurs passe ainsi de la salle de la Comédie modélisée à la salle du spectacle *1759*.

Le prologue se poursuit sous la forme de scènes entre deux comédiens, le maître, artiste confirmé, déjà rencontré par les spectateurs, à l'entrée de la représentation et à l'intérieur de la salle virtuelle, et son assistant. Ce dialogue théâtral sur canevas offre une liberté certaine aux deux acteurs et vise la restitution de l'état politique, social et culturel de la France en 1759 et de sa théâtromanie des Lumières ; il lie aussi l'histoire de ce premier théâtre local au destin modeste de l'historique troupe de Louis Romainville, directeur et comédien professionnel de province (1725–1781) vu et applaudi à Clermont-Ferrand au milieu XVIIIe siècle[48]. Le principe de jeu, d'improvisation et de communication choisi repose à la fois sur un discours dialogué et un échange direct avec le public par l'intermédiaire d'un jeu de cartes. Les spectateurs sont alors invités à s'approprier une narration à épisodes en tirant l'une des onze

---

46   La Comédie de Clermont en 1759, https://www.youtube.com/watch?v=5vwHEvy_Evc.
47   Émilie Chehilita, « L'articulation entre écrans et performance : autour des spectacles de Superamas, Gob Squad et Big Art Group », *Sociétés & Représentations*, vol. 1, n° 31, 2011, p. 87–103.
48   Cyril Triolaire, *Tréteaux dans le Massif. Circulations et mobilités professionnelles théâtrales en province des Lumières à la Belle Époque*, Clermont-Ferrand, Presses universitaires Blaise-Pascal, 2022, p. 54–56.

cartes de tarot du jeu présenté par l'acteur principal[49]. Il ne s'agit pas ici d'un « théâtre participatif » à proprement parler, au sens où les spectateurs-citoyens prennent une part active au spectacle en en devenant des personnages et des entités à part entière[50]. Ils sont néanmoins impliqués dans un *moment* culturel et artistique et partagent une expérience de spectacle. En tirant aléatoirement les cartes, ils activent les éléments d'un scénario. Le spectacle est interactif mais les spectateurs sont intégrés à une boucle narrative générale dont ils ne sont jamais pleinement les coproducteurs.

Les onze cartes donnent à découvrir soit des sources anciennes – lettres, articles de la *Feuille hebdomadaire d'Auvergne*, poèmes –, soit le récit contemporain d'un objet théâtral passé, soit une combinaison des deux. En convoquant des figures du XVIIIe siècle – rédacteurs anonymes de la *Feuille* locale d'Ancien Régime, comédiens de province repérés à Clermont dans les archives tels Romainville, Papu, Dumaniant, figures d'autorité comme l'intendant Ballainvilliers – et en les incarnant, les comédiens donnent chair à la reconstitution numérique de la Comédie. Ils redonnent ainsi la parole « aux humbles » et la vie à un objet historique. Ce prologue théâtral s'achève enfin sur l'entrée en scène d'une fausse spectatrice, comédienne complice, installée dans le public. Se présentant comme intermittente du spectacle en quête de travail, elle se prend au jeu d'identification du comédien principal faisant désormais corps avec l'acteur Romainville. Elle devient alors elle-même la comédienne clermontoise souhaitant faire carrière aux côtés du « maître » surgi du passé et de son dévoué assistant. Le premier temps du spectacle s'achève et s'ouvre alors sur un second donnant aux spectateurs à suivre la formation au métier de comédienne, dans la troupe, de Sylvia, jeune femme du pays désireuse de brûler les planches. La transition entre les deux moments de la représentation s'opère par une bascule lumière nette et le reflux de l'assemblée dans sa seule position spectatrice frontale et passive. La démarche assumée est bien ici celle de « faire théâtre avec l'Histoire » en se défendant du concept de théâtre historique ou de spectacle de « reconstitution[51] ». Elle est une quête d'« une vérité poétique, au-delà de la réalité historique, [afin de faire en sorte que] cette vérité poétique [naisse] de l'imaginaire collectif et des traces fantasmagoriques que l'histoire d'un lieu, [ici, celui de la Comédie] peut laisser en héritage[52] ». Et à travers l'histoire de celles et de ceux qui l'ont réellement faite, ici, au XVIIIe siècle, et qui revivent de manière performative, numérique et vivante, plus de deux cent cinquante ans plus tard.

***

---

49 Dominique Touzé et Emmanuel Chanal, dans *1759. Ça commence la Comédie !*, 2011.
50 Anita Weber, « Théâtre et participation : une nouvelle donne esthétique et citoyenne ? », *L'Observatoire*, 2019, vol. 2, n° 54, p. 9–12.
51 https://www.wakantheatre.com/demarche-artistique/patrimoine-mais-presque/ (consulté le 3 décembre 2022).
52 *Ibid.*

La modélisation 3D de la Comédie de Clermont en 1759 est pensée dès l'origine pour son intégration à un spectacle théâtral et non pour une simple médiation numérique du patrimoine ou pour encourager l'historien du spectacle à réenvisager l'étude de son objet scientifique privilégié. En prétendant pourtant « oser le didactisme », le Wakan Théâtre défend l'idée d'« un théâtre qui vise à instruire en s'émerveillant à moins que ce que ne soit s'émerveiller en s'instruisant[53] ». Soucieuse d'envisager l'Histoire comme matériau théâtral, la compagnie s'engage dans une véritable démarche de reconstitution numérique de la salle en s'appuyant sur une méthode de diagnostic classique en architecture ; à ceci près que les lacunes éventuelles sont comblées à dessein pour produire un objet théâtral et non un objet de médiation numérique patrimoniale stricte. Pour autant, l'expérience du spectacle intégrant la modélisation 3D participe indiscutablement d'une médiation du lieu disparu et rend plus sensible encore la mise en mots et en chair de cette vie théâtrale passée. D'un point de vue scientifique, enquêter sur cette « résurrection » de la Comédie de Clermont réalisée en 2011 revient aussi à engager une forme d'« archéologie » de la méthode, à repenser l'exploitation de sources souvent peu mobilisées et à poser un regard critique, sur la base du renouvellement à la fois historiographique et technique des dix dernières années, sur les résultats alors proposés. *1759. Ça commence la Comédie !*, créé en 2011, montre encore combien l'incorporation d'une reconstitution 3D peut participer à une médiation renouvelée des savoirs et nourrir une poétique particulière de l'histoire sur scène.

---

53 https://www.wakantheatre.com/demarche-artistique/osez-le-didactisme/ (consulté le 3 décembre 2022).

2. La scène de l'Hôtel de Bourgogne en 1630. L'iconographie relue au prisme de l'infographie

François Rémond

Résumé

Plus ancien théâtre fixe de la capitale, l'Hôtel de Bourgogne demeure encore mal connu en termes d'architecture. Le manque de documents chiffrés sur cette salle dans la première moitié du XVIIe siècle a conduit à un certain nombre d'interprétations divergentes quant à l'aspect et aux dimensions de ce théâtre dans son premier état. Ce chapitre se propose d'exposer l'état actuel de la question, et de présenter un chantier en cours consacré à la reconstitution de l'espace scénique de l'Hôtel à l'époque baroque, croisant un examen minutieux de l'iconographie disponible avec les ressources de la modélisation 3D.

Abstract

The Hôtel de Bourgogne, the first Parisian public playhouse, is still little known in terms of its architectural features. The lack of quantified documents for this venue in the first half of the seventeenth century has led to a number of divergent interpretations regarding the original appearance and dimensions of this theater. This chapter aims to expose the current state of research on this question, and to present an ongoing project devoted to the reconstitution of the stage space of the Hôtel in the Baroque period, by combining a meticulous examination of the available iconography with 3D modeling resources.

https://doi.org/10.11647/OBP.0400.02

Plus ancien théâtre public de la capitale, inauguré en 1553 et occupé au début du Grand Siècle par la première « troupe royale », l'Hôtel de Bourgogne est encore mal connu en termes d'architecture. En particulier, l'état initial de cette salle dans la première moitié du XVIIᵉ siècle demeure un objet de spéculation. En effet, contrairement à l'état postérieur à 1647, bien documenté grâce au devis des travaux de réfection[1], les sources chiffrées manquent concernant la disposition initiale de cette salle.

Toutefois, malgré, ou à cause précisément de l'obscurité du premier état de ce lieu de renom, les tentatives de reconstitutions (descriptives, puis graphiques) n'ont pas manqué, générant nombre d'interprétations divergentes quant à l'aspect et aux dimensions de ce théâtre. Nous proposons ici d'apporter quelques nouvelles contributions à ce débat en nous appuyant sur un réexamen de l'iconographie à l'aide d'outils d'architecture virtuelle, inscrivant ainsi modestement nos travaux dans le prolongement de ceux engagés, il y a une vingtaine d'années, par Christa Williford. Suivant les traces des travaux de John Golder en 1984[2] et David Thomas en 1999 sur le théâtre du Marais[3], Williford avait profité des progrès de la technologie alors accessible à l'université de Warwick pour proposer, sur un site aujourd'hui désactivé, une série de modélisations virtuelles où figuraient le théâtre du Palais-Royal (état de 1641 et de 1673), le théâtre Guénégaud, la Comédie-Française (état de 1680) et bien sûr le premier et principal théâtre parisien, l'Hôtel de Bourgogne (état de 1647)[4]. Ces reconstitutions ont malheureusement disparu depuis la fermeture du site en 2006, lorsque Christa Williford quitta la recherche universitaire pour une carrière dans l'archivistique et la gestion des ressources documentaires. Il en est resté un article fondamental, paru en 2001, où, tout en présentant les premiers résultats de son travail, la chercheuse exprimait sa joie quant au potentiel des développements informatiques récents, souhaitant que les étudiants et les chercheurs s'emparent de cette technologie, non pour produire une reconstitution ayant valeur définitive, mais comme un médium servant de terrain d'expérimentation, propre à stimuler le débat et la réflexion critique[5].

Aujourd'hui, l'évolution de la puissance de calcul des processeurs rend accessible au consommateur moyen toute une panoplie de logiciels graphiques, qu'il s'agisse de programmes de retouche d'image ou de modélisation proprement dite. Ainsi, de simples applications d'architecture grand public peuvent être détournées de leur

---

1   Archives nationales (AN), MC, XCIX, 172, publié dans Sophie Wilma Deierkauf-Holsboer, *Le Théâtre de l'Hôtel de Bourgogne*, t. II, Paris, Nizet, 1970, p.183–186.

2   John Golder, « The Théâtre du Marais in 1644: A New Look at the Old Evidence Concerning France's Second Public Theatre », *Theatre Survey*, n° 25, novembre 1984, p. 127–157.

3   David Thomas, « The Design of the Théâtre du Marais and Wren's Theatre Royal, Drury Lane: A Computer-Based Investigation », *Theatre Notebook*, vol. 53, n° 3, 1999, p. 127–145.

4   Christa Williford, *Playhouses of 17th Century Paris*, University of Warwick, 1999–2006 [anciennement, http://people.brynmawr.edu/cwillifo/pscp/index.htm].

5   *Id.*, « Computer Modelling Classical French Theatre Spaces: Three Reconstructions », dans Philip Tomlinson (dir.), *French 'Classical' Theatre Today*, Amsterdam, Rodopi, 2001, p. 155–164.

fonction première pour fournir un nouvel outil à la réflexion de l'historien[6]. C'est donc non en qualité d'expert des reconstitutions virtuelles, mais au contraire en tant que chercheur sortant de son domaine de confort théoricien pour se livrer au « bricolage », que nous présenterons ici quelques éléments d'un travail en cours sur l'espace scénique des théâtres du XVIIe siècle, en espérant que ces prémices puissent ouvrir la voie à des réflexions plus abouties, en étant reprises par des spécialistes plus qualifiés dans ces disciplines.

***

La question des dimensions originales du plateau de l'Hôtel de Bourgogne est un point débattu de longue date au sein des études sur les théâtres de la première modernité. En fonction des différentes sources sollicitées, l'ouverture de scène[7] passe selon les auteurs de 6 m (Malécot, 1933[8]), 7m (Laumann, 1896[9] ; Wiley, 1973[10]), 13m (Roy, 1962[11] ; Fogarty, 1980[12], Pasquier, 2006[13]), 15,5m (Lancaster, 1929[14]) à 18m (Deierkauf-Holsboer, 1968[15]). Quant à la profondeur du plateau, elle oscille entre 5m (Laumann), 6,5m (Lancaster ; Malécot), 8,77m (Fogarty) 10,77m (Roy ; Villiers, 1970[16] ; Pasquier) et 12m (Deierkauf-Holsboer ; Viala, 2009[17]). Le recours à la modélisation 3D peut donc être d'une grande aide afin d'apprécier la justesse des proportions respectives des solutions proposées. Toutefois, plusieurs tentatives de reconstitution du cadre architectural à nu, apparemment plausibles sur le plan structurel, s'avèrent particulièrement difficiles à évaluer en termes d'usage spectaculaire. Fort heureusement, pour rendre concret cet aride ensemble de coordonnées spatiales, nous pouvons appeler en renfort un document bien connu qui nous aidera à transformer cet « espace vide » en un dispositif dramaturgique. Il s'agit du document connu sous le nom du « Mémoire de Mahelot »,

6   Les logiciels utilisés pour cet article sont : *ArchiFacile* V33.4 (JSYS, 2022) pour les plans au sol, *Sketchup Pro 2019* 19.0.685 (Trimble, 2019) pour les modélisations 3D et *Photopea* (www.photopea. com, 2024) pour les retouches d'images.

7   Par mesure de simplicité nous convertissons ici les toises et pieds dans leur plus proche arrondi en mètres.

8   Gaston Louis Malécot, « À propos d'une estampe d'Abraham Bosse et de l'Hôtel de Bourgogne », *Modern Language Notes*, vol. 48, n° 5, mai 1933, p. 279–283.

9   E. M. Laumann, *La Machinerie au théâtre depuis les Grecs jusqu'à nos jours*, Paris, Firmin-Didot, 1896, p. 42.

10   William Leon Wiley, « The Hôtel de Bourgogne: Another Look at France's First Public Theatre », *Studies in Philology*, vol. 70, n° 5, 1973, p. 78–79.

11   Donald Roy, « La scène de l'Hôtel de Bourgogne », *Revue d'histoire du théâtre*, t. XIV, 1962, p. 233.

12   C. M. Fogarty, « A Reconstruction of the Interior of the Hôtel de Bourgogne », *Maske und Kothurn*, n° 26, 1980, p. 1–15.

13   Pierre Pasquier, « L'Hôtel de Bourgogne et son évolution architecturale », dans Charles Mazouer (dir.), *Les Lieux de spectacle dans l'Europe du XVIIe siècle*, Tübingen, Gunter Narr Verlag, 2006, p. 58.

14   Henry Carrington Lancaster, *A History of French Dramatic Literature in the Seventeenth Century*, Part I, vol. 2, New York, Gordian Press, 1966, p. 714.

15   Deierkauf-Holsboer, *op. cit.*, t. I, Paris, Nizet, 1968, p. 19.

16   André Villiers, « L'ouverture de scène à l'Hôtel de Bourgogne», *Revue d'histoire du théâtre*, t. XXII, 1970, p. 133 à 141.

17   Alain Viala (dir.), *Le Théâtre en France*, Paris, Presses universitaires de France, « Quadrige », 2009, p. 154.

répertoire manuscrit de 94 feuillets conservé à la Bibliothèque nationale de France[18], initié par le décorateur de l'Hôtel de Bourgogne Laurent Mahelot, pour conserver une référence des décors et accessoires des créations passées, afin d'en simplifier les reprises. Le document comprend entre autres une série de soixante-et-onze notices et de quarante-sept croquis scénographiques décrivant les décors des pièces représentées à l'Hôtel de Bourgogne dans la première moitié des années 1630.

Fig. 2.1. Croquis de décor pour les pièces *Pandoste* (2ᵉ journée), *Agarite, Les Travaux d'Ulysse, Félismène,* Laurent Mahelot (?), 1633–1634. Paris, BnF, ms. fr. 24330. Photographies © BnF.

Ces esquisses, variations scénographiques autour d'un même espace théâtral, sont désormais facilement accessibles et manipulables depuis la numérisation du manuscrit sur la plateforme Gallica. Nous avons donc procédé à une comparaison systématique de chaque dessin pour en tirer des indications sur les dimensions et les caractéristiques physiques de cette scène. Cependant, malgré toutes ses qualités, ce document souffre pour notre étude de ce qu'on peut appeler une lacune de taille : son absence de toute référence humaine dans les dessins de décor. Le corps de l'acteur n'est évoqué qu'en sous-texte par les notices, comme celle-ci qui précise : « il faut qu'il y ait place pour se promener[19] ». Ces petits descriptifs ne nous sont donc guère utiles à ce stade pour saisir de manière satisfaisante les proportions du lieu, malgré quelques rares indications chiffrées sur lesquelles nous reviendrons.

Il nous faut donc recourir à une nouvelle comparaison avec d'autres sources iconographiques contemporaines, montrant cette fois-ci les comédiens au sein de leur espace de travail. L'iconographie des farceurs parisiens des années 1630 s'avère à ce

---

18   Bibliothèque nationale de France (BnF), ms. fr. 24330. La plus récente édition de ce manuscrit (Paris, Honoré Champion, 2005) comprend une très riche étude de Pierre Pasquier.

19   Fol° 16v. Nous modernisons l'orthographe des notices, ainsi que des titres de pièces.

titre une ressource particulièrement intéressante. On sait qu'à cette époque, chaque représentation théâtrale se concluait par une petite saynète comique, dont l'exécution était confiée à un groupement de comédiens spécialisés de la troupe. Chacun de ces comiques se créait un personnage récurrent qui l'accompagnerait tout au long de sa carrière, une figure caricaturale aux traits bien définis dont les facéties étaient très attendues par un public fidèle[20]. Ce véritable vedettariat du farceur et de la créature burlesque qu'il incarne donna naissance à une riche variété de représentations iconographiques sous formes d'estampes, indépendantes ou insérées au sein d'un ouvrage.

Ces documents présentent un grand intérêt pour notre questionnement : en effet, les farceurs y sont portraiturés, pour ainsi dire, dans leur environnement naturel, sur la scène du théâtre où ils exercent leur art, bien reconnaissable pour le spectateur qui achetait un souvenir imprimé de leurs prestations. Parmi les estampes figurant les comiques-maison de l'Hôtel de Bourgogne dans les années 1630, deux types de représentations se dégagent particulièrement : d'une part, des scènes de groupe des farceurs, en particulier une gravure de Pierre Mariette, datée de 1633[21], et deux estampes d'Abraham Bosse, datées de 1634 et 1635[22]. D'autre part, des portraits individuels de farceurs gravés par Jean Le Blond présentant les farceurs Gandolin[23], Jacquemin Jadot[24] et Guillot-Gorju[25], actifs à l'Hôtel dans la seconde moitié des années 1630.

Fig. 2.2. *Gandolin*, *Jacquemin Jadot* et *Guillot-Gorju*, Jean Le Blond d'après Jeremius Falck et Grégoire Huret, c. 1637. Paris, BnF, Estampes, Res. QB-201 (32). Photographies © BnF.

20　Sur cette question, voir François Rémond, *Les Héros de la farce : Répertoire des comédiens-farceurs des théâtres parisiens (1612–1686)*, Paris, Honoré Champion, 2023.

21　Pierre Mariette (e.), [*Farceurs de l'Hôtel de Bourgogne*], c. 1633, Paris, BnF, Estampes Res. Tb-1+ (1)-Fol. (B 339).

22　Abraham Bosse, *Que ce théâtre est magnifique...*, 1634, Paris, BnF, Estampes, Ed 30 a. et *La Troupe royalle*, 1635, Stockholm, Nationalmuseum NMG 2250/1904.

23　Jeremius Falck (i.), Jean Le Blond (e.), *Gandolin*, c. 1637, Paris, BnF, Estampes Res. QB-201 (32) (Collection Hennin 2832).

24　Grégoire Huret (f.), Jean Le Blond (e.), *Iacquemin Iadot*, c. 1637, Paris, BnF, Estampes, Res. QB-201 (32). (Collection Hennin 2835).

25　Jeremius Falck (i.), Jean Le Blond (e.), *Guillot Gorju*, c. 1637, Paris, BnF, Estampes Res. QB-201 (32). (Collection Hennin 2831).

Ces images montrent les comiques pris sur le vif, en train de représenter une de leurs saynètes. Ces courtes pièces ne requérant qu'un décor minimal et non spécifique, les estampes nous permettent d'apercevoir un état « par défaut » de l'espace scénique de l'Hôtel. Ce décor architectural neutre, où évoluent les farceurs, pouvait figurer indifféremment toute sorte de lieu, comme le montrent les gravures de Bosse, qui présentent le même fond architectural évoquant tantôt un intérieur (à l'aide d'une chaise placée au milieu du plateau), tantôt un extérieur (avec un personnage à sa fenêtre). Les croisements avec les croquis de Mahelot apparaissent immédiatement significatifs. On identifie sans peine sur les portraits des farceurs plusieurs éléments représentés dans les esquisses du recueil : telle arche, telle fenêtre croisillonnée, tel ornement à feuilles d'acanthe... jusqu'aux détails infimes comme cette « enseigne de trois croissants » explicitement décrite par le texte du Mémoire (folio 51v) qui figure à l'arrière-plan du portrait de Gandolin.

On a parfois remis en cause la valeur épistémique de ces représentations, en particulier la célèbre estampe de Bosse, précisément à cause de la taille des personnages qui paraissent disproportionnés par rapport au décor. Toutefois, cette maladresse d'exécution apparente disparaît si l'on considère que les comédiens y sont représentés au lointain, devant le compartiment de fond du plateau, composé de structures architecturales de taille volontairement réduite, révélant une conception de la décoration scénique bâtie autour d'un principe de perspective forcée. La délimitation nette du plancher observable au premier plan de cette gravure, généralement interprétée comme le rebord de la scène, semble n'être en réalité qu'une légère surélévation de l'arrière-scène, telle qu'on peut la voir sur d'autres portraits de comédiens, comme la gravure de Mariette déjà citée, ou le frontispice du recueil de chansons du farceur Gaultier-Garguille[26]. Il faut donc sans doute considérer comme significative la constance de ces illustrations à représenter les comiques jouant leur saynète à quelques pas du fond du théâtre, dans un espace délimité par la paroi de fond de scène et deux bâtiments latéraux. Face à une série de figurations aussi contre-intuitives, allant contre l'idée couramment acceptée d'un jeu comique à proximité immédiate du public, on est amené à s'interroger sur la raison de cette localisation. Dans ce cas précis, ces représentations, où il est encore difficile de faire la part de la convention iconographique et des codes dramaturgiques mal connus de la farce baroque, posent encore des questions non résolues[27].

Quoi qu'il en soit, bien loin d'être détachées de la réalité, ces gravures très détaillées permettent d'apprécier la taille du décor par comparaison à la stature du comédien. S'appuyant sur les données d'anthropométrie historique permettant de déterminer la

---

26   Michel Lasne (f.) dans *Novvelles Chanssons de Gaultier Garguille*, Paris, François Targa, 1630.

27   Voir, sur cette question, l'article de Martine de Rougemont « L'œil en coulisse », dans Pierre Frantz (dir.), *La Scène, la salle et la coulisse dans le théâtre du XVIIIe siècle en France*, Paris, PUPS, 2011, p. 151–173.

taille moyenne d'un individu français vers 1630[28], on peut par conséquent évaluer la dimension des éléments avec lesquels ils sont représentés en contact. Particulièrement parlantes sont, dans cette optique, les estampes d'Abraham Bosse, montrant les comédiens franchissant les portes des bâtiments de fond de scène, à peine plus grandes que leur stature.

Fig. 2.3. Comparaison des structures du croquis de Mahelot pour la pièce *Arétaphile* et de la gravure d'Abraham Bosse *La Troupe Royale*, c. 1635, Stockholm, Nationalmuseum NMG 2250/1904. Photographies © BnF, Nationalmuseum. Montage François Rémond.

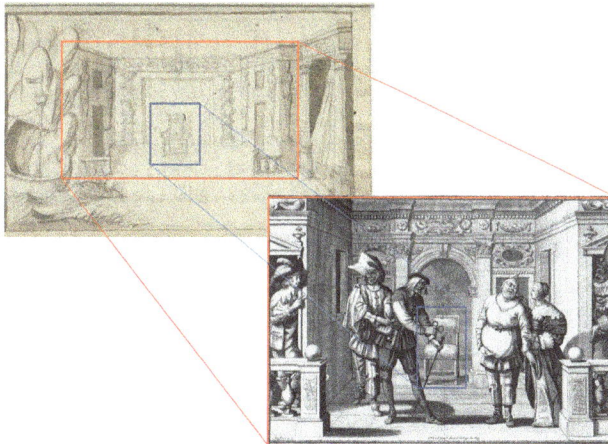

Fig. 2.4. Comparaison des structures du croquis de Mahelot pour la pièce *La Folie de Clidamant* et de la gravure d'Abraham Bosse, *Que ce théâtre est magnifique*, c. 1634, Paris, BnF, Estampes Ed 30 a. Photographies © BnF. Montage Rémond.

---

28   John Komlos, « Histoire anthropométrique de la France de l'Ancien Régime », *Histoire, économie & société*, vol. 22–24, 2003, p. 519–536 ; Laurent Heyberger, *L'Histoire anthropométrique*, Berne, Peter Lang, 2011.

D'autres statistiques issues du monde réel peuvent aussi être sollicitées afin de créer des repères de taille : c'est le cas des meubles quotidiens intégrés par Mahelot dans l'aménagement de son décor. Par exemple les fauteuils (comme celui représenté dans *La Folie de Clidamant* [folio 26r] et dans la gravure de Bosse), ou encore les lits, éléments de décor alors relativement courant avant que la bienséance ne les exclue de la scène (*La Folie d'Isabelle* [29r], *Agarite* [41r]...). Précisément parce qu'ils sont destinés à contenir le corps humain, ces objets peuvent servir de référence de dimension, par comparaison avec les données muséographiques disponibles sur les meubles de cette période.

Une fois rassemblés ces indices ponctuels qui fournissent un empan de base pour estimer le rapport entre l'espace pictural et la réalité physique qu'il reproduit, nous avons entrepris de comparer une à une les distances représentées sur les quarante-sept lavis, à l'aide des outils fournis par la géométrie projective. En retranchant de la surface totale du bâtiment les espaces réservés aux spectateurs, ainsi que divers éléments architecturaux mis en lumière par des chercheurs, comme l'existence probable de loges d'avant-scène relevée par Jan Clarke[29] et celle d'un passage de circulation dans le fond du théâtre mentionné par Fogarty, nous proposerons donc à titre d'hypothèse une estimation minimale de la taille du plateau, couvrant une surface de 86, 24 m² avec une ouverture de scène de cinq toises (9, 79 m) sur une profondeur quatre toises et trois pieds (8, 81 m).

L'examen systématique des dessins du recueil fait par ailleurs émerger un élément significatif : la récurrence d'une structure dans la partie antérieure du plateau, composée de deux avancées cubiques adossées à un bâtiment formant fond de scène, souvent percé d'une ouverture centrale. On peut étendre la comparaison aux estampes des farceurs déjà citées, ou aux frontispices illustrant les éditions de pièces créées à l'Hôtel. En dépit de la stylisation demandée par la nature même du document, et son inscription dans un format vertical, on relève ainsi la présence d'une architecture similaire dans le frontispice de la tragicomédie *Eudoxe* de Georges de Scudéry (1640)[30] ou dans les illustrations de la tragédie sacrée du *Martyre de sainte Catherine* de Jean Puget de la Serre (1643)[31].

Cette récurrence amène à postuler la présence sur la scène d'un élément architectural inamovible. Selon toute vraisemblance, il ne peut s'agir que d'un second plateau en surplomb, reposant sur des piliers appuyés sur la scène principale. La présence de cette seconde scène est attestée par l'usage régulier de la forme plurielle « les théâtres » dans les baux de location de la seconde moitié du XVIe siècle et de la première moitié

---

29   Jan Clarke, « Un théâtre qui n'a jamais existé : le tripot dans la rue du Temple », dans Mazouer (dir.), *op. cit.*, p. 110.
30   Charles Le Brun (f.) dans *Eudoxe, tragi-comédie par M. de Scudéry*, Paris, Augustin Courbé, 1641.
31   Jérôme David (f.) dans Jean Puget de la Serre, *Le Martyre de sainte Caterine. Tragedie en prose*, Paris, Anthoine de Sommaville et Augustin Courbé, 1643.

du XVIIᵉ siècle[32]. Bien que sa localisation et ses dimensions aient été peu étudiées, nous émettons pour notre part l'hypothèse que ce double plateau constituait l'aménagement de base de l'Hôtel autour duquel le décorateur élaborait sa scénographie.

Fig. 2.5. Comparaison des structures entre les croquis de Mahelot pour *La Belle Égyptienne, Les Ménechmes* et *Lisandre et Caliste*, la gravure d'Abraham Bosse et les frontispices d'*Eudoxe* et du *Martyre de sainte Catherine*. Photographies © BnF. Montage Rémond.

La combinaison de ces différentes données permet de proposer, à titre d'hypothèse préliminaire, une modélisation virtuelle d'une structure architecturale vraisemblable pour la scène de l'hôtel au début du XVIIᵉ siècle, présentée ci-dessous. Cette proposition reste toutefois à l'état d'ébauche en l'attente d'éléments de réponse pour de nombreux points indécis, comme celui de la hauteur sous plafond de la salle, de la présence éventuelle (mais peu probable) d'un cadre de scène, ou d'une déclivité du plateau (mentionnée sur le devis de 1647). De même, les structures de soutien du bâti, et particulièrement celles qui supportent le second théâtre restent ici schématiques. La modélisation peut cependant offrir une première matière à notre réflexion, permettant par exemple d'examiner le plateau ainsi reconstitué sous tous les angles, et d'évaluer ainsi ses propriétés optiques, afin d'estimer sa praticabilité en tant qu'espace dramatique.

---

32   Voir les baux du 18 mai 1563 et du 20 janvier 1585, transcrits dans Guy-Michel Leproux, *Le théâtre à Paris au XVIᵉ siècle*, Paris, Institut d'histoire de Paris, 2018, p. 392 et 455 ; et ceux des 8 avril 1606, 12 février 1607 et 28 septembre 1616 cités dans Deierkauf-Holsboer, *L'Histoire de la mise en scène dans le théâtre français de 1600 à 1673*, Paris, Nizet, 1960, p. 13. Le second théâtre est encore évoqué sous le nom de « plafond » dans le devis de réfection de 1647, après quoi, il disparaît des mentions. Le théâtre du Marais disposait également en 1644 d'une seconde scène surplombant le plateau principal d'une hauteur de 3,90 m (Deierkauf-Holsboer, *Le Théâtre du Marais*, Paris, Nizet, 1954, p. 108–110).

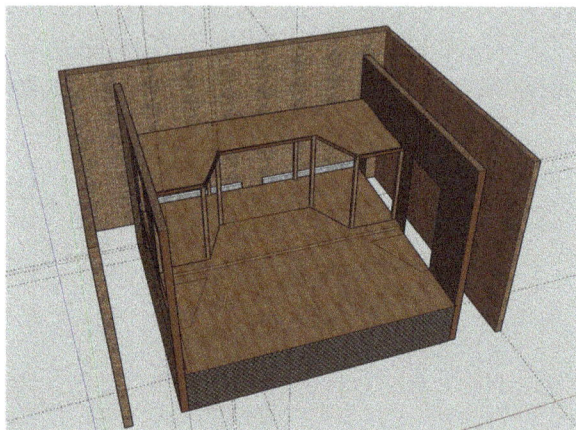

Fig. 2.6. Hypothèse de reconstitution de la scène de l'Hôtel de Bourgogne avant 1647, vue plongeante. Réalisation Rémond.

Le plateau principal est élevé au-dessus du parterre à une hauteur que nous établissons, à titre d'hypothèse, à cinq pieds (1,63 m). En excluant les emplacements occupés par le décor, la surface de jeu au sol couvrirait *a minima* une superficie de 43,33 m². Le second plateau surplombe l'arrière-scène à une hauteur qu'on peut évaluer à 3,20 m environ. Longeant le fond du théâtre sur toute sa longueur, pour une profondeur que nous estimons ici à une toise (1,95 m), il se prolonge le long des murs de cour et de jardin par deux avancées d'une profondeur d'environ 3,60 m[33]. Si quelques croquis de Mahelot montrent l'aspect « fonctionnel » de ce plateau supérieur, qui permet de mettre en scène les apparitions aériennes des divinités (*Amarante* [12r], *Les Travaux d'Ulysse* [44r]) ou de fournir un étage supplémentaire praticable aux bâtiments de fond de scène (*Lisandre et Caliste* [13r]), les dessins du recueil montrent surtout les montants de cette structure en U servant de support aux toiles peintes qui représentent les bâtiments du lointain. Ce bloc central avec ses deux avancées sert tantôt à matérialiser un ensemble architectural unitaire, comme les superbes palais de la première journée de *Pandoste* (21r) ou de *Félismène* (28r), tantôt trois bâtiments distincts comme dans *Le Trompeur puni* (15r) ou *Les Ménechmes* (52r). Si peu de lieux sont requis par l'action, la paroi du fond pourra être recouverte d'une toile peinte montrant une perspective s'étendant à l'infini d'où se détachent les deux avancées représentant deux bâtiments en volume, comme dans *Cornélie* (30r), ou la deuxième journée de *Pandoste* (22r). D'autres pièces tirent parti de l'espace situé sous le second plateau : sa profondeur permet d'y aménager une découverte, visible au travers d'une ouverture du bâtiment central (*Lisandre et Caliste* [13r], *La Place royale* [61v]), ou d'y placer un compartiment représentant un intérieur, comme une chambre garnie (*Agarite* [41r], *Calirie* [77v]) ou une grotte donnant accès à un enfer (*Les Travaux d'Ulysse* [44r]). Cette scène « à double fond », offrant un

---

33   Elles semblent correspondre aux « galeries » du devis de 1647 : « les deux galeryes qui sont faictes au fond du theatre qui soustiennent le platfonds [le plateau supérieur] demeureront en l'estat qu'elles sont ». (Deierkauf-Holsboer, *op. cit.*, t. II, p. 184).

arrière-plan rapproché (nommé dans les devis de décoration « l'optique »), s'ouvrant sur une découverte où la perspective est encore accentuée, à la manière des décors de Vincenzo Scamozzi à Vicence, démontre l'usage, au moins dès les années 1630, d'un procédé qui sera exploité par la suite dans les pièces à machines[34].

Nous pouvons confronter plus avant nos hypothèses à la réalité virtuelle en meublant selon les indications de Mahelot le plateau ainsi reconstitué, afin de vérifier la conformité des mesures théoriques avec le rendu visuel d'un décor planté. Comme nous l'avons évoqué, un certain nombre de reconstitutions de décors basées sur les croquis du recueil ont été réalisées, que ce soit sous forme de dessin axonométrique (*La Folie de Clidamant* et *Les Ménechmes* par Pierre Sonrel [1956][35] ; *Agarite* par Richard Southern [1963][36] ; *Pyrame et Thisbé* par T. E. Lawrenson [1969][37]), de maquette (*La Folie de Clidamant*, *L'Hypocondriaque*, *Mélite* et *Lisandre et Caliste* par Duvignaud, Gabin et Émile Perrin [1878][38] ; *Felismène* par Fogarty [1980][39] ; *La Folie de Clidamant* par Anne Surgers [2004, non publiée]) ou même d'installation scénique (*Pyrame et Thisbé* par Colin Crowther, Andrew Shaw et Bill Ellwood [1972])[40]. Complétant ces précédentes approches, l'apport de la modélisation numérique est en premier lieu de procurer un considérable gain de temps par rapport aux autres méthodes, pouvant même laisser envisager une reconstitution virtuelle de l'ensemble des décors du recueil dans un temps acceptable. Elle permet en outre d'établir des mesures précises, de vérifier à moindre frais les dimensions, et de les rectifier immédiatement au besoin. En outre, elle offre des visualisations impossibles avec les reconstitutions tridimensionnelles physiques, telles qu'une vision en coupe du décor construit, et un placement à volonté de l'angle visuel, permettant ainsi de rendre sensible l'effet de la scénographie depuis le point de vue du spectateur.

Nous proposerons donc en conclusion, en guise d'ouverture à la réflexion, deux ébauches de reconstitution d'après les dessins du recueil de Mahelot. Le premier décor choisi est celui pour *La Cintie* (24r), pièce perdue d'Alexandre Hardy, créée vers 1626. Sa sobriété même (un paysage urbain d'aspect très basique) en fait un point de départ idéal pour la reconstitution. Elle permet de constater la simplicité avec laquelle le second théâtre peut être réinvesti comme élément structurant du décor global.

---

34 Voir les marchés de décors (1656–1664) publiés par Madeleine Jurgens et Elizabeth Maxfield-Miller dans *Cent ans de recherches sur Molière*, Paris, SEVPEN, 1963, p. 399–405 et l'analyse de Christian Delmas, « Sur un décor de *Dom Juan* (III, Sc.5) », *Cahiers de la littérature du XVIIe siècle*, n° 5, 1983, p. 45–73.

35 Pierre Sonrel, *Traité de scénographie*, Paris, Librairie théâtrale, 1984, pl. ix et x.

36 Thomas Edward Lawrenson, Roy et Richard Southern, « Le Mémoire de Mahelot et l'*Agarite* de Durval. Vers une reconstitution pratique », dans Jean Jacquot (dir.), *Le Lieu théâtral à la Renaissance*, Paris, Éditions du CNRS, 1968, pl. III, fig. 3.

37 Lawrenson, « The Contemporary Staging of Theophile's *Pyrame et Thisbé*: The Open Stage Imprisoned », dans Lawrenson, F. E. Sutcliffe et G. F. A. Gadoffre (dir.), *Modern Miscellany Presented to Eugene Vinaver by Pupils, Colleagues and Friends*, New York, Barnes and Noble, 1969, p. 170.

38 Paris, Bibliothèque-musée de l'Opéra, MAQ A-4, A-5, A-6, A-7.

39 Fogarty, art. cit., pl. VI.

40 Lawrenson, *The French Stage and Playhouse in the XVIIth Century: A Study in the Advent of the Italian Order*, New York, AMS Press, 1986, p. 122–123.

Fig. 2.7. Croquis de décor pour la pièce *La Cintie*, Mahelot (?), 1633. Paris, BnF, ms. fr. 24330. Photographie © BnF.

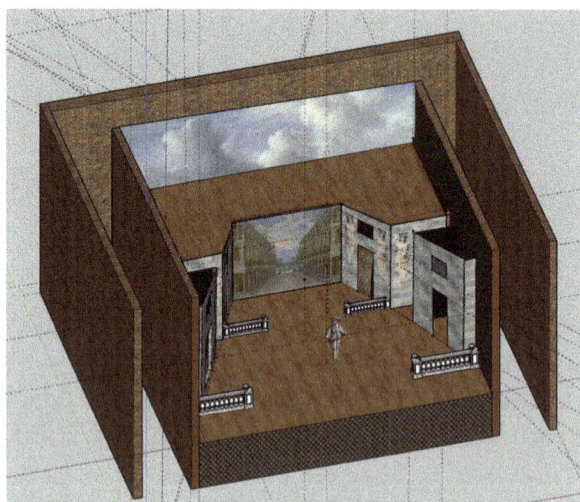

Fig. 2.8. Hypothèse de reconstitution de la plantation du décor de *La Cintie*, vue plongeante. Réalisation Rémond.

De plus, en animant ce décor d'une figure humaine à la taille adéquate, elle donne un aperçu excellent de l'environnement scénique dans lequel évolue le comédien. Bien loin d'être, comme on l'a souvent supposé, une scénographie où les déplacements de l'acteur seraient étriqués ou gênés, celle-ci lui offre un vaste espace de jeu, particulièrement nécessaire, comme le remarque Fabien Cavaillé[41], à la dramaturgie baroque, où les scènes de duels et de poursuite exigeaient du comédien une pleine liberté de mouvement.

---

41   Anne Surgers et Fabien Cavaillé, « La scénographie du théâtre baroque en France : quand le comédien n'était pas enfermé dans une cage », *Cahiers du dix-septième*, t. XIII, n° 1, 2010, p. 111.

Fig. 2.9. Hypothèse de reconstitution de la plantation du décor de *La Cintie*, vue frontale.
Réalisation Rémond.

Inversement, l'acteur n'apparaît pas perdu dans un plateau trop grand, mais semble au contraire y trouver un espace à sa mesure qu'il habite pleinement. Cet effet est encore plus parlant lorsque l'on se place à la hauteur du regard d'un spectateur du parterre. Par le jeu des perspectives forcées, l'acteur parait en quelque sorte magnifié par le décor qui l'entoure, et qui amplifie sa présence.

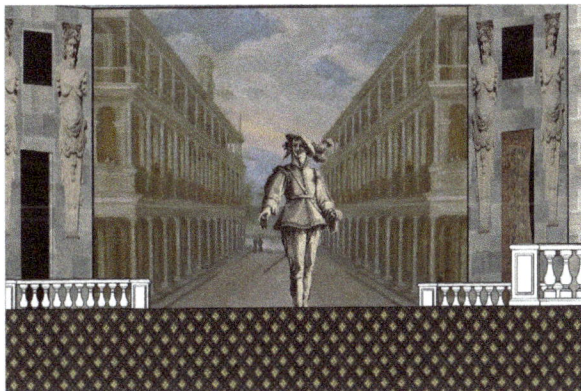

Fig. 2.10. Hypothèse de reconstitution de la plantation du décor de *La Cintie*, vue du spectateur.
Réalisation Rémond.

Un autre chantier en cours concerne une pièce qui, à bien des égards, est à l'opposé en termes scénographiques de *La Cintie*. Il s'agit de la grandiloquente *Dorinde* de Jean Auvray (1631), retitrée par le texte de Mahelot *La Prise de Marcilly* (42r) du nom de la séquence d'action qui en constituait le cinquième acte, et nécessitait la reconstitution de la forteresse de Marcilly-le-Châtel, humble bourgade du Forez transformée par Honoré d'Urfé en terroir de légende.

Fig. 2.11. Croquis de décor pour la pièce *La Prise de Marcilly*, Mahelot (?), 1633. Paris, BnF, ms. fr. 24330. Photographie © BnF.

La notice accompagnant l'image est du reste particulièrement intéressante puisqu'elle présente une des rares occurrences de données chiffrées dans le manuscrit : Mahelot précise en effet que la forteresse doit mesurer « cinq pieds de haut », soit 1,63 m. Cette donnée a parfois troublé les chercheurs, se demandant comment pouvait s'intégrer au décor un élément de si petite taille, qui, de plus, devait être praticable. Toutefois, à mieux lire la description, il apparaît clairement qu'il faut distinguer « la forteresse » proprement dite, qui se dresse en fond de scène, de ce que Mahelot appelle « la casemate », c'est-à-dire, les remparts extérieurs. Ici encore, le second théâtre joue un rôle fondamental puisqu'il est le support praticable qui va représenter à la fois l'enceinte de la citadelle, et supporter la forteresse proprement dite, placée au lointain, et dont la taille réduite sert l'effet de perspective forcée, lui donnant des dimensions monumentales.

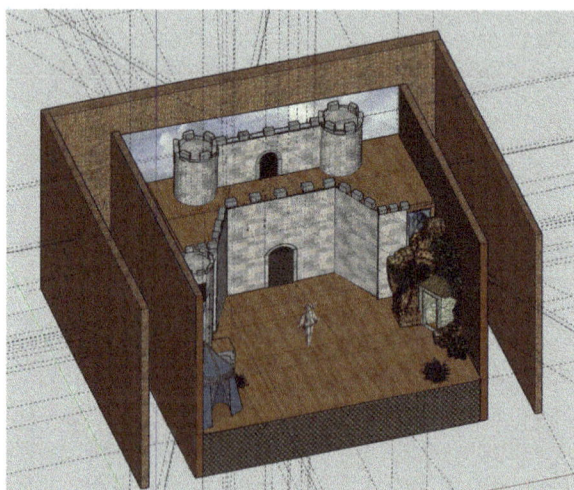

Fig. 2.12. Hypothèse de reconstitution de la plantation du décor de *La Prise de Marcilly*, vue plongeante. Réalisation Rémond.

En nous rendant accessible ces fictions optiques, les possibilités de visualisation offertes par les nouvelles technologies nous invitent à porter un nouveau regard sur ces documents visuels, permettant de valider certaines estimations théoriques antérieures, d'en écarter d'autres, et surtout de rendre toute leur valeur informative aux représentations iconographiques parfois jugées à tort comme « énigmatiques » ou « ne retranscrivant pas la réalité de l'espace ».

Vingt ans après l'article pionnier de Williford qui souhaitait que les chercheurs en histoire théâtrale puissent s'emparer de l'outil informatique pour bâtir leurs hypothèses[42], la démocratisation des logiciels d'infographie 3D offre des prolongements inédits aux recherches iconographiques, en permettant à tout un chacun de se « faire la main » sur un outil de manipulation aisée et intuitive. En faisant dialoguer l'image ancienne et sa modélisation, le chercheur peut désormais effectuer une distinction plus fine entre les conventions figuratives et la représentation du réel, et comprendre le sens de ses éventuelles déformations, ou au contraire faire émerger sa précision inattendue.

---

42   Williford, chap. cit., p. 163–164.

3. Reconstituer les décors d'un théâtre de la première moitié du XIXe siècle. Enjeux de la recherche en scénographie

Raphaël Bortolotti

Résumé

Les décors de théâtre ont la particularité d'être conçus pour le contexte spécifique de la représentation théâtrale. Les chercheurs en scénographie sont donc amenés à considérer les décors comme partie intégrante de l'événement théâtral, prenant en compte l'espace théâtral, l'éclairage, la présence des acteurs, la machinerie et les machinistes, etc. À partir de décors originaux du milieu du XIXe siècle conservés au théâtre de Feltre en Italie du Nord, cet article examine les composantes de l'événement théâtral relevant de la scénographie, en croisant des sources de natures diverses, telles que des traités de scénographie, des comptes rendus de périodiques ou de spectateurs, des traités de gestion théâtrale, des documents d'archives théâtrales (inventaires, contrats avec des peintres ou des machinistes, etc.).

Abstract

Theatre sets have the particularity of being designed for the specific context of theatrical performance. Research on scenography is therefore led to consider sets as an integral part of the theatrical event, and take into account the theatrical space, the lighting, the presence of the actors, the machinery and the stagehands, etc. Based on original stage sets from the mid-nineteenth century preserved in the theatre of Feltre in northern Italy, this article examines the components of theatrical events relating to scenography, by cross-referencing sources of various kinds, such as scenographic treatises, reports from periodicals or spectators, treatises on theatrical management, and documents from theatrical archives (inventories, contracts with painters or stagehands, etc.).

L'étude de la scénographie amène le chercheur à examiner un art ayant la particularité d'être élaboré en fonction du contexte spécifique de la représentation théâtrale. Les décors de théâtre sont créés pour être utilisés et perçus durant une représentation théâtrale, sur une scène de théâtre, sous une certaine lumière, s'articulant avec la présence des acteurs et accompagnant la dramaturgie de la pièce représentée. Comme l'observe Martine de Rougemont, la recherche aborde généralement la scénographie

https://doi.org/10.11647/OBP.0400.03

à travers le prisme de l'histoire de l'art et tend à « privilégier les réussites décoratives de l'opéra sans tenir compte de l'ensemble du fait théâtral[1] ». Il s'agit dès lors de tenter d'appréhender la scénographie dans toute sa complexité, au-delà de sa seule réalisation visuelle, en l'analysant comme partie intégrante de la représentation, du spectacle[2].

Les outils virtuels présentent non seulement l'attrait d'offrir la possibilité de reconstituer l'espace architectural d'un théâtre, mais aussi de s'approcher de la nature « performative » de cet espace, en expérimentant justement avec les composantes constitutives du « fait théâtral », pour reprendre l'expression de Rougemont. La plasticité et les possibilités de visualisation qu'offre la modélisation informatique permettent non seulement d'éprouver des hypothèses de recherche, mais ouvrent également la recherche à un champ plus vaste d'applications (jeux vidéo, musées, expositions...). Il est dès lors du ressort du chercheur de se questionner sur les apports de la recherche aux nouvelles réalisations virtuelles ainsi que sur les sources et usages pouvant être pris en considération. Dans le champ de la scénographie, la reconstitution virtuelle invite le chercheur à ne pas s'interroger uniquement sur les questions iconographiques, mais à examiner également les conditions de la représentation théâtrale relatives à la scénographie. Pour ce faire, le chercheur dispose de sources de natures variées, témoignant des pratiques autour des éléments de décor : traités de scénographie, comptes-rendus de périodiques ou de spectateurs, traités de gestion théâtrale, documents issus d'archives théâtrales (inventaires, contrats avec peintres ou machinistes, etc.). Source plus rare, mais fondamentale, les vestiges de décors encore conservés (châssis de coulisses et fonds de scènes, machineries originales, systèmes de lumière, etc.) peuvent également être exploités par le chercheur.

Cet article propose de dégager les aspects constitutifs de l'événement théâtral relatifs à la scénographie en s'appuyant sur un cas d'étude concret : le théâtre de Feltre, en Italie du Nord. Ce théâtre présente la particularité de disposer non seulement de sources d'archive variées (contrats, inventaires, affiches...), mais aussi de conserver des éléments de décor originaux de la première moitié du XIXe siècle[3]. En partant des différentes composantes matérielles des décors préservés (constitution matérielle, technique de représentation, sujets représentés, technique picturale) nous mettrons en lumière certains enjeux spécifiques liés à la scénographie dans le contexte de la représentation théâtrale, pouvant éventuellement se révéler pertinents pour les nouvelles réalisations virtuelles.

---

1   Martine De Rougemont, *La vie théâtrale en France au XVIIIe siècle*, Paris, Champion, 2001, p. 142.
2   Voir Joslin McKinney et Helen Iball, « Research Methods in Scenography », dans Helen Nicholson et Baz Kershaw (dir.), *Research Methods in Theatre and Performance*, Édimbourg, Edinburgh University Press, p. 111–136.
3   Sur le théâtre de Feltre et les décors conservés, voir Raphaël Bortolotti, « Les décors et machines originaux du théâtre de Feltre. Enjeux techniques d'une scène de province dans l'Italie du XIXe siècle », dans Roberto Illiano (dir.), *Performing Arts and Technical Issues (Staging and Dramaturgy : Opera and the Performing Arts)*, vol. 4, Turnhout, Brepols, 2021, p. 235–268.

Constitution matérielle et changements à vue

Comme dans la plupart des théâtres à cette époque, les décors de Feltre sont constitués d'un fond de scène ainsi que de plusieurs châssis de coulisse (voir fig. 3.1 et 3.2)[4].

Fig. 3.1 Place (« piazza »), châssis de coulisse, milieu du XIXe siècle, 560 x 160 cm. Feltre, Teatro de la Sena. Photographie Archivio Mariangela Mattia, 2018.

Fig. 3.2 Scène de port, fond de scène, milieu du XIXe siècle, 540 x 660 cm. Feltre, Teatro de la Sena. Photographie Archivio Mariangela Mattia, 2018.

---

4   Pierre Sonrel, *Traité de scénographie*, Paris, Librairie théâtrale, 1984, p. 124.

Ces différents éléments composent le décor dit « à l'italienne » : à l'arrière de la scène une toile de fond représentant un intérieur ou un paysage est suspendue, sur les côtés de la scène, des séries de châssis de coulisses sont attachés à des mâts eux-mêmes fixés à des chariots situés en dessous de la scène, au-dessus de la scène, d'éventuelles frises sont suspendues afin d'évoquer des plafonds ou des ciels[5]. Cette manière de composer une scène à partir de toiles peintes permet de réaliser des changements à vue grâce aux machines situées en dessus et en dessous de la scène. Par un système de cordes, de contrepoids et de poulies, les toiles de fond peuvent s'abaisser ou se lever verticalement et les chariots sur lesquels sont fixés les châssis de coulisse peuvent glisser sur les côtés horizontalement[6]. Ce système de machinerie, utilisé dans la plupart des théâtres en Europe, est le résultat d'un long processus de perfectionnement qui commence au XVIIᵉ siècle et atteint une sorte d'apogée au XIXᵉ siècle[7]. Ainsi, Arthur Pougin, dans son *Dictionnaire historique et pittoresque du théâtre* (1888) le décrit encore comme « l'un des plus beaux effets matériels qui puissent se produire au théâtre [...] réellement puissant, parfois enchanteur, et semble toucher au merveilleux[8] ».

À Feltre, les attentes des responsables du théâtre envers les décors et la machinerie transparaissent dans un contrat établi avec l'entrepreneur responsable de la rénovation du théâtre en 1804 : « L'orditura del Scenario, ed il Palco del medesimo sarà ridotto nella forma la più moderna, e di più la Tessitura delle Arie sarà fatta in modo, che potranno essere eseguite le trasfigurazioni in maniera decente.[...] cose tutte, che fin ora non vi sono mai state[9] ». Même dans un théâtre plus modeste comme celui de Feltre, la scène doit être pourvue d'un système de décors auquel sont associées des qualités de modernité et de performance, imitant les théâtres plus renommés tel *la Fenice*, à Venise, inauguré quelques années plus tôt et considéré alors comme l'un des plus performants d'Italie[10]. Pour les commanditaires de Feltre, la possibilité d'opérer des changements à vue dans leur théâtre semble constituer une condition *sine qua non* pour une scène fonctionnelle. Il faut cependant rester conscient qu'au fil du XIXᵉ siècle, l'esthétique des mises en scène change, avec notamment l'apparition de décors construits, nécessitant d'être montés par les machinistes directement sur scène à

---

5   Anne Surgers, *Scénographies du théâtre occidental*, Paris, Armand Colin, 2009, p. 86–88.

6   George Izenour, *Theater Technology*, New York, McGraw-Hill Book Co., 1988, p. 13.

7   Oscar G. Brockett, Margaret Mitchell et Linda Hardberger, *Making the Scene: A History of Stage Design and Technology in Europe and the United States*, San Antonio, Tobin Theatre Arts Fund, 2010, p. 72–78 ; Izenour, *op. cit.*

8   Arthur Pougin, *Dictionnaire historique et pittoresque du théâtre et des arts qui s'y rattachent*, Paris, Firmin-Didot, 1885, p. 156.

9   « Les décors et la scène elle-même seront conçus de la manière la plus moderne qui soit, et le montage des ciels sera réalisé de manière à ce que les changements puissent être exécutés de façon décente, [...] choses jamais vues dans ce théâtre auparavant » (nous traduisons), Polo Bibliotecario Feltrino Panfilo Castaldi (PBF), Fondo Storico, G VI 90 bis, *Per la Rifabbrica e riforma del Teatro di Feltre a norma del Disegno, sive modello esibito, dessunto da quello del pubblico Architetto Sig. Selva*, 4 février 1804.

10   Cette appréciation ressort particulièrement du contexte fortement concurrentiel de la création de la Fenice. Voir Franco Mancini, Maria Teresa Muraro et Elena Povoledo, *I teatri del Veneto. Venezia: teatri effimeri e nobili imprenditori*, vol. 1, t. II, Venise, Corbo e Fiore, 1996, p. 185.

rideau fermé. Toutefois, même le public des grandes capitales ne semble pas vouloir renoncer au charme de voir des décors se transformer sous leurs yeux (le *Dictionnaire de Pougin* précédemment cité en témoigne)[11]. Ainsi, le changement à vue ne disparaît pas complètement au XIXᵉ siècle, mais les types de changement de décor se diversifient, en fonction des besoins et des exigences de la pièce jouée, des possibilités techniques du lieu théâtral ainsi que des moyens de la troupe.

Dans les faits, un changement à vue réussi est complexe à réaliser. Dans son traité d'architecture publié en 1817, Tommaso Carlo Beccega évoque les difficultés liées à cet effet :

> Se generalmente ne' nostri Teatri le scene di fronte non si facessero ascendere col triviale mezzo di grossi pesi che di tratto in tratto s'intoppano, rallentano e distruggono l'effetto delle mutazioni loro ; se non si facessero discendere a mano con forza proporzionata al peso loro, con attrito strabocchevole, e perfino con disorganizzazione de' grossi travi ai quali si applicano le funi che le sostengono; se alcune delle nostre scene laterali non fossero poste su carri che scorrono entro canali concavi, i quali se non sono atti a conservare la verticalità loro, aumentano però fuor di misura le frizioni e ne rendono difficile e tardo il movimento ; [...] se in somma da tali metodi non risultasse il bisogno di aumentare eccedentemente gl' inservienti, e con essi la spesa giornaliera, non ne emergesse la inesattezza delle operazioni relative e la conseguente pubblica disapprovazione, io mi sarei ben volontieri dispensato dall' esponere alcune idee che credo dirette ad ovviare tali inconvenienti[12].

Un changement de décor nécessite de nombreuses personnes, un grand savoir-faire et une bonne coordination d'équipe afin de mettre en mouvement des éléments lourds et encombrants. Ces considérations portent notre attention sur la figure du machiniste et son rôle fondamental dans la réussite d'un spectacle, un rôle souvent sous-estimé dont témoignent certains contrats et factures conservés en archive. Ces documents révèlent que la fonction du machiniste s'étend bien au-delà de la seule représentation théâtrale ; outre la manipulation des machines pendant le spectacle, il doit entretenir les décors et les lumières tout au long de l'année (réparer, raccommoder et éventuellement retoucher

---

11 Pour les enjeux relatifs aux différents types de changement de décors, et en particulier sur la persistance des changements à vue au XIXᵉ, voir Catherine Join-Diéterle, *Les décors de scène de l'opéra de Paris à l'époque romantique,* Paris, Picard, 1988, p. 190.

12 « Si, dans nos théâtres, les scènes n'étaient pas généralement montées par le moyen trivial de poids lourds qui, de temps en temps, s'emmêlent, ralentissent et détruisent l'effet de leurs changements; si elles n'étaient pas descendues à la main avec une force proportionnée à leur poids, avec un frottement trop grand, et même avec la désorganisation des grandes poutres auxquelles sont attachées les cordes qui les soutiennent ; si certaines de nos scènes latérales n'étaient pas placées sur des wagons circulant dans des canaux concaves, qui, s'ils ne conservent pas leur verticalité, augmentent leur friction et rendent leur mouvement difficile et tardif ; [...] si, en somme, ces méthodes n'entraînaient pas la nécessité d'augmenter excessivement le nombre des préposés, et avec eux la dépense journalière, et si l'inexactitude des opérations en cause et la désapprobation du public qui en résulte ne se manifestaient pas, je me passerais volontiers d'exposer mes idées qui me paraissent propres à palier ces inconvénients. » (nous traduisons), Tommaso Carlo Beccega, *Sull'architettura greco-romana applicata alla costruzione del teatro moderno italiano e sulle macchine teatrali,* Venise, Alvisopoli, 1817, p. xxxii.

les décors), ainsi que les machineries du théâtre afin de garantir des mouvements fluides lors des représentations au risque de briser l'illusion[13]. La réussite d'une scénographie est donc fortement tributaire des personnes qui manipulent les éléments de décor durant l'événement théâtral, et le facteur humain joue un rôle central.

Technique de représentation et plantation sur scène

Les différentes toiles de décor composent ensemble un espace fictif cohérent. Pour créer une illusion d'espace à partir de surfaces planes, le peintre utilise des lignes de perspective qu'il calcule en fixant un point de vue et un point de fuite. Pour déterminer ces points et créer la perspective, le peintre prend en considération non seulement la structure et la dimension de la scène, mais aussi celles de la salle des spectateurs, établissant ainsi une relation visuelle entre ces différents espaces[14]. Dans son traité, *Le scene del nuovo Teatro del Verzaro di Perugia*, publié en 1785, Baldassare Orsini fixe le point de vue pour les décors à l'entrée du théâtre à la hauteur d'un homme debout (point A sur la fig. 3.3).

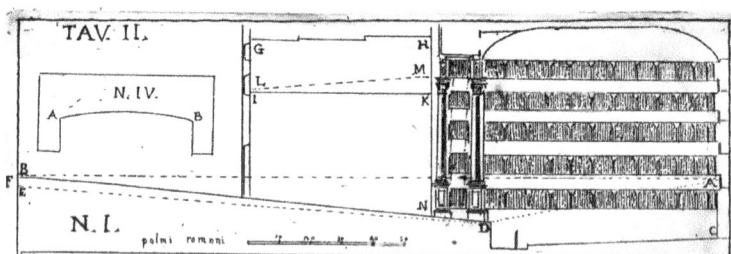

Fig. 3.3 « Tavola II », Le scene del nuovo Teatro del Verzaro di Perugia, Baldassarre Orsini, Perugia 1785. © Getty Research Institute, Los Angeles (92-B21614).

Le lien visuel ainsi déterminé entre la scène et la salle induit la notion de « point de vue idéal », constitutif du modèle de théâtre à l'italienne et présent depuis la formation de ce modèle à la Renaissance[15]. Définissant un emplacement privilégié dans la salle des spectateurs, ce point de vue est réservé aux spectateurs les plus importants, tel que l'expose Nicola Sabbatini dans son traité *Pratica di fabricar scene, e machine ne'teatri* publié en 1638, dans le chapitre intitulé « Come si debba accomodare il luogo per il Prencipe[16] ». Anne Surgers précise :

---

13   De nombreuses factures de machinistes du théâtre d'Udine sont conservées dans l'Archive d'État d'Udine (ASUd). Elles documentent en détail le travail d'entretien des machinistes pendant la première moitié du XIXe siècle. Voir ASUd, Teatro sociale di Udine, Busta 8, Resoconti dal 1822 al 1828. On trouve également quelques factures de machinistes dans les archives de l'impresario Alessandro Lanari conservées à la Bibliothèque nationale centrale (BNC) de Florence, notamment une *Memoria che fà il macchinista Daniele Ferretti, alla nobile presidenza del Gran Teatro la Fenice*, datée du 9 novembre 1836 (Florence, BNC, Lanari, 29ii,1, 3, c).

14   McKinney et Philip Butterworth, *The Cambridge Introduction to Scenography*, Cambridge University Press, Cambridge, 2009, p. 105.

15   Surgers, *op. cit.*, p. 89–92.

16   Nicola Sabbatini, *Pratica di fabricar scene, e machine ne'teatri*, Ravenne, 1638, p. 55.

ce modèle idéal de fiction en perspective renvoie, par effet de reflet, à l'ordre du monde organisé par le prince. Le théâtre à l'italienne exprime une pensée largement développée au Rinascimento, selon laquelle il y a équivalence et correspondance en reflet entre réalité et illusion, entre théâtre et monde[17].

La construction centralisée du modèle italien se répand rapidement en Europe, et particulièrement en France où la présence du roi accentue le point focal de l'espace[18]. Encore à la fin du XVIIIᵉ siècle, Pierre Patte constate la déception constante et inconsciente pour les spectateurs induite par cette technique de représentation :

> Une décoration théâtrale ou une perspective, n'a véritablement qu'un seul endroit, un seul lieu, d'où il fasse un effet raisonné, & hors duquel on se saurait guère l'apercevoir que d'une façon défectueuse : l'art ne parviendra jamais à rectifier ce défaut, auquel l'habitude, & encore plus le défaut de réflexions, rendent d'ordinaire insensible[19].

Pierre-Henri de Valenciennes observe le même phénomène mais défend l'idée que l'œil du spectateur réajuste lui-même les lignes et se laisse guider par son imagination pour recomposer la scène où qu'il soit placé[20].

À cela s'ajoute encore le fait que le peintre doit tenir compte de la présence des acteurs sur scène : comme le souligne le comte Francesco Algarotti, le peintre ne doit pas exagérer avec les raccourcissements au risque de faire apparaître les acteurs comme des géants proportionnellement aux décors qui se trouvent près d'eux[21].

Le peintre cherche donc une sorte de compromis délicat et difficile dans la construction des lignes de perspective des décors. Par conséquent, le machiniste responsable du placement des éléments de décor sur scène doit travailler avec précision, en étant attentif au travail de composition spatiale du peintre. La correspondance entre le scénographe Francesco Bagnara et différents théâtres de la province vénitienne révèle la grande attention portée par les peintres au choix du machiniste responsable de placer leurs décors[22]. Au-delà du fait d'éviter de voir des découvertes, ou de « laisser apparaître les pieds des acteurs en dessous des

---

17 Surgers, *op. cit.*, p. 109–110.

18 *Ibid.*, p. 156.

19 Pierre Patte, *Essai sur l'architecture théâtrale ou De l'ordonnance la plus avantageuse à une salle de spectacles*, Paris, Moutard, 1782, p. 25–26. McKinney parle de « scenography operating within a scopic regime based on disembodied deception » (McKinney, « Seeing Scenography », dans Arnold Aronson (dir.), *The Routledge Companion to Scenography*, Londres, Routledge, 2017, p. 106).

20 Pierre-Henri de Valenciennes, *Élémens de perspective pratique à l'usage des artistes*, 1799, Paris, p. 305–306.

21 Francesco Algarotti, *Saggio sopra l'opera in musica*, Livorno, 1763, p. 66–67.

22 Cette attention ressort notamment dans une lettre adressée à la Présidence du théâtre de Cittadella et datée du 6 octobre 1831, « Voglio supporre che per mettere ogni cosa in opera verrà incaricato il macchinista Zanchi », Archivio del Comune di Cittadella : archivio del teatro sociale, *Lettera di Francesco Bagnara alla Presidenza del Teatro*, publié dans Mancini, Maria Muraro et Povoledo (dir.), *I teatri del Veneto. Padova, Rovigo*, vol. 3, Venezia, Corbo e Fiore, 1988, p. 236 ; ou encore dans une lettre de recommandation du machiniste Stefano Mastelloni pour le poste de machiniste au théâtre de Fenice adressée à un collaborateur de l'impresario Lanari et datée du 7 octobre 1833 (Florence, BNC, Lanari, 25, 8).

éléments[23] », il s'agit surtout pour le machiniste de garantir l'effet de perspective créé par l'ensemble des éléments une fois positionnés sur le plateau, selon l'idée du peintre. Ceci s'applique particulièrement aux scènes représentant des architectures complexes où la perspective joue un rôle important. Les décors sont donc tributaires de l'espace théâtral dans lequel ils se trouvent : les peintres et les machinistes façonnent la relation des décors avec cet espace en fonction des spectateurs et des acteurs.

Sujets des décors et « vraisemblance »

Les différents espaces représentés sur les éléments de décor de Feltre constituent les « scènes de répertoire » du théâtre. Ces scènes, conçues pour être réutilisées dans différentes représentations, sont constitutives des innombrables théâtres de province érigés ou rénovés en Italie à cette époque[24]. Elles forment un répertoire d'une dizaine de scènes relativement constant et établi dans les théâtres de l'actuelle Italie du Nord au XIXe siècle, constitué généralement de scènes de palais, vestibule, cabinet, chambre noble, chambre simple, chambre rustique, place urbaine, forêt, jardin, souterrain, et horizon ou port[25].

Comme l'observe Mercedes Viale Ferrero, ces scènes au caractère générique illustrent des constantes typologiques, sortes de codes visuels, propres à chaque type d'espace[26]. Par exemple, la scène de cabinet est généralement ornée d'éléments faisant référence à un lexique décoratif à « l'Antique » (voir fig. 3.4 et 3.5), conférant à l'espace un caractère fastueux. En outre, cette scène est la plupart du temps structurée sur un plan centré, exprimant confinement ou intimité, caractéristiques distinctives d'une scène de cabinet[27]. Ces conventions visuelles permettent de distinguer les différentes natures de ces espaces fictifs et de marquer leur caractère propre.

---

23   Cette anecdote est mentionnée par Stendhal lors de sa visite au théâtre de San Carlo à Naples. Voir Stendhal, *Rome, Naples et Florence*, Paris, Delaunay, 1826, p. 175.

24   Esteban de Arteaga observe déjà ce phénomène de prolifération de théâtres en Italie à la fin du XVIIIe siècle : « In ogni piccola città, in ogni villaggio si trova inalzato un Teatro. » (Arteaga, *Le rivoluzioni del teatro musicale italiano : dalla sua origine fino al presente*, Bologna, Carlo Trenti, 1783, p. 84). Pour une définition du décor de répertoire, voir Povoledo, « Dotazione », dans Silvio D'Amico (dir.), *Enciclopedia dello spettacolo*, vol. 4, Rome, Le Maschere, 1957, p. 912.

25   Bortolotti, « Provincial Scenography in Nineteenth-Century Italy. The Stock Scenery of Feltre's Theatre », dans Giulia Brunello *et al.* (dir.), *Feltre's Teatro Sociale and the Role of Provincial Theatres in Italy and the Habsburg Empire during the Nineteenth Century*, Würzburg, Ergon-Verlag, 2023, « Proskenion », vol. 1, p. 331–334.

26   Mercedes Viale Ferrero, « Luogo teatrale e spazio scenico », dans Giorgio Pestelli (dir.), *La spettacolarità*, Lorenzo Bianconi, « Storia dell'opera italiana », Turin, EDT, vol. 5, 1988, p. 42.

27   Sur la question de l'iconographie des scènes de répertoire, voir Bortolotti, « Iconographie des décors de répertoire au XIXe siècle. Conventions visuelles, artistiques et spatiales » (à paraître).

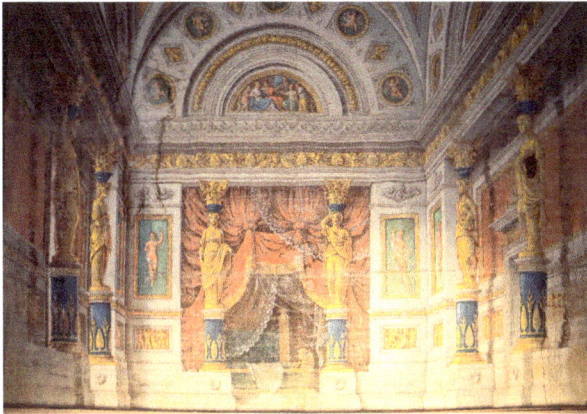

Fig. 3.4 Cabinet (« gabinetto »), fond de scène, Romolo Liverani, 1863. Urbania, Teatro Bramante. Photographie Raphaël Bortolotti, 2022.

Fig. 3.5 Cabinet, châssis de coulisse, milieu du XIXe siècle, 560 x 160 cm. Feltre, Teatro de la Sena. Photographie Archivio Mariangela Mattia, 2018.

Il existe un rapport étroit entre les différentes natures de ces espaces et la manière de planter les décors sur scène. Ce rapport est lié à l'usage d'alterner des scènes courtes et des scènes longues durant la représentation : les scènes courtes contiennent un nombre restreint de châssis de coulisse et la toile de fond de scène tombe au milieu de la scène, tandis que les scènes longues peuvent contenir un nombre plus important de châssis sur les côtés et la toile de fond tombe à l'arrière de la scène (voir fig. 3.6 et 3.7).

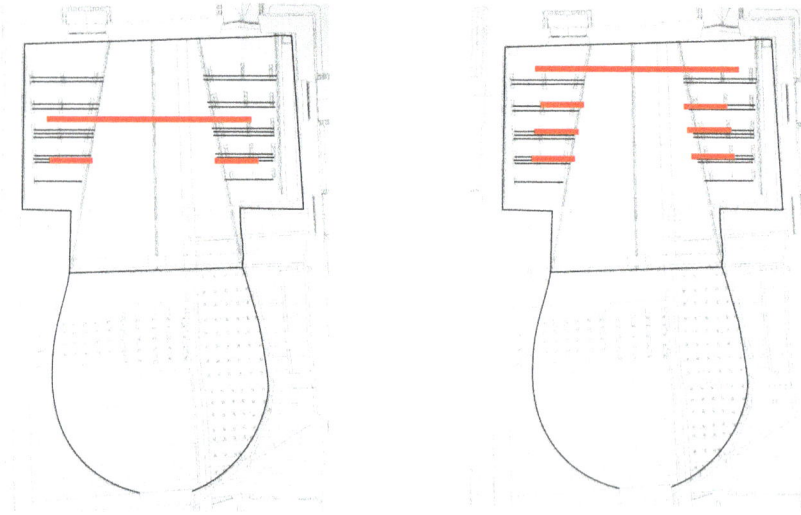

Fig. 3.6 et 3.7 Exemples de scène courte et de scène longue sur la scène de Feltre.

Grâce à cette différenciation, les machinistes peuvent agir sur les décors d'une scène longue derrière la toile de fond d'une scène courte abaissée, sans être vus par les spectateurs et ainsi sans interrompre le spectacle. Les peintres tirent profit de cette caractéristique scéno-technique et associent la scène représentée avec la configuration de l'espace scénique ; ainsi, les scènes illustrant des espaces exigus, enfermés ou intérieurs (cabinet, chambre, prison) sont généralement courtes, alors que les scènes représentant des espaces d'une certaine ampleur (palais, place, forêt, etc.) sont longues. On observe ainsi une certaine cohérence entre l'espace représenté et la matérialité du décor : l'espace figuré et l'espace physique collaborent à une même impression spatiale sur le spectateur.

Le caractère générique des décors de répertoire répond néanmoins difficilement à l'exigence de vraisemblance et de concordance entre décor et action qui s'établit peu à peu dès la seconde moitié du XVIIIe siècle et surtout au XIXe siècle dans le répertoire lyrique, en particulier dans les *opere serie* et les drames à sujet historique[28]. Ce nouveau type de répertoire situe l'action dans des lieux et des époques précises, comme par exemple la Babylone antique de l'opéra *Nabucco* de Giuseppe Verdi, présenté à Feltre à peine trois ans après la première à la Scala, dont les indications scéniques exigent des références visuelles spécifiques auxquelles le caractère générique des scènes de répertoire ne peut satisfaire[29].

---

28 Viale Ferrero, chap. cit., p. 4–7. Voir également Pierre Frantz, *L'esthétique du tableau dans le théâtre du XVIIIe siècle*, Paris, Presses universitaires de France, 1998, p. 83–84. Sur le concept de « vraisemblance » des décors, voir Anne Ubersfeld, *Les termes clés de l'analyse du théâtre*, Paris, Points, 2015, p. 100.

29 L'opéra de Verdi est présenté à Feltre en septembre 1845. Voir *Letterarie e Teatrali*, 11 octobre 1845, *Bazar di Novità Artistiche*, n° 82, p. 342.

Pour parer à cette insuffisance, les troupes de passage amènent avec elles des décors adaptés à l'action représentée. Les contrats passés entre théâtres et impresarios témoignent de cette pratique, stipulant usuellement que, pour l'opéra, les décors doivent être « analogues » au sujet de l'œuvre jouée[30]. Un contrat passé entre l'impresario Fantoni et le théâtre de Trieste, daté de 1814, précise la destination des différents types de décors :

> Uso gratuito delle dette decorazioni, attrezzi e mecanismo secondo il spettacolo, che verrà dato ; cioè nelle comedie li soliti telloni di costume, e per le opere con o senza balli, di tutti quei telloni ed attrici che saranno riconosciuti necessari [...], coll'obbligo peraltro di rinviare le pittura analoghe allo spettacolo che sarà per dare[31].

Il existe donc une distinction très nette entre les différents types de décors utilisés en fonction du genre de répertoire représenté : si pour les opéras, des décors spécifiques, « analogues » sont exigés, les décors de répertoire sont réservés à la comédie, à la prose et aux pièces moins exigeantes en matière de mise en scène.

Dans les faits, les compte-rendus de spectacle témoignent fréquemment des incohérences des décors avec les scènes jouées dues à l'avarice des impresarios. Le scénographe Paolo Landriani se plaint notamment de l'usage de recomposer les décors avec différents morceaux, pour remplir les vides avec des toiles de sujets disparates[32].

Parfois, les théâtres profitent de la venue d'une troupe pour faire adapter leurs décors, pour les rénover, ou même pour augmenter leur fonds de décors, comme cela apparaît dans un contrat daté de 1839 entre l'*impresaria* Carolina Michelessi Marini et le Teatro Sociale di Mantova : « *sara obbligata l'impresaria di fare ogni carnevale un scenario nuovo in tela della lunghezza, ed altezza, e qualità di tela delli ivi esistenti con tutto l'occorrente, compresi li stangoni, impirmitura, e dipintura, il quale resterà di proprietà del teatro*[33] ».

Le fait que ce contrat précise que le décor doit être réalisé en toile n'est pas anodin. Les contrats avec les impresarios révèlent en effet que les décors des troupes sont

---

30   À titre d'exemple, dans un contrat daté du 16 janvier 1830 entre l'impresario Feliciano Strepponi et le théâtre de Trieste, on lit : « Gli scenari dell'opera seria [...] dovranno essere ben eseguiti analoghi all'argomento ed al carattere delle rappresentazioni. » (Civico Museo Teatrale « Carlo Schmidl », Trieste, Archivio Teatro Verdi, B. 21, Attività artistica).

31   « Libre usage desdits décors, outils et mécanismes selon le spectacle à donner, c'est-à-dire dans les comédies les toiles de coutume habituelles, et pour les opéras avec ou sans danse, toutes les toiles et accessoires qui seront jugés nécessaires, [...] avec l'obligation toutefois de renouveler les peintures pour les rendre analogues au spectacle à donner. » (nous traduisons), Civico Museo Teatrale « Carlo Schmidl », Contrato d'Impresa passato tra la Presidenza Teatrale e il Sig. Fantoni, 31 mars 1814, B. 3, Archivio Teatro Verdi, Trieste.

32   « supplicono tante volte con quinte dipinte d'ogni genere, purchè queste riempiano il vuoto della mancante tela. », Paolo Landriani, « Osservazioni sulle scene teatrali sì antiche che moderne », Giulio Ferrario, Patte et Landriani (dir.), *Storia e descrizione de' principali teatri: antichi e moderni*, Milan, 1830, p. 357.

33   « [...] l'*impresaria* est tenue de fabriquer à chaque carnaval un nouveau décor en toile de même longueur, hauteur et qualité que ceux existants, avec tout l'équipement nécessaire, y compris les mâts, la préparation et la peinture, qui restent la propriété du théâtre. » (nous traduisons), ASMn, I. R. Delegazione provinciale e Congregazione provinciale. Gestione del Teatro Sociale di Mantova, Busta 2, *Contratto d'appalto con Impresaria Sig.ra Carolina Michelessi Marini*, 23 septembre 1839.

généralement peints sur du papier, un matériau bien plus économique que la toile. Les impresarios sont peu enclins à dépenser de grandes sommes pour des éléments éphémères comme les décors. Comme l'observe Carlo Ritorni, « peindre au théâtre signifie peindre [...] en pensant à l'huile du technicien de la lumière et à la bourse de l'impresario[34] ». La pression financière exercée sur les troupes itinérantes n'a pas uniquement un impact sur la qualité des matériaux utilisés pour les décors, mais également sur la qualité artistique de ceux-ci. Comme l'observe Daniele Seragnoli, au XIXe siècle, le travail du peintre de théâtre est un objet mercantile, ce qui a inévitablement un impact sur la qualité du produit final[35]. Il existe donc différents types de décors, non seulement tributaires du répertoire joué, mais réalisés dans des matériaux différents avec une qualité de réalisation variable en fonction des moyens financiers à disposition.

Technique picturale et lumière

Fig. 3.8 Cabinet (détail), châssis de coulisse, milieu du XIXe siècle, 560 x 160 cm. Feltre, Teatro de la Sena. Photographie Archivio Mariangela Mattia, 2018.

---

34 « E dodici anni dopo viene posto il quesito 'se in teatro sia meglio dipiger bene o teatralmente'. Cioè secondo il gusto pittorico o con occhio 'caritatevole verso l'olio e la borsa dell'illuminatore e dell'impresario' » (nous traduisons), Carlo Ritorni, *Annali del teatro della città di Reggio. Istoria critica*, Bologna, 1837, p. 41f, cité par Daniele Seragnoli, « La materialità e l'idea. Il tema della scenografia nella riflessione critica di Carlo Ritorni », dans Marinella Pigozzi (dir.), *In forma di festa. Apparatori, decoratori, scenografi, impresari in Reggio Emilia dal 1600 al 1857*, Reggio Emilia, Grafis, 1985, p. 192.

35 *Loc. cit.*

La technique picturale utilisée pour les décors est fortement affectée par l'environnement dans lequel sont perçus les toiles. Comme l'observe Quatremère de Quincy dans son *Encyclopédie méthodique* : « La dimension des tableaux du théâtre, la nature du jour qu'il reçoivent, la distance du point de vue d'où le spectateur en jouit et plusieurs autres considérations s'opposent aux recherches d'une exécution minutieuse et fondue[36] ». Faits pour être vus de loin et surtout sous une certaine lumière, les éléments de décor sont réalisés avec une touche très visible, comme à Feltre (voir fig. 3.8). Cette considération nous mène à l'un des points cruciaux du « fait théâtral », la lumière, car c'est elle qui conditionne la réception des décors par les spectateurs.

Au XIXe siècle, les théâtres sont essentiellement pourvus de lampes à huile de type Argand ou Quinquet. Ces lampes présentent des avantages notables durant les représentations par rapport aux chandelles des siècles précédents : elles protègent des mouvements de flamme et diminuent la fumée[37]. Ces sources lumineuses sont placées sur une rampe illuminant l'avant-scène, ainsi que sur des mâts à lumière disposés entre les châssis et les frises, éclairant les côtés et les dessus de la scène. La lumière ainsi produite est plutôt uniforme et assez sombre. La salle reste éclairée pendant le spectacle, mais sa luminosité est plus sombre que celle de la scène[38].

Les contrats passés entre impresarios et théâtres témoignent de l'importance accordée à l'éclairage de la scène, et sont souvent très détaillés à ce sujet. Certains précisent même parfois le nombre de lumières que l'impresario doit utiliser pour chaque spectacle[39]. En effet, dans les compte-rendus, il est souvent reproché aux décors de ne pas être assez éclairés ou que les lumières ont été mal positionnées, détruisant l'effet de la peinture[40]. La qualité des matériaux utilisés pour l'éclairage représente également un enjeu significatif : afin d'éviter de la fumée et des odeurs nauséabondes, certains contrats insistent sur la nécessité d'utiliser une huile d'olive de la meilleure qualité[41]. Il faut imaginer donc une lumière de couleur très chaude, presque jaune, qui modifie la perception des couleurs peintes, obligeant le peintre à anticiper cet effet lorsqu'il réalise ses décors[42].

---

[36]   Antoine Chrysostome Quatremère de Quincy, « Décoration », *Encyclopédie méthodique*, t. II, Paris, Henri Agasse, 1788, p. 192.

[37]   Cristina Grazioli, *Luce e ombra: storia, teorie e pratiche dell'illuminazione teatrale*, Rome, Laterza, 2008, p. 63.

[38]   Gösta M. Bergman, *Lighting in the theatre*, Stockholm, Almqvist & Wiksell, 1977, p. 202.

[39]   À titre d'exemple, un contrat entre l'impresario Insavlini et le Teatro Sociale di Mantova liste précisément toutes les sources lumineuses à employer. ASMn, I. R. Delegazione provinciale e Congregazione provinciale, Gestione del Teatro Sociale di Mantova, Busta 1, n. 99, *Contratto d'appalto con l'impresario Insalvini*, 18 août 1830.

[40]   Stendhal évoque le cas de Louvois, où il se plaint du fait que les arbres font de l'ombre sur les ciels. Voir Stendhal, *Vie de Rossini*, Paris, 1854, p. 43.

[41]   « sarà necessario usando olio d'olivo di perfetta qualità, onde evitare il fumo ed il cattivo odore », Florence, BNC, Lanari, 33,3, Contratto fra l'impresario Lanari e il Teatro Comunale di Bologna, 1828.

[42]   Antonio Niccolini, *Cenno sul corso di studio della R. Scuola di Scenografia*, Naples, 1831, dans Mancini, Antonio Capodanno et Marilena de Marchi (dir.), *Scenografia napoletana dell'ottocento. Antonio Niccolini il neoclassico*, Naples, Scient. Italiane, 1980, p. 373.

Il serait toutefois erroné d'imaginer une lumière restant identique durant tout le spectacle. Des effets particuliers sont possibles, comme assombrir la scène grâce à des mécanismes qui abaissent les lumières de la rampe (tels qu'on en trouve encore à Feltre). Il est également possible de changer la couleur de la lumière, grâce à des verres colorés ou des voiles de tissu vert ou bleu pour créer des effets de nuit[43].

Les contrats passés avec les impresarios témoignent également d'autres effets fascinants. Ils évoquent l'utilisation de feux de bengale, d'alcool à brûler pour des effets d'embrasement, ou même de pistolets à nitrocellulose (pour des explosions[44]). Certains matériaux sont combinés avec la lumière pour créer des textures particulières : la toile d'argent est utilisée pour les fontaines, la carte d'or pour la lune et la mousseline pour les nuages[45]. Certains documents évoquent également les effets de transparence, consistant à placer une lumière derrière une pièce de tissu plus fine intégrée dans la toile de fond de la scène, permettant de faire resplendir une lune ou une lanterne peinte, par exemple, ou alors d'embraser un feu[46]. L'effet visuel des décors est donc fortement tributaire de la qualité de l'éclairage dont le théâtre est pourvu. Le positionnement des lumières, la couleur et l'intensité des flammes ont un fort impact sur les décors, à quoi s'ajoutent de nombreux effets spéciaux.

L'examen des décors originaux de Feltre nous a permis de mettre en lumière différentes composantes du fait théâtral : la salle, la scène, la machinerie, l'implantation des décors, les machinistes, les peintres, les spectateurs, les acteurs, le répertoire, la lumière et ses effets. Bien que les observations faites relèvent d'un cas d'étude spécifique, elles sont néanmoins liées à des pratiques théâtrales communes aux théâtres européens des XVIIIe et XIXe siècles ayant des implications dépassant le cadre géographique et historique de cet article. Les différentes composantes du fait théâtral nous mènent à appréhender la scénographie non seulement dans sa matérialité, mais également dans sa spatialité et sa performativité. Les pratiques théâtrales liées à ces éléments de décor révèlent également les erreurs, les défauts et les problèmes qui peuvent survenir durant un spectacle. Ainsi, l'idée théorique, idéalisée, du fonctionnement d'une scène de théâtre au XIXe siècle est contrebalancée par la pratique quotidienne, réalité concrète du fait théâtral dont certaines sources d'archives témoignent. La perspective d'une modélisation virtuelle amène donc le chercheur à

---

43 Cet effet est évoqué dans un inventaire du théâtre *Secondo Onigo* de Treviso, dans Mancini, Muraro, Povoledo, *I teatri del Veneto. Treviso e la marca trviginia*, vol. 4, Venise, Corbo e Fiore, 1994, p. 71.

44 Ces effets sont détaillés dans un contrat entre l'impresario Lanari et le spécialiste en effets pyrotechniques L. Franchi passé en 1847. Florence, BNC, Lanari, 33,3, *Contratto fra l'impresario Lanari e L. Franchi*, 1847, 16ii, 10, 159–162.

45 Il est fait mention de ces éléments dans différents inventaires et factures d'entretien conservés dans l'archive de l'impresario Lanari à Florence. « N40 fogli carta di oro per la luna [...] mussola colorata per allargare la nuvolosa della grotta » (Florence, BNC, Lanari, 33, 11,24, Lavori fatti per il teatro comunale di Bologna, 1837) ; « Lamina argento per la fontana » (Florence, Florence, BNC, Lanari, 33, 9, 15, Carte varie relative al Teatro comunale di Bologna 1836–1837).

46 À titre d'exemple, une facture pour des travaux réalisés dans le théâtre de Bologne mentionne : « tele fine per formare incendi, ossia fuoco trasparente. » (Florence, BNC, Lanari, 33, 11, 24, Lavori fatti per il teatro comunale di Bologna, 1837).

appréhender des notions très concrètes de matérialité, d'espace et de lumière, autant d'aspects fondamentaux pour l'étude de la scénographie. En mettant en lumière les sources et usages relatifs aux décors, le chercheur met néanmoins le concepteur virtuel face à une certaine ambivalence, entre une vision théorique, idéalisée, et la réalité de la pratique théâtrale, où le facteur humain peut induire d'éventuelles erreurs et ratés, aussi difficiles à simuler que l'émerveillement qui est le propre du spectacle vivant.

II. ARCHIVES

4. Les lieux de spectacle forains de Maurice Vonderbeck et Jeanne Godefroy au tournant du XVIIIe siècle

Bertrand Porot

Résumé

Cette étude s'attache à décrire les salles foraines des troupes d'acrobates les plus florissantes et les plus appréciées, comme celle de Maurice Vonderbeck, dit Maurice, et Jeanne Godefroy son épouse. Elle se fonde sur un ensemble de documents d'archives, dont certains sont inédits : ils permettent de mieux connaître l'installation, les dimensions, les décors ou le mobilier de ces salles, dès les années 1680. Elles accueillaient des spectacles d'acrobates ou d'opéras-comiques qui participaient à l'intense vie théâtrale parisienne et qui remportaient une vive adhésion du public.

Abstract

This study describes the fairground theaters of the most successful and popular acrobatic troupes, such as that of Maurice Vonderbeck, known as Maurice, and his wife Jeanne Godefroy. It is based on a series of archives, some of which have never been published before: they provide a better understanding of the installation, dimensions, decor and furniture of these venues, from the 1680s onwards. They hosted acrobats and *opéras-comiques*, which were part of the intense theatrical life in Paris, and were very popular with the public.

Vers le milieu du XVIIIe siècle, les historiens des spectacles forains, Claude et François Parfaict, font une description pour le moins sommaire des salles de spectacles forains avant l'apparition de l'opéra-comique : « Une loge était un lieu fermé avec des planches, où l'on dressait des échafaudages pour les spectacles, une corde tendue pour les danseurs et une estrade élevée d'un pied et demi tout au plus pour les sauteurs, mais sans ornements et sans décorations[1] ». Cette description ne correspond pas à la réalité et a contribué à donner une image « misérabiliste » des spectacles parisiens et

---

1   Claude et François Parfaict, *Mémoires pour servir à l'histoire des spectacles de la foire par un acteur forain*, Paris, Briasson, 1743, t. I, p. 3.

https://doi.org/10.11647/OBP.0400.04

de leurs salles, que ce soit ceux des acrobates ou des marionnettistes, voire celui de l'opéra-comique.

Ce que rapportent les frères Parfaict correspond, en réalité, aux installations foraines les plus ordinaires, celles qui s'installaient dans de nombreuses villes ou foires en France : nombreux sont les artistes qui se contentent d'un espace minimaliste, voire tout simplement de celui de la rue comme le montrent maints documents iconographiques[2]. Dans cette étude, nous nous attachons à décrire les salles foraines des troupes d'acrobates les plus florissantes et les plus appréciées, comme celle de Maurice Vonderbeck[3], dit Maurice, et Jeanne Godefroy. Elle se produisait dans les foires parisiennes qui sont parmi les plus courues, la Foire Saint-Germain en hiver et la Foire Saint-Laurent en été. Il s'agit là en quelques sorte d'une « aristocratie » des acrobates, riche de moyens et d'ambitions : elles se démarque des troupes plus pauvres et plus élémentaires qui se produisaient d'ailleurs aussi dans ces mêmes foires.

Depuis quelques décennies, l'historiographie concernant les salles de spectacles forains s'est renouvelée, contribuant à une meilleure connaissance de leur installation et de leur fonctionnement : la thèse d'Agnès Paul avait apporté de nombreux éléments inédits sur les acrobates, et celle, plus récente, de Paul François sur les marionnettes[4]. Nous proposons de compléter ces travaux par l'étude des salles de deux forains de premier plan, Maurice et Jeanne Godefroy, grâce à un ensemble de documents d'archives dont certains sont inédits. Ils seront comparés à ceux d'autres troupes, tout aussi florissantes, afin de mieux préciser encore certains points concernant l'installation, les dimensions, le mobilier, etc.

Le couple Maurice et Jeanne Godefroy prospère à une époque charnière où les spectacles d'acrobates connaissent le succès auprès d'un large public, y compris à la cour[5]. Une fois veuve puis remariée, Jeanne Godefroy prend seule la direction de

---

2   Voir par exemple : Noël Cochin, dit le Jeune, 1658, *La foire de Guibray en Normandie*, estampe, BnF, départements des Arts du spectacle, FOL-ICO CIR-16, disponible sur Gallica ; Léonard Defrance, *The Rope Dance*, Metropolitan Museum, New York, fin XVIIIe siècle.

3   Parmi toutes les variantes du nom de Maurice Vonderbeck, nous adoptons cette graphie car c'est celle qui apparaît lorsqu'il signe dans les actes que nous avons retrouvés. Il le fait sous la forme « Von der Beck », que nous avons simplifiée.

4   Agnès Paul, *Les Théâtres des foires Saint-Germain et Saint-Laurent dans la première moitié du XVIIIe siècle (1697–1762)*, thèse de doctorat sous la dir. de Daniel Roche, École des Chartes, 1983 ; Paul François, *Outils de réalité virtuelle pour l'histoire et l'archéologie. Recherche, diffusion, médiation : le cas des théâtres de la Foire Saint-Germain*. Thèse de doctorat sous la dir. de Florent Laroche et Françoise Rubellin, École Centrale de Nantes, 2021, https://theses.hal.science/tel-03351927 (consulté le 6 juin 2023). Voir aussi : Anastasia Sakhnovskaïa-Pankeeva, *La Naissance des théâtres de la Foire : influence des Italiens et constitution d'un répertoire*, thèse de doctorat sous la dir. de Rubellin, université de Nantes, 2013, http://cethefi.org/theses.htm (consulté le 6 juin 2023) ; Bertrand Porot , « La réussite d'un couple forain : Maurice et Jeanne Godefroy (1672–1694) », dans Pauline Beaucé, Bertrand Porot et Cyril Triolaire (dir.), *Spectacles et artistes forains (XVIIe–XIXe siècles). Identités, espaces et circulations*, Reims, EPURE, 2024 (à paraître). Sites : https://cesar.huma-num.fr/cesar2/ (consulté le 6 juin 2023) ; http://cethefi.org/, https://www.theatrales.uqam.ca/foires/mss_mc_cxii.html (consulté le 6 juin 2023) ; https://www.theatrales.uqam.ca/foires/mss_mc_cxii.html (consulté le 6 juin 2023).

5   Voir notre article « Les 'jeux' des foires au XVIIIe siècle : les spectacles d'acrobates », dans Roberto Illiano (dir.), *Performing Arts and Technical Issues*, Turnhout, Brépols 2021, p. 17–57.

la troupe, réalisant ainsi plus de trente ans d'exploitation foraine entre 1678 et 1709. Elle se positionne à un moment crucial au tournant du siècle, celui du passage des « jeux[6] » d'acrobates aux comédies avec musique et danse, rapidement appelées opéras-comiques.

Un couple d'entrepreneurs : Maurice et Jeanne Godefroy

Maurice Vonderbeck, dit Maurice, est un acrobate né vers 1647 en Allemagne, et arrivé en France en 1670[7]. Il est élève et disciple d'un autre acrobate fameux, Charles Alard. Tous deux s'associent d'ailleurs en 1678 pour représenter un spectacle dans le jeu de paume d'Orléans, rue des Quatre-Vents, en face de la Foire Saint-Germain. Maurice se marie en 1672 avec Jeanne Godefroy, danseuse de corde née vers 1650 : le couple dirige ensemble une troupe de spectacles forains, occupant pour cela des salles et des « loges » (les boutiques) aux deux foires parisiennes de Saint-Germain et Saint-Laurent. Malheureusement, Maurice meurt le 10 février 1694 d'un accident dans sa propre salle, le jeu de paume d'Orléans – et non en 1698 comme l'écrivent par erreur les frères Parfaict[8]. Sa veuve reprend l'entreprise avec talent et autorité : en 1698, elle signe une convention avec l'Opéra pour exploiter des comédies avec musique et danses, lesquelles comédies sont précédées ou mêlées de danses de corde et d'acrobaties.

En 1698, elle se remarie avec un aristocrate, Charles de Martinengue, qui la soutient dans son entreprise. Celle-ci connaît le succès dû à sa bonne gestion et à ses talents artistiques développés. Elle se retire en 1709, en vendant son affaire à deux bourgeois pour une somme énorme, 45 000 livres, preuve de sa réussite. Elle meurt en 1710.

Les salles occupées par Maurice et Jeanne Godefroy

Les salles occupées par le couple se situent dans les foires de Saint-Germain en hiver et Saint-Laurent en été, ou dans leurs environs. Pour la première, il s'installe dans le jeu de paume d'Orléans, situé en dehors de l'enceinte de la Foire, mais très proche. Il est construit au coin de la rue des Quatre-Vents et de la rue du Cœur-Volant, comme le montre le plan de Turgot de 1735[9] (voir fig. 4.1, flèche).

---

6   Ce terme désigne à l'époque les spectacles d'acrobates, les troupes mais aussi les salles où ils avaient lieu.

7   Sur Maurice et Jeanne Godefroy, voir nos articles, *supra*.

8   C. et F. Parfaict, *op. cit.*, t. I, p. 18.

9   Après le percement de la rue du Cœur-Volant, on y construisit une maison qui faisait le coin oriental de cette rue et qui continua à renfermer un jeu de paume, lequel se nommait jeu de paume d'Orléans (1628–1690) et s'étendit sur la maison suivante. (Adolphe Berty, *Topographie Historique du Vieux Paris*, 1876, p. 333).

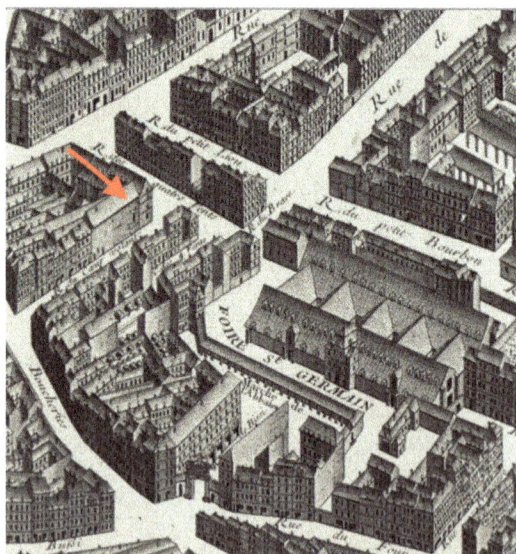

Fig. 4.1. Plan Turgot de 1735. La flèche indique le jeu de paume d'Orléans ainsi que la maison des acrobates qui y est accolée.

Il s'agit donc d'une salle en dur, dans un bâtiment de pierre, et non de cabanes ou de loges en bois éphémères. Ce jeu de paume a été utilisé dès 1659 comme salle de théâtre, que les frères Parfaict appellent d'ailleurs « Théâtre de la rue des Quatre-Vents[10] ». Elle est occupée en 1678 par Maurice, sa femme et Alard ; des actes notariés montrent ensuite qu'elle l'est sûrement en 1694, date de la mort de Maurice, et en 1696, date de son inventaire après décès. Ce dernier précise que Jeanne Godefroy en est « locataire et l'occupe pendant le temps de la Foire Saint-Germain[11] ». Toutefois, au vu de leurs activités, le couple a dû l'investir dès les années 1690. Elle a été exploitée ensuite jusqu'à la retraite de Jeanne Godefroy en 1709, comme en attestent différents actes de 1696, 1704 et 1709[12].

Selon l'inventaire après décès de Maurice, le jeu de paume comprenait une salle de spectacle, mais aussi une maison de plusieurs pièces, où logeaient les entrepreneurs pendant le cours de la Foire Saint-Germain. Sur le plan cité (voir fig. 4.1), on voit bien une partie aveugle, celle de la salle avec en coin, la maison. Cette dernière, lorsque le jeu de paume fonctionnait, servait d'habitation au « paumier », le maître qui s'occupe du jeu et qui l'enseigne.

---

10 C. et F. Parfaict, Quentin d'Abguerbe, *Dictionnaire des théâtres de Paris*, Paris, Lambert, 1756, vol. 2, p. 361.

11 Archives Nationales (AN), MC/ET/LXIX/162, Inventaire après décès de Maurice Vonderbeck, 6 février 1696. Ces actes permettent de remonter la date d'occupation du jeu de paume d'Orléans : dans sa thèse, François (*op. cit.*, p. 183) supposait que la veuve Maurice l'occupait seulement en 1698, ce qui est contredit par les documents d'archives.

12 AN, MC/ET/LXIX/162, inventaire après décès de Maurice Vonderbeck, 6 février 1696 ; ET/ LXIX/194, Bail 8, mars 1704 ; ET/XLV/321, Vente à Levesque et Desguerrois, 22 octobre 1709.

Les bâtiments disposent de trois ouvertures, l'une sur la rue Quatre-Vents et deux autres sur celle du Cœur-Volant. La maison comporte quatre pièces, avec une petite cuisine et une cave. Au rez-de-chaussée se situent un « caveau en bas de la montée qui est au début de la rue du Cœur volant[13] », une salle basse et dans les étages, la petite cuisine, une petite chambre, « une grande chambre avec un cabinet », une autre « avec un petit bouge » (une garde-robe), le tout carrelé. Il est à noter qu'en 1704, Jeanne Godefroy obtient l'autorisation d'y faire des travaux et de détruire ainsi la cuisine et la chambre du paumier, le tout à ses frais[14] : l'état de la maison a donc changé au cours de ces années pour créer une plus grande pièce au premier.

Il est possible que ces aménagements aient pour but de créer des locaux pour la salle de spectacle, comme des loges pour les artistes, un foyer ou une billetterie. On trouve en effet dans la loge d'Octave, avant 1712, un foyer installé dans le billard du jeu de paume et dans une maison adjacente, « le bureau de la recette des parterres et amphithéâtre[15] », c'est-à-dire la billetterie. La maison sert sans doute aussi d'entrepôt pour le matériel du couple Vonderbeck : l'inventaire après décès de Maurice y détaille, en effet, tous les costumes et les « ustensiles » pour les spectacles[16]. On y trouve de plus dans un passage, quinze livres de chandelles et plus de 335 litres de vin !

Les salles de la Foire Saint-Laurent se présentent tout à fait différemment, ne serait-ce qu'en raison de la nature des spectacles qui y sont représentés : le couple donnait non seulement des numéros d'acrobaties et de danses de corde, mais aussi des combats d'animaux : combat de taureaux – il en possédait deux – et sans doute de chiens, ce qui semble populaire dans les foires[17]. C'est pourquoi il fallait plusieurs salles et d'assez grande dimension.

Dans l'inventaire après décès de Maurice, figure le matériel de trois salles : l'une « où se fait le combat de taureaux et animaux », une autre où « se fait la danse de corde et le ballet, attenant le dit combat », enfin une troisième sans attribution « à côté du dit jeu de corde ».

Un plan dressé en 1702 confirme cette installation. Nous y avons indiqué leur emplacement (voir fig. 4.2).

---

13   AN, ET/XLV/321, Vente à Levesque et Desguerrois, 22 octobre 1709. Les citations suivantes proviennent de ce document.
14   AN, ET/LXIX/194, Bail, 8 mars 1704.
15   Archives de la Comédie-Française, PV du 6 fév 1712 dans la loge d'Octave, cité dans Paul, *op. cit.*, p. 217.
16   AN, MC/ET/LXIX/162, Inventaire après décès de Maurice, 6 février 1696.
17   L'inventaire après décès de Maurice stipule « combats de taureaux et animaux ». Dans un bail accordé à la veuve Damour pour des loges à la Foire St Germain, on trouve spécifié l'interdiction de « combats de chiens, de taureaux », AN, ET/LXIX/206, Bail veuve Damour, 14 avril 1707.

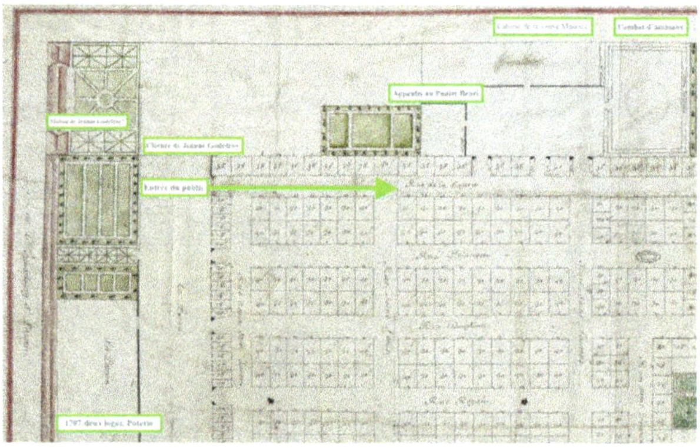

Fig. 4.2. Plan de la Foire Saint-Laurent en 1702 avec les emplacements des salles de Jeanne Godefroy. Plans détaillés de la foire Saint-Laurent, contenant la distribution de l'emplacement des rues et boutiques, levés dans les années 1702, 1722, 1741 et 1743, AN, N III Seine 271 5.

Dans un acte de 1695, on apprend que Jeanne Godefroy a l'intention de louer à compter de Pâques 1699 une maison en forme d'« appentis[18] » à l'enseigne du Panier fleuri. Elle possède un jardin attenant et une serre, le tout carrelé : est-ce la même salle sans attribution de l'inventaire après décès ? Elle en renouvelle le bail en 1704[19]. Enfin en 1707, elle loue encore deux loges attenant le grand préau, dans lesquelles se trouvent des ateliers de « potiers de terre[20] », nommés « poterie ». Elle a dû les sous-louer à une autre entrepreneuse de spectacles, car un bail au nom de la veuve Damour stipule que cette dernière peut y montrer des « curiosités », consistant en éléphants, chevaux et tigres[21] ! De même, cette dernière doit partager la loge avec les artisans potiers. Ce bail révèle donc tout un pan d'activités foraines peu connues jusque-là : des ateliers de poterie et des expositions d'animaux exotiques.

Enfin, toujours dans l'inventaire après décès de Maurice, il est précisé que le couple loue sa maison personnelle aux religieux de Saint-Lazare. Proche de la loge des spectacles, elle possède un jardin qui est fermé par une « clôture », « depuis la maison […] jusqu'au dit jeu de corde[22] ». Sur le plan cité (voir fig. 4.2), on voit cette clôture qui empêche le public de passer dans la partie louée par le couple : l'entrée pour les jeux se fait donc en passant par la rue de la Lingerie (flèche verte), privatisant ainsi une partie du préau des spectacles.

Ces lieux, annotés sur le plan, montrent donc l'emprise de Jeanne Godefroy sur cet espace forain nommé « préau », une sorte de grand pré entourant la Foire : tout

---

18   Selon Antoine Furetière (*Dictionnaire universel*, La Haye et Rotterdam, Arnout et Reiner Leers, 1690), « Appentis » désigne un « toit qui est appliqué contre un mur ». Il doit donc s'agir d'une maison accolée à la loge de Jeanne Godefroy ou au bâtiment en face.
19   AN, ET/LXIX/194, Bail, 8 mars 1704.
20   AN, ET/LXIX/206, Bail veuve Damour, 14 avril 1707. Selon Furetière, « Poterie », *op. cit.*, les potiers de terre se spécialisent dans les « pots de terre vernissée ».
21   AN, ET/LXIX/206, Bail veuve Damour, 14 avril 1707.
22   AN, MC/ET/LXIX/162, Inventaire après décès de Maurice, 6 février 1696.

ou presque, dans les années 1700 est occupé par elle. De plus, elle interdit toute autre implantation de jeux, acrobaties ou opéra-comique dans ce secteur, s'en réservant le quasi monopole.

Dimension des salles

Les dimensions des salles de Maurice et Jeanne Godefroy sont, pour certaines, assez bien documentées. C'est pour le jeu de paume d'Orléans, que nous manquons d'informations précises. La comparaison avec d'autres jeux de paume est toutefois délicate : celui du Béquet, aussi appelé Bel-Air, occupé par Lully lors de la création de l'Académie royale de musique en 1672 comportait une « galerie de cinq pieds couverte de bois de sapin et soutenue par sept poteaux de chêne[23] ». Le chiffre de cinq pieds (1,62 m) reste difficile à interpréter : s'agit-il de la largeur ? On peut plutôt comparer la salle du jeu d'Orléans à celle du jeu des Victoires de la Foire Saint-Germain qui fonctionne à la même époque : jusqu'à 20 m de large pour 40 m de long, d'après le plan Jaillot. Paul François, qui donne ces dimensions, remarque qu'elles sont importantes et ont peut-être été exagérées par le graveur[24]. Mais si on les compare à d'autres salles parisiennes, elles sont du même ordre : la Comédie-Française présente 35,10 m de long sur 17,50 m de large, la Comédie-Italienne, 33,15 m sur 12,68 m[25], enfin l'Académie royale de musique, 32 sur 18[26] (tableau 1).

TABLEAU 1 : *Comparaison des salles foraines avec les théâtres parisiens.*

Salles foraines	Jeu des Victoires	40 m x 20 m
	Loge de Jeanne Godefroy, Foire Saint-Laurent	43 m x 11 m
Comédie-Française		35,10 m x 17,50 m
Comédie-Italienne		33,15 m x 12,68 m
Opéra		32 m x 18 m

Les salles de la Foire Saint-Laurent viennent encore confirmer ces données. Elles sont en effet mieux documentées : le plan de 1702 nous permet de déduire les dimensions des loges de Jeanne Godefroy. Pour celle des spectacles d'acrobaties, Barry Russell

---

23   Jérôme de La Gorce, *Carlo Vigarani, intendant des plaisirs de Louis XIV*, Paris, Perrin et château de Versailles, 2005, p. 124.

24   François, *op. cit.*, p. 187.

25   Henri Lagrave, *Le théâtre et son public*, Paris, Klincksieck, 1972, p. 87.

26   Nicole Lallement « Salles de l'ARM », dans Sylvie Bouissou, Pascal Denécheau et France Marchal-Ninosque (dir.), *Dictionnaire de l'Opéra de Paris sous l'Ancien Régime (1669–1791)*, Paris, Garnier, 2020, t. IV, p. 564.

donne 43 m de longueur pour 11 m de largeur, une salle donc très longue et plus étroite au niveau de l'espace scénique[27]. La salle pour les combats d'animaux, comportant d'ailleurs une piste de 10 m de diamètre, mesure 27 m sur 17 m, elle aussi assez grande. Il est donc possible que les salles foraines soient un peu plus vastes que celles des théâtres. Dans ce cas, la dimension du jeu des Victoires serait assez plausible.

Quant à la hauteur des salles ou des loges, peu nous en est parvenu : au dos d'un plan de la Foire Saint-Laurent de 1725[28], il est indiqué 8 m pour la cabane du sauteur Colin et 8,50 m pour son jeu d'acrobates, qui prend la place de la salle des combats d'animaux de Jeanne Godefroy[29].

Ces dimensions laissent donc supposer de grandes salles, adaptées à des spectacles qui demandent un certain espace de jeu ou de combat. Par comparaison, la loge pour des marionnettes achetée en 1701 par Alexandre Bertrand mesure 9 m sur 9 m, bien adaptée pour ce type de spectacle[30].

Installation des salles

Comment étaient installées les salles du couple Maurice et Jeanne Godefroy ? Commençons par l'espace de jeu qui demande une certaine dimension, notamment pour les numéros d'acrobatie. Une miniature de Louis-Nicolas Van Blarenberghe reste un témoignage précieux et dans l'ensemble assez précis (voir fig. 4.3). Même si elle date de la fin des années 1770, elle correspond aux éléments relevés dans les documents d'archives[31].

Fig. 4.3. Boîte à priser de J.-E. Blerzy avec miniature de Louis-Nicolas Van Blarenberghe montrant un spectacle de danse de corde, c. 1779. Photographie © Metropolitan Museum, New York.

---

27   Barry Russell, « Théâtres », https://www.theatrales.uqam.ca/foires/mss_mc_cxii.html (consulté le 6 juin 2023).
28   AN, N III Seine 291. Voir aussi Russell, art. cit. Il n'est pas indiqué de cabane du sauteur Colin.
29   Le plan indique aussi la superficie en toises : 111,8 toises, ce qui donne 216,80 m. Mais ce n'est pas une mesure de surface.
30   François, *op. cit.*, p. 191.
31   Pour la datation, voir François, *op. cit.*, p. 213–214.

On y voit, en effet, un numéro de danse de corde assez spectaculaire réalisé sur la corde souple. Elle est solidement amarrée à ses deux bouts, depuis la scène jusqu'à l'amphithéâtre. Ce type d'installation sert également pour les « vols » qui émaillent les numéros et les comédies foraines, comme dans *Circé en postures*[32] donné en 1678 dans la salle du jeu de paume d'Orléans, occupée par Maurice et Alard. Ces derniers passent en effet une convention avec Pierre Cadet, marchand mercier, pour « faire aller les vols, machines et décorations[33] ». On lui doit de plus le matériel fourni : « un treuil, une moufle[34] servant à des vols, et d'un ustensile de fer blanc imitant le tonnerre[35] ». Ce dernier est, en effet, nécessaire dans *Circé en postures* : dans la seconde partie, « on voit des éclairs, et on entend gronder le tonnerre[36] ». Quant au « vols », ils désignent les artistes qui « s'enlèvent promptement en l'air[37] » et les chemins de vol, les cordes et les machines nécessaires à ces transports à travers la scène. On en trouve trace dans les premières comédies des forains, comme *Circé en postures* déjà cité où l'on voit des « monstres voler en l'air ». La figure 4.3 en donne aussi une idée.

De son côté, Octave, acteur et entrepreneur, détaille les installations qu'il a faites dans sa loge, en 1716 : on y trouve un « chemin de vol de l'amphithéâtre jusqu'au théâtre[38] ». Pour actionner les vols, des treuils sont nécessaires : il y en a un dans le jeu de paume d'Orléans en 1678 et trois dans la loge d'Octave en 1716. On installe également sur scène des tremplins pour les sauts périlleux, comme dans le jeu de paume du Dauphin en 1685[39]. Enfin des trappes sous le sol de la scène complètent cet arsenal : on les note dans la loge d'Octave en 1716[40].

Dans le marché avec Pierre Cadet, en 1678, il est mentionné qu'il doit « faire aller » les « décorations », c'est-à-dire les changements de décor[41]. En effet, les pièces qui sont représentées lors de cette saison nécessitent des décors et leurs changements. Ainsi dans *Circé en posture*, la pièce s'ouvre sur « la forêt de Circé [...] On découvre dans l'enfoncement des jardins à perte de vue[42] ». En revanche, dans la deuxième partie, « Le fond du théâtre s'ouvre et laisse voir un Enfer d'où sortent des Démons[43] ». Nous avons malheureusement très peu de détails des décors dans les archives, sauf pour certains spectacles de marionnettes : nous renvoyons sur ce point aux travaux d'Agnès

---

32 *Circé en postures*, Paris, s. n., 1678, « l'on voit des monstres ramper sur terre et voler en l'air », p. 13.
33 AN, ET/LVIII/141, Marché Pierre Cadet, Maurice et Charles Allard, 8 mars 1678. Voir aussi Paul, *op. cit.*, p. 50.
34 Furetière, *op. cit.* : « qui se dit en mécanique de plusieurs poulies qui se meuvent dans une pièce de bois, pour multiplier les forces mouvantes.
35 AN, ET/LVIII/141, Marché Pierre Cadet, Maurice et Charles Allard, 8 mars 1678.
36 *Circé en postures, op. cit.*, p. 12.
37 Furetière, « Vol », *op. cit.*, s. p.
38 AN, MC/XXXVIII/152, Procès-verbal, 8 juillet 1716.
39 AN, ET/LXX/181, 31 janvier 1685, voir Sakhnovskaïa-Pankeeva, *op. cit.*, p. 150,
40 AN, MC/XXXVIII/152, Procès-verbal, 8 juillet 1716.
41 AN, ET/LVIII/141, Marché Pierre Cadet, Maurice et Charles Allard, 8 mars 1678.
42 *Circé en postures, op. cit.*, Première partie, p. 1.
43 *Ibid.*, p. 13

Paul[44] et aux nôtres sur le spectacle de 1722[45]. Ces décors pour marionnettes sont de la même veine que ceux utilisés dans les comédies foraines, excepté bien sûr leur moindre dimension. Quant à la miniature de Blarenberghe, elle nous présente une scénographie pour danses de corde, composée d'une toile de fond et de cinq coulisses en toile peinte. Ce type d'installation convient parfaitement à un spectacle d'acrobaties, tel qu'il est représenté, mais aussi à celui de l'opéra-comique qui en général lui fait suite, ou encore à celui d'une pantomime.

La partie des spectateurs

En ce qui concerne la partie des spectateurs, la miniature de Blarenberghe dépeint une disposition corroborée par les sources, du moins pour les plus grandes salles telles que celles de Maurice et Jeanne Godefroy. On y trouve des espaces délimités par des cloisons : l'orchestre – toujours présent dans les spectacles d'acrobates –, le petit parquet, enfin le parquet lui-même. Ces deux derniers font partie du parterre : le petit parquet où peuvent être installés des bancs, et le grand où les spectateurs sont pour la plupart debout. Cette installation permettait, en effet, d'éviter les spectateurs sur scène et de proposer en même temps des places qui lui sont proches[46].

Sur les côtés sont visibles deux rangs de loges cloisonnées. Mais il manque une partie importante de la salle, car le miniaturiste se place face à la scène et n'a pas pu représenter l'amphithéâtre qui est dans son dos et dans la continuité du parterre.

Nous retrouvons ce type d'organisation dans plusieurs documents d'archives concernant Jeanne Godefroy. Tout d'abord une courte description de la salle du jeu de paume d'Orléans dans un rapport de police : « [nous] avons vu un grand théâtre, accompagné de plusieurs loges à droite et à gauche[47] ». Un peu plus précis, l'acte de vente de tous les jeux de Jeanne Godefroy en 1709, détaille la disposition des salles : dans le jeu de paume d'Orléans, on note un « théâtre, loges, balcons, parquet[48], amphithéâtre, galerie, machines et décorations ». Et pour la Foire Saint-Laurent, dans la loge des jeux, il s'agit d'un « théâtre, amphithéâtre, galeries, décorations, bâtiments, le tout de bois[49] ».

---

44   Paul, *op. cit.*, p. 207.
45   « L'organisation d'un spectacle de marionnettes en 1722 : à propos d'un fonds méconnu de Fuzelier », dans Beaucé et Rubellin (dir.), *Parodier l'opéra : pratiques, formes et enjeux*, Les Matelles, Éditions Espaces 34, 2015, p. 127–153.
46   Voir le plan dans notre article (« L'organisation d'un spectacle de marionnettes en 1722 : à propos d'un fonds méconnu de Fuzelier », art. cit., p. 127–153) ainsi que Michèle Sajous D'Oria, *Bleu et or, la scène et la salle en France au temps des Lumières, 1748–1807*, p. 127 pour une période plus tardive.
47   Émile Campardon, *Les Spectacles de la Foire depuis 1595 jusqu'à 1791*, Paris, Berger-Levrault, 1877, t. II, p. 116.
48   Il n'est pas fait mention de parterre comme dans beaucoup d'actes notariés qui indiquent souvent le parquet pour le parterre.
49   AN, ET/XLV/321, Vente à Levesque et Desguerrois, 22 octobre 1709.

Juste un an après, un rapport de police de 1710 concernant Guillaume Rauly et la propre fille de Jeanne Godefroy, Catherine Baron, nous donne des précisions sur la salle qu'ils occupaient, le jeu de paume du Bel-Air. Sont mentionnées notamment « plusieurs loges, l'une sur l'autre à double rang, un parterre et un amphithéâtre[50] ». Nous avons ici une précision intéressante concernant deux étages de loges superposés. Même si ces derniers sont rarement mentionnés, il est fort probable que ce fût la norme dans les grandes salles foraines : c'est le cas chez Octave[51] et c'est ce que montre aussi la miniature de Blarenberghe.

Bancs et chaises

Pour l'installation du public, on en trouve trois types : debout, sur des bancs ou sur des chaises. En ce qui concerne le parterre (ou grand parquet), nous ne trouvons pas, dans les documents d'archives, d'indication de bancs dans cet espace. Il est possible qu'il soit le plus souvent debout. En revanche on trouve bancs et chaises pour les amphithéâtres, les loges et même sur la scène – comme à la Comédie-Française. Les bancs comportaient des marchepieds et pouvaient être couverts de toile rouge, comme dans la loge d'Octave en 1716[52].

Il semble bien que les spectateurs assis sur la scène constituent une pratique dans les théâtres forains. Le rapport de police sur la salle de Rauly et Catherine Baron, précise, en effet, qu'on trouve sur « le théâtre, cinq rangs de formes et de chaises des deux côtés aussi remplis de monde de l'un et l'autre sexe[53] ». Il y avait tellement de monde – des hommes étaient aussi présents debout – que l'espace de jeu était très réduit et les comédiens obligés de crier « place au théâtre[54] ! ». Les « formes » citées ici sont des bancs sans dossier et garnis d'étoffe ou de tapisserie[55].

Toutefois, comme le montre l'iconographie, la présence de spectateurs aussi nombreux ne peut se concevoir pour les jeux d'acrobates, car elle rendait les numéros impossibles voire dangereux. On peut sans doute admettre sur scène quelques privilégiés, mais la majorité des présents sont les acrobates eux-mêmes comme le montre la miniature de Blarenberghe. Cependant il est possible, lors de l'exécution de la comédie chantée, que des bancs soient rapidement installés sur scène.

Des chaises sont mentionnées dans une majorité d'actes notariés[56], avec un nombre compris entre soixante et soixante-dix, ce qui pose problème. Il n'est, en effet, pas assez important pour concerner le parterre (qui est debout pour la plupart), et pas non plus pour les amphithéâtres ou les loges. Où étaient-elles installées et pour quel type de

---

50   Campardon, *op. cit.*, t. II, p. 301.
51   AN, ET/XXXVIII/152/, Procès verbal, 8 juillet 1716.
52   *Ibid.*
53   Campardon, *op. cit*, t. II, p. 301.
54   *Ibid.*
55   Furetière, « Formes », *op. cit.*
56   Voir par exemple l'inventaire après décès de Maurice : AN, MC/ET/LXIX/162, 6 février 1696.

public ? Si elles sont sur la scène, soixante chaises de 40 cm de large occuperaient en tout 24 m, ce qui semble important, sauf si bien sûr les artistes se contentent d'un tout petit espace de jeu, ce qui est impossible pour des acrobates.

La miniature de Blarenberghe montre une autre utilisation possible : on y voit, en effet, quelques chaises occupées par des spectateurs des hautes classes, reconnaissables à leurs luxueux vêtements. Ils préfèrent voir le spectacle assis, soit sur des chaises soit sur des bancs.

Même si nous n'en avons pas la confirmation dans les sources, il est tout à fait possible, lors des numéros d'acrobates, ou même pour les opéras-comiques, d'installer quelques chaises au parterre, voire quelques bancs pour certains spectateurs. Jan Clarke a d'ailleurs noté qu'à l'Hôtel du Marais et à l'Hôtel de Bourgogne, à la même époque, des bancs au parterre, en dessous des loges latérales, étaient mis à la disposition des spectateurs[57]. De même, des factures de réparation de chaises existent pour le Palais Royal et le Guénégaud, sans que l'on sache si elles figuraient au parterre, au café ou dans les loges[58]. Il est donc nécessaire de nuancer quelque peu l'affirmation du parterre debout dans les spectacles d'acrobates ou d'opéra-comique : dans l'état des connaissances, il est tout à fait plausible qu'une partie du parterre soit assis sur des chaises ou des bancs, notamment les plus privilégiés socialement.

Le décor de la salle

Bien des sources consultées mentionnent la décoration des salles – à ne pas confondre avec celles de la scène –, manifestant un certain raffinement dans leur conception. Malheureusement, elles ne détaillent que très rarement leur nature. L'acte déjà cité, concernant les améliorations qu'a apportées Octave à la loge qu'il loue en 1716, nous permet toutefois de nous en faire une idée[59]. Les peintures sont faites à la détrempe : il s'agit d'une technique où les pigments sont broyés à l'eau puis délayés au moment de la peinture avec des colles solubles dans l'eau (colle de peau). C'est la technique la plus ancienne, celle des fresques et des intérieurs : elle permet une grande finesse, mais sèche rapidement et ne permet pas les repentirs.

Les couleurs privilégiées sont le jaune et le blanc pour le soubassement des loges et ceux de l'amphithéâtre, et le bleu pour les loges : « vingt-deux panneaux d'ornements sur les plafonds et cloisons des loges en couleur bleu ». La « couleur de marbre du Languedoc » (rouge rosé veiné de blanc) pour l'appui des balustrades ainsi que pour « les deux dessous et limons[60] des rampes descendant au théâtre ». Enfin

---

57 Jan Clarke, *The Guénégaud Theatre in Paris (1673–1680). Volume One : Founding, Design and Production*, Lewiston-Queenston-Lampeter, The Edwin Mellen Press, 1998, p. 76.

58 Nous remercions Clarke pour ces précisions et pour la communication de ses recherches.

59 AN, MC/XXXVIII/152, Procès-verbal, 8 juillet 1716. Les citations qui suivent proviennent de ce document.

60 Furetière, « Limon », *op. cit.* : « En termes de charpenterie est la pièce de bois qui sert à porter les marches d'un escalier qui fait la rampe sur laquelle posent les balustres ».

l'« or d'Allemagne », un alliage de différents métaux imitant l'or[61], vient ajouter de la lumière : il est posé sur les balustres et les barreaux du pourtour du jeu qui sont au nombre de deux cent soixante-huit. Ils sont « dorés sur les deux faces ». Les cloisons séparant le parterre sont peintes de blanc en détrempe. Dans l'ensemble donc, des couleurs plutôt claires rehaussées d'éléments dorés.

***

Les documents présentés permettent donc de mieux connaître les installations des salles foraines, dès les années 1680 : elles sont en dur comme pour les jeux de paume proches de la foire, ou bien en bois, spacieuses et bien installées – et non des loges de planches « sans ornements ». Elles ne se trouvent pas toujours dans l'enceinte même des foires, mais soit à l'extérieur, soit dans le « préau », qui désigne une sorte de grand « pré » entourant la foire. Elles sont de vaste dimension et longues en général d'une quarantaine de mètres. Dès les années 1670, elles comprennent une installation proche de celle des théâtres parisiens avec une scène, un orchestre, un parterre, un parquet, un amphithéâtre, deux rangs de loges et une billetterie. Des bancs et des chaises pouvaient apporter un meilleur confort, notamment au parterre. Enfin, leur décor peint est raffiné, fondé sur des couleurs claires avec des éléments dorés.

Mais – et nous insistons encore sur ce point –, les sources rassemblées concernent surtout les salles des troupes les plus prestigieuses et les plus riches, qu'elles soient dédiées aux acrobates ou à l'opéra-comique naissant. Ce type de spectacle fait d'ailleurs partie de ceux qui comptent aux XVIIe et XVIIIe siècles, à l'instar du Théâtre-Français, de la Comédie-Italienne ou de l'Opéra. C'est pourquoi la recherche en archives s'avère de toute importance car elle nous livre des informations de première main sur les installations, les décors, les dimensions des salles foraines, des éléments qui méritent encore d'être investigués. Elle permet également de croiser ces sources primaires avec l'iconographie et de montrer en quoi cette dernière est finalement assez fidèle à la réalité théâtrale, apportant ainsi un complément d'informations extrêmement précieux. Il reste toutefois bien des domaines à explorer, notamment pour les décors, la place du public, les espaces annexes comme la billetterie, le café… De même, il semble bien que l'apparition de l'opéra-comique a fait évoluer l'installation des salles d'abord dédiées aux spectacles d'acrobatie : ce point reste encore obscur et mérite sûrement un nouveau chantier de recherches. Toutefois, les éléments déjà rassemblés permettent déjà de mieux connaître les salles foraines qui participaient à l'intense vie théâtrale parisienne, et dont les spectacles remportaient une vive adhésion du public.

---

61   *Id.*, « or d'Allemagne : du bas or qui n'est point au titre des monnaies ordinaires et qui a beaucoup d'alliage, qui n'est pas pur ».

5. Brève de méthodologie : Une « rétro-architecture » pour l'histoire des spectacles : l'exemple de VESPACE

Paul François

Résumé

Restituer un théâtre disparu du XVIIIe siècle impose de s'intéresser à des sources de nature différente. Pour le projet VESPACE (*Virtual Early Modern Spectacles and Publics, Active and Collaborative Environnement*), nous avons développé une méthodologie permettant de tirer partie au mieux de la spécificité de ces documents et de la technologie d'immersion en réalité virtuelle : la rétro-architecture. Elle consiste à reproduire non seulement l'environnement tel qu'il est représenté dans les sources graphiques ou décrit dans des sources littéraires, mais également – c'est la spécificité de cette méthode – à restituer un espace compatible avec les usages attestés et décrits dans une multitude de sources. La rétro-architecture a été appliquée pour VESPACE à un théâtre de marionnettes à la Foire Saint-Germain, dans la seconde moitié du XVIIIe siècle et on la suit ici grâce à cinq images clés.

Abstract

Restoring a lost eighteenth-century theater requires the examination of a variety of sources. For the VESPACE (*Virtual Early Modern Spectacles and Publics, Active and Collaborative Environnement*) project, we have developed a methodology that takes full advantage of the specific nature of these documents and of virtual reality immersion technology: retro-architecture. This involves not only reproducing an environment as depicted in graphic or literary sources, but also – and this is specific to this method – restoring a space compatible with the attested uses described in a multitude of sources. Retro-architecture was applied for VESPACE to a puppet theater at the Foire Saint-Germain in the second half of the eighteenth century. In this chapter, this method is summarized in five key images.

https://doi.org/10.11647/OBP.0400.05

Le projet VESPACE[1] (*Virtual Early Modern Spectacles and Publics, Active and Collaborative Environment*), visant à reproduire une soirée théâtrale à la Foire Saint-Germain au XVIIIe siècle, a posé dès son commencement le problème des sources capables de permettre une restitution fidèle et historiquement renseignée des lieux de spectacles forains du siècle des Lumières. Il n'existe de fait aucun vestige archéologique permettant d'appuyer une modélisation alors que des sources historiques diverses (descriptions, peintures ou croquis, ainsi qu'une part importante du répertoire qui y était joué) apportent une multitude d'éclairages sur ces lieux. Ces sources font la part belle à l'usage de ces lieux, qu'elles les décrivent ou les montrent, qu'elles racontent des anecdotes ou qu'elles fournissent les textes qui y furent joués.

De la même manière que la rétro-ingénierie cherche à trouver un système qui reproduise fidèlement le fonctionnement d'un objet, le projet VESPACE s'est appuyé sur le concept de « rétro-architecture » pour restituer un espace qui puisse produire les mêmes anecdotes, les mêmes descriptions et dans lequel on puisse jouer les mêmes pièces. La rétro-architecture est un processus en cinq étapes qui se répètent jusqu'à ce que la modélisation ait atteint un niveau de robustesse suffisant : collecte de documents, contextualisation, recoupement et analyse, modélisation et visite virtuelle.

Imaginée dès l'origine du projet comme un moyen efficace de recherche et de médiation auprès du grand public, la visite virtuelle (par le biais d'un casque de réalité virtuelle ou d'autres dispositifs) s'est révélée être un outil indispensable de la rétro-architecture. En permettant à plusieurs spécialistes de s'immerger dans un modèle tridimensionnel – et donc dans le cas de VESPACE de revivre l'expérience que vécurent les spectateurs ou acteurs du XVIIIe siècle – il convoque le ressenti des chercheurs d'une manière différente, suscitant de nouvelles questions, des commentaires et des postures physiques qui sont autant de nouveaux points d'entrée dans un sujet. Pour le grand public, l'immersion dans une restitution historiquement renseignée et conçue avec des objectifs scientifiques permet de découvrir avec confiance un environnement virtuel convaincant qui s'appuie sur l'état de l'art de la connaissance d'une thématique donnée.

Le cas d'étude principal du projet VESPACE est un théâtre de marionnettes représenté sur une miniature peinte par Louis-Nicolas Van Blarenberghe et qui aurait été en activité à la Foire Saint-Germain à Paris dans les années 1760. L'analyse de cette miniature a permis la réalisation d'une première maquette tridimensionnelle dans laquelle les experts du projet ont été immergés grâce à un casque de réalité virtuelle. En confrontant la connaissance de ces experts à une interprétation de la documentation, l'immersion a permis de faire évoluer très sensiblement la maquette

---

1   Le projet VESPACE (https://vespace.cs.uno.edu/fr/) a été créé par Nantes Université (Françoise Rubellin, LAMO-CETHEFI et Florent Laroche, LS2N UMR 6004) et la Louisiana State University (Jeffrey Leichman).

vers un objet témoin de l'état de l'art de nos connaissances sur les théâtres de marionnettes dans la seconde moitié du XVIIIe siècle. Le système développé par notre équipe permet également l'affichage de cette documentation en réalité virtuelle, si bien que l'utilisateur peut mieux appréhender la différence entre l'objet virtuel représenté et les sources. *In fine*, cet objet peut prendre d'autres formes qui offrent la possibilité d'accueillir tout un public et faire de ce théâtre virtuel un lieu de spectacle réel.

Fig. 5.1. Boîte à priser de J.-E. Blerzy avec miniature de L.-N. Van Blarenberghe, conservée au Metropolitan Museum de New York. La boîte est datée de 1778 ou 1779, tandis que la miniature elle-même peut être datée des années 1760. Photographie Metropolitan Museum, New York, domaine public.

La miniature représente l'intérieur d'un théâtre de marionnettes à la Foire Saint-Germain sur un support d'une dimension de 3 cm par 6 cm. Pourtant, le trait est suffisamment précis pour distinguer les tringles qui soutiennent les comédiens de bois. Tous les détails sont présents, ce qui a fait de cette représentation un point de départ essentiel pour la modélisation d'une restitution de théâtre pour VESPACE : depuis la morphologie de l'espace jusqu'aux usages du lieu avec des représentations d'interactions sociales (scène de l'entrée à droite, des musiciens à gauche, etc.) en passant par l'ambiance lumineuse (et presque sonore !). Un piège est néanmoins présent : Blarenberghe a profondément joué avec les règles de la perspective pour pouvoir représenter l'intégralité de cet espace, de sorte que l'étude de cette miniature laisse de nombreuses questions en suspens sur la morphologie réelle du lieu. Quelle était la forme de l'entrée ? Comment circulait-on entre les bancs ? Combien y avait-il de rangs dans l'amphithéâtre ? C'est la modélisation de différentes hypothèses et la confrontation de celles-ci avec les experts qui a permis d'avancer sur le sujet et de proposer une restitution solide.

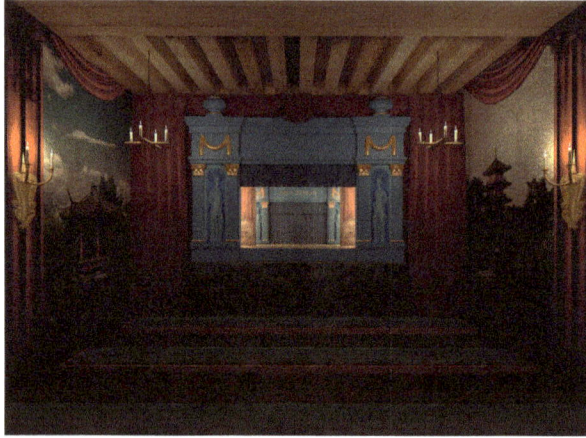

Fig. 5.2. Restitution tridimensionnelle de la salle de spectacle de marionnettes à l'issue du processus de rétro-architecture. Photographie © Paul François.

La comparaison de cette image avec la miniature de Blarenberghe permet de mesurer la différence entre la représentation artistique – bien que semblant réaliste – du peintre et l'interprétation scientifique et historique de celle-ci. L'éclairage est ainsi beaucoup plus faible : la simulation numérique des chandelles représentées par le miniaturiste produit une lumière peu importante, ce qu'attestent par ailleurs les descriptions de l'ambiance des salles de spectacle au XVIIIᵉ siècle. Quant à l'espace lui-même, il paraît moins grand : les déformations de la perspective de Blarenberghe ont été corrigées dans cette représentation, ce qui lui restitue ce que nous croyons être ses proportions originales. Certains éléments, comme le décor peint sur le mur de gauche, sont totalement absents de la miniature. Grâce à la lecture attentive de la miniature montrant un décor de chinoiserie et à d'autres références concernant ce type de représentations, nous avons pu proposer le pendant caché à gauche.

Fig. 5.3. Séance d'immersion en réalité virtuelle d'un expert dans un des premiers modèles tridimensionnels avec un casque HTC Vive. Photographie © François.

Très tôt, l'utilisation de la réalité virtuelle permet de confronter le modèle produit à l'expérience acquise par les experts du projet. Il s'agit, par l'expérience sensible, de créer des liens entre l'espace représenté et des situations vécues, apprises ou lues. Ce sont autant de points de départ pour de nouvelles recherches documentaires ou pour des modifications de la forme et de la représentation de l'espace. Dans l'architecture en général, et dans une salle de spectacle en particulier, c'est l'expérience de l'espace qui permet de juger de ses qualités. Les questions des points de vue et de la circulation sont essentielles dans un théâtre, et pouvoir les expérimenter virtuellement est un atout pour juger de la qualité de la restitution. Dans une salle de cette dimension par exemple, une circulation centrale entre les bancs, suggérée par la miniature de Blarenberghe, prive les spectateurs des meilleures places. Pour le chercheur, il est également possible de comparer la réception d'un spectacle, tant du point de vue visuel que du point de vue auditif, depuis le premier rang et depuis le dernier rang au fond de la salle.

Fig. 5.4. Affichage des sources et références utilisées pour la création de la maquette virtuelle lors de l'immersion, depuis les coulisses du théâtre de marionnettes. Photographie © François.

Cette vue des coulisses montre le système PROUVÉ[2] d'affichage des sources et des informations de la maquette en réalité virtuelle. Dans cette image, il renseigne l'utilisateur sur les sources utilisées pour la modélisation des éclairages de la scène. En effet, pour des raisons évidentes, ces éclairages n'étant pas visibles sur la miniature de Blarenberghe, leur modélisation a nécessité d'autres sources, comme l'étude du Théâtre de la Reine à Versailles dont les éclairages d'époque sont conservés. De même, l'ensemble du castelet, c'est à dire la structure permettant au marionnettiste de jouer, a été modélisé en utilisant à la fois l'expertise de marionnettistes (Jean-Philippe Desrousseaux, Alban Thierry) et des sources d'époque.

Le système PROUVÉ permet de maintenir le lien entre l'expérience virtuelle, profondément sensorielle et ludique, et la rigueur scientifique qui a prévalu à la

---

2   Paul François, *Outils de Réalité Virtuelle pour l'histoire et l'archéologie*, thèse de doctorat sous la dir. de Rubellin et Laroche, université de Nantes, 2020.

construction de la maquette. Il agit comme la transposition en réalité virtuelle du système de notes de bas de page d'un article scientifique : en interagissant avec un élément de la scène virtuelle, l'utilisateur peut accéder aux sources qui ont permis sa réalisation et donc mieux comprendre les hypothèses qui sous-tendent la restitution. En outre, cette interface vient répondre à une des principales critiques de la restitution immersive qui est parfois cantonnée à un rôle ludique plutôt qu'à celui d'un outil de recherche et de diffusion scientifique.

Fig. 5.5 Immersion de spectateurs en réalité mixte lors de la Nuit Blanche des Chercheurs 2020 à Nantes, vue depuis la régie en fond de salle, dont on distingue la silhouette des spectateurs. Photographie © François.

La réalité virtuelle impose souvent une expérience solitaire de l'espace mais le théâtre est un lieu de sociabilité, *a fortiori* au XVIIIe siècle. Dans cette expérimentation, un groupe de vingt spectateurs est placé au milieu de trois écrans géants sur lesquels sont projetés les trois faces du théâtre de marionnettes. Ils peuvent donc faire l'expérience de l'espace dans ses proportions réelles, s'y déplacer librement et suivre un court spectacle réalisé spécifiquement par Desrousseaux à partir d'un texte original de 1737 par Denis Carolet, édité par Françoise Rubellin : *Polichinelle censeur des théâtres*[3]. Surtout, l'ensemble des spectateurs fait public, ce qui permet aussi la transmission d'émotions lors de cette expérience.

En préambule à ce spectacle, les spectateurs font l'expérience de la construction autour d'eux de ce théâtre de marionnettes en plusieurs étapes, depuis la structure en bois jusqu'à la pose du décor de scène. Ces étapes sont autant de points d'accroche pour discuter des sources et du processus de restitution.

La boucle de la rétro-architecture est ainsi bouclée : il est possible de transmettre à des spectateurs d'aujourd'hui des conditions et émotions proches de celles qui étaient produites dans le théâtre de marionnettes représenté par Blarenberghe.

---

3   Rubellin, *Marionnettes du XVIIIe siècle. Anthologie de textes rares*, Les Matelles, Éditions Espaces 34, 2022, p. 245.

6. Étudier les wauxhalls parisiens (1766–1798) : la quête d'éléments connexes

Magaly Piquart-Vesperini

Résumé

Dans la seconde moitié du XVIIIᵉ siècle, les wauxhalls, salles de bal semi-éphémères, apparaissent à Paris, issus d'un transfert culturel. Ces nouveaux lieux de loisirs sont importés par des artificiers qui tentent d'adapter au goût parisien les *pleasure gardens* londoniens éponymes. Leur durée d'existence relativement courte, environ une dizaine d'années, laisse au chercheur peu de sources pour les étudier. En fonction de leurs commanditaires, qu'ils soient artificiers-entrepreneurs, hommes de spectacle ou grands du royaume, le traitement de leurs archives est assez inégal. L'étude de ces sources primaires prend alors des formes variées, allant du traditionnel dépouillement de fonds d'archives à la lecture de périodiques, d'almanachs ou tout autre document issu de la littérature contemporaine faisant mention de ces édifices. Nous proposons de donner ici un aperçu des sources utilisées pour l'étude des wauxhalls parisiens, enrichissant les sources visuelles exploitées en histoire de l'art. Cela nous permet d'étudier l'histoire matérielle de ces édifices et ainsi de tenter de reconstituer ces architectures disparues.

Abstract

During the second part of the eighteenth century, wauxhalls, semi-ephemeral ballrooms, began to be built in Paris. These venues generally remained in business for around ten years, which explains the paucity of resources available to researchers. The diversity of wauxhall owners, who included pyrotechnicians, theatre professionals or even the kingdom's upper nobility, is another reason why archives on these buildings are of widely divergent quality. In order to study wauxhalls, researchers must draw on primary sources that come in different forms, ranging from traditional archival collections to contemporary periodicals, almanacs and other literary sources touching on these structures. This article presents an overview of the kinds of sources used in this research, enriching the visual resources traditionally used in art history. As well as allowing us to study the material history of wauxhalls, they enable us to attempt to reconstitute this lost architectural heritage.

Le 5 juillet 1785, les *Mémoires secrets* dressent un bilan pessimiste de la disparition assez rapide des lieux de spectacle et de plaisance éphémères, aussi appréciés que regrettés :

« le wauxhall de Torré et le Colisée sont détruits, le wauxhall d'hiver n'est propre que pour cette saison ; le cirque royal n'a jamais pu prendre ; Ruggieri et la redoute chinoise sont bien éloignés[1] ». Durant la seconde moitié du XVIIIe siècle, les établissements de loisirs, salles de bals et de spectacles se multiplient dans l'espace parisien, notamment à proximité des boulevards. Parmi eux, un nouveau lieu de divertissement hybride apparaît : le wauxhall[2]. Ce nom est issu d'un transfert culturel et fait référence au *pleasure garden* de Vauxhall Gardens à Londres, dans le quartier de Lambeth. Ce jardin d'agrément est loué depuis 1732 par un entrepreneur, Jonathan Tyers, qui a transformé cet espace de promenade en un propice aux fêtes de plein air et aux loisirs champêtres. Ce modèle fit des émules, comme à Ranelagh Gardens, dans le quartier londonien de Chelsea, où une salle en forme de rotonde a pris le relais des divertissements de plein air pour assurer à ses visiteurs une ouverture constante durant la saison londonienne, dans des conditions confortables, à l'abri des intempéries. Ces *pleasure gardens* ont beaucoup de succès. Ce sont des lieux incontournables des visites londoniennes et c'est sans doute lors de leurs séjours londoniens, que des artificiers français[3] vont voir ces établissements. De retour à Paris, dans les années 1760, après la guerre de Sept Ans, ils décident d'ouvrir des lieux de spectacles inspirés d'outre-Manche. Vers 1767–1768, à Paris, des artificiers-entrepreneurs font appel à des architectes pour édifier des salles de bal au sein de leurs jardins-spectacles[4].

C'est ainsi que commence l'histoire architecturale des wauxhalls, édifices tout aussi éphémères que les fêtes qu'ils accueillaient. Les travaux sur les wauxhalls parisiens du XVIIIe siècle sont moins nombreux que ceux sur les wauxhalls londoniens[5]. Émanant de l'histoire de l'art et de l'architecture (Gruber, Rabreau, Mosser, Lupo, Langlois[6]), ils s'intéressent à l'origine du phénomène et proposent des typologies et des recensements.

---

1   Louis Petit de Bachaumont, Mathieu-François Pidansat de Mairobert, Barthélémy-François-Joseph Moufle d'Angerville, *Mémoires secrets pour servir à l'histoire de la République des Lettres en France, depuis MDCCLXII, ou Journal d'un observateur, contenant les analyses des pièces de théâtre qui ont paru durant cet intervalle, les relations des assemblées littéraires*, t. XXIX, Londres, John Adamson, 1783–1789, p. 104.

2   Le terme d'hybride renvoie ici à un double sens puisque les wauxhalls sont conçus à partir d'une architecture hybride et leur usage est également hybride (de la salle de bal à la salle de spectacle).

3   Janine Barrier, « Giovanni-Battista Torré entre Londres et Paris : un exemple de transferts culturels », dans Pierre Dubois et Alexis Tadié (dir.), *Esthétiques de la ville britannique (XVIIIe–XIXe siècles)*, Paris, Sorbonne Université Presses. Coll. « Mondes Anglophones », 2012, p. 163–182. Il existe également d'autres traces du passage des artificiers entrepreneurs de wauxhalls à Londres, comme aux Archives nationales, le contrat de Gaetano Ruggieri à Londres du 31 août 1748 (MC/ET/XV/667 étude 75).

4   On peut citer par exemple Jacque Cellerier ou encore Victor Louis qui ont tous deux travaillé pour le wauxhall de Torré. Voir Gilles-Antoine Langlois, « Éphémères vauxhalls », dans Béatrice de Andia et Géraldine Rideau (dir.), *Paris et ses théâtres, architecture et décor*, Paris, AAVP, 1998, p. 72–78.

5   Voir David Coke et Alan Borg, *Vauxhall Gardens: A History*, Londres, Yale University Press, 2011 ; Jonathan Conlin (dir.), *The Pleasure Garden, from Vauxhall to Coney Island*, Philadelphie, University of Pennsylvania Press, 2013.

6   Alain-Charles Gruber, « Les Vauxhalls parisiens au XVIIIe siècle », *Bulletin de la société de l'histoire de l'art français*, Paris, De Nobele, 1971, p. 125–143 ; Daniel Rabreau, Monique Mosser, « Paris en 1778 : l'architecture en question », *Dix-huitième siècle*, Paris, La Découverte, n° 11, 1979, p. 141–164 ; Giulio Lupo, *La macchina wauxhall nelle trasformazioni di Parigi alla fine del XVIIIesimo secolo*, thèse de doctorat

Des historiens modernistes ont aussi abordé les wauxhalls dans le cadre de l'histoire sociale (Isherwood, Conlin[7]), et de celle des émotions (Valade[8]) ou de l'environnement (Synowiecki[9]). Rare sont les études portant sur les wauxhalls hors de la capitale ou les abordant par le biais des arts du spectacle (Beaucé et Triolaire[10]). L'histoire matérielle des wauxhalls qui permet de restituer ces architectures éphémères reste encore largement à écrire. Elle montre que les architectes qui se spécialisent progressivement dans l'élaboration de ces édifices les utilisent comme des laboratoires architecturaux. En effet, les matériaux de piètre qualité, peu onéreux, et la dimension éphémère de ces salles laissent aux architectes une part de liberté dans leurs réalisations.

Cette étude est marquée par une double difficulté : d'abord celle de la disparition rapide de son objet, ce qui rend difficile la compréhension matérielle de ces édifices. Nous sommes donc amenés à nous interroger sur l'histoire matérielle de ces lieux de spectacle. En effet, ces édifices sont trompeurs : construits rapidement avec des matériaux périssables, ils sont parés de décors factices dont la réalité matérielle est sujette à interprétation. Même leurs noms aux références antiques ou exotiques prêtent à confusion : Cirque royal, Colisée, Redoute chinoise[11], tous ces termes désignent des wauxhalls. Mais cette difficulté est doublée par la quête de sources qui vont nous servir à étudier ces salles de bals et de spectacles hybrides : celles-ci sont assez éparses et inégales, car ces édifices n'ont pas tous reçu un traitement égal, en termes de documentation. Certains wauxhalls sont rarement présents dans les archives[12], et leur nom n'apparaît qu'une seule fois au détour d'un périodique contemporain. D'autres, au contraire, sont soutenus par les pouvoirs publics, et des dossiers entiers nous sont parvenus, avec des plans d'architecture ou des marchés de maîtrise d'œuvre : c'est le cas du plus grand wauxhall parisien, le Colisée[13]. Outre la conservation inégale de certains fonds d'archives, la difficulté d'étude des wauxhalls est aussi liée à la nature même de ces édifices. Ils appartiennent à l'architecture dite mineure, ce qui

---

sous la dir. de Georges Teyssot, Venise, IUAV, 1981 ; Langlois, *Folies, tivolis et attractions : les premiers parcs de loisirs parisiens*, Paris, DAAVP, 1991.

7　Robert Isherwood, *Farce and Fantasy. Popular Entertainment in Eighteenth-Century Paris*, New York et Oxford, Oxford University Press, 1986 ; Conlin, « Vauxhall on the Boulevard: Pleasure Gardens in London and Paris, 1764–1784 », *Urban History*, n° 35 (1), Cambridge University Press, 2008, p. 24–47, https://www.cambridge.org/core/journals/urban-history/article/abs/vauxhall-on-the-boulevard-pleasure-gardens-in-london-and-paris-17641784/390266E71F759C5F7AB13540355F7F00 (consulté le 12 novembre 2020).

8　Pauline Valade, « De la ruelle aux vauxhalls : hybridité spatiale et scénique de la joie publique à Paris au XVIIIᵉ siècle », dans Pauline Beaucé, Sandrine Dubouilh et Cyril Triolaire (dir.), *Les espaces du spectacle vivant dans la ville, Permanences, mutations, hybridité (XVIIIᵉ–XXIᵉ siècles)*, Presses universitaires Blaise-Pascal, 2021, p. 35–50.

9　Jan Synowiecki, *Paris en ses jardins. Nature et culture urbaines au XVIIIᵉ siècle*, Seyssel, Champ Vallon, 2021.

10　Beaucé, Triolaire, « Les Wauxhalls de province en France. Espaces hybrides de divertissement et de spectacle », *Dix-huitième siècle*, n° 49, 2017, p. 27–42.

11　*Ibid.*, p. 29.

12　C'est le cas du wauxhall du maître à danser Jean-Baptiste Ferret situé dans le quartier de Belleville, AN Z/1j/991 et AN Z/1j/1063.

13　Dossier complet conservé aux Archives nationales sous la cote AN/O/1/1580.

explique aussi le traitement *a posteriori* de leurs sources et leur éparpillement. Dans ces conditions, cette enquête est menée grâce à des documents « connexes » qui ont un lien plus ou moins proche avec notre objet d'étude. Pour comprendre les difficultés qui entravent l'étude des wauxhalls, nous proposons ici de donner un aperçu des sources qui participent à l'histoire matérielle de ces architectures disparues.

Les sources visuelles des wauxhalls : du plan d'architecte au croquis d'artiste

Fig. 6.1 Fête dans la rotonde du Colisée à Paris, Gabriel de Saint Aubin, signé et daté de 1772, dessin rehaussé de gouache, 16, 30 x 22,20 cm. Londres, Wallace Collection.

Le wauxhall le mieux documenté, le Colisée de Paris (voir fig. 6.1), a donné lieu à un dossier[14] contenant l'ensemble du suivi administratif de cet édifice. On y trouve la présentation du projet par la Compagnie du Colisée devant le conseil du roi en 1769, jusqu'à la correspondance entre le marquis de Marigny, directeur général des bâtiments du roi, et l'architecte Soufflot, contrôleur général des bâtiments, qui tient informé son supérieur de l'avancée du chantier et des mesures à prendre pour améliorer cet établissement. Par exemple, il fait mention de la création d'un nouvel espace de circulation, pour séparer les piétons des voitures avec cochers[15]. Pourtant, ce n'est pas ce dossier qui conserve les dessins originaux du Colisée (voir fig. 6.2) réalisés par l'architecte du ministre Choiseul, Louis-Denis Le Camus, qui sont conservés à l'ENSBA (École nationale supérieure des beaux-arts[16]).

---

14   *Op. cit.*, AN O/1/1580.
15   Voir la correspondance entre Marigny et Soufflot, AN O/1/1543.
16   Ces dessins du Colisée de Paris de Louis Denis Le Camus, conservés à l'ENSBA, comprennent un plan au sol intégré à la parcelle, un plan au sol détaillé, une élévation de la façade principale et d'une coupe sur la longueur du Colisée. Il s'agit des cotes EBA 1822, 1823, 1824, 1825.

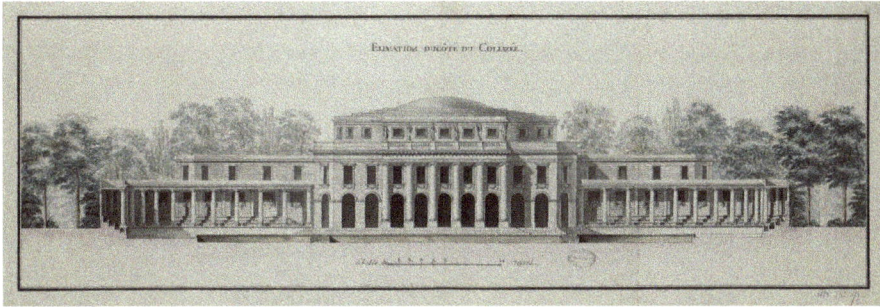

Fig. 6.2 *Le Colisée de Paris, élévation*, Louis-Denis Le Camus, 1770, dessin à la plume, lavis et aquarelle, 30 x 85cm. Paris, EBA, n° d'inventaire EBA 1823.

Le Colisée prend place sur une ancienne parcelle du roi, de forme triangulaire, au niveau nord-ouest du rond-point des Champs-Élysées.

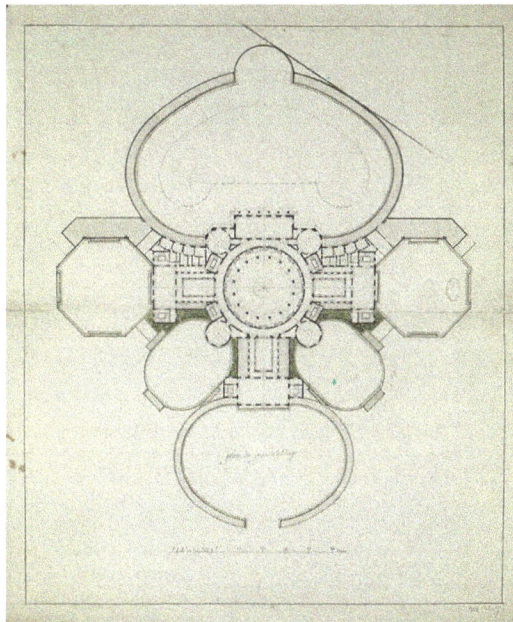

Fig. 6.3 *Le Colisée de Paris, plan au sol*, Louis-Denis Le Camus, avant 1770, dessin à la plume, lavis et aquarelle, 71 x 61 cm. Paris, EBA, n° d'inventaire EBA 1822.

Ce plan polylobé (voir fig. 6.3) s'étend sur la profondeur du terrain autour d'un axe qui prend naissance à l'entrée du rond-point. L'édifice est établi entre une cour d'honneur en ellipse cernée d'un péristyle, et un jardin à l'arrière, symétrique et également doté d'un péristyle, mais d'une surface deux fois plus importante. En son centre, un bassin de « naumachie » prend place. La salle principale, lieu de bal, de concert et de spectacle, occupe une rotonde qui s'inscrit elle-même au cœur de la composition formant un groupe de bâtiments de plan massé au sein d'une croix de Saint-André. Ces espaces sont dévolus aux commodités du wauxhall : on y trouve des boutiques, des salons dédiés à la conversation, des cafés, et des espaces de circulation. Toutefois, le plan d'origine de Le Camus diffère d'un plan plus répandu, gravé par Georges-Louis Le Rouge, géographe du roi, qui modifie l'élévation de l'édifice (voir fig. 6.4)

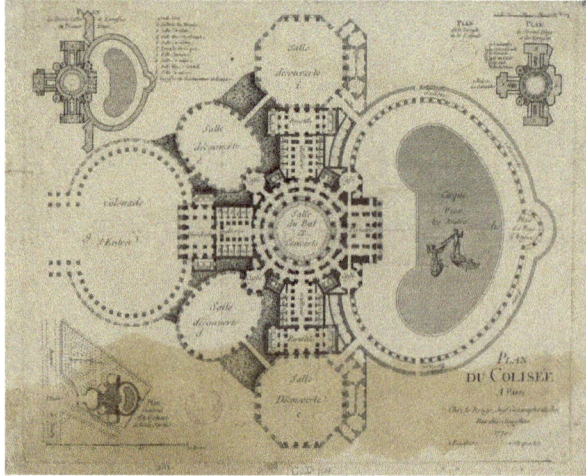

Fig. 6.4 *Plan du Colisée, planche de coupes et élévation* (détail), Georges-Louis Le Rouge, 1771, eau-forte, 46,7 x 88,5 cm. Paris, Chez Le Rouge, BnF, département des estampes.

La couverture de la rotonde n'est plus constituée uniquement d'un oculus zénithal. Un cône à pans de verre surmonte désormais cette ouverture. De même, le niveau des galeries du premier étage ouvrant sur la rotonde donne sur des terrasses surmontant les espaces mercantiles du rez-de-chaussée. On imagine aisément que ces terrasses permettent aux visiteurs de bénéficier d'une vue favorable sur le jardin, et notamment la naumachie où le feu d'artifice est donné en fin de soirée. Reconstituer un édifice disparu passe donc par l'étude d'une iconographie représentant un wauxhall à différents intervalles de temps pour déterminer quelle est la version la plus proche de la réalité. Dans ce cas de figure, c'est la version gravée après l'inauguration du Colisée qui semble être la plus aboutie, corroborée par d'autres représentations, comme celles de Jean-Jacques Lequeu ou de Gabriel de Saint-Aubin. (voir fig. 6.5).

Fig. 6.5 *Vue du Colisée, 11 février 1770*, fol.74 du livre de croquis de Gabriel de Saint Aubin. Paris, Louvre, Cabinet des Arts graphiques. [Le croquis a été dessiné dans un coin du carnet, et mesure environ 6 x 1 cm].

Aux Archives nationales, la série de la chambre des bâtiments du Châtelet à Paris fournit des éléments exploitables pour comprendre la constitution réelle de ces édifices. En effet, la fermeture assez rapide des wauxhalls donne souvent lieu à des litiges qui font l'objet de procédures judiciaires. C'est à ce moment que des architectes experts viennent sur place dresser un rapport de l'état de l'édifice et des travaux à prévoir si sa démolition n'est pas ordonnée. Ainsi, le rapport des experts-architectes Boulland et Bouchu nous permet de reconstituer précisément le Cirque du Palais-Royal, notamment à travers sa matérialité puisque tous les matériaux sont clairement cités dans leur rapport : « Le Cirque National [...] [est] couvert au cuivre, avec un chassis dans son milieu dans toute la longueur, garni de carreaux de verre[17] ». L'usage d'un châssis en cuivre couvert de carreaux de verre pour édifier une baie zénithale de cette dimension constitue une véritable prouesse architecturale et cela bien avant la grande galerie du Louvre[18]. Plus loin, l'auteur ajoute : « Dans l'intervalle entre cet avant corps d'escalier sont placés des bassins formant canaux et revêtu en marbre de composition, garnis de conduite de plomb et jeter d'eau, d'allér en pierre de chaque côté, observants que les dits canaux sont placés au-dessus de la voûte du corridor dans lequel on a pratiqué des boutiques[19] ». La description de ce jeu d'eau installé à côté du cirque vient clarifier une estampe[20] qui figure ce détail. Là encore, de prime abord, on imagine mal que l'architecte ait pris le risque de créer un jeu d'eau à proximité d'un édifice enfoui et c'est pourtant le défi qu'a relevé Victor Louis non sans que cela se transforme en infiltration ultérieurement[21]. Enfin, le cirque est protégé par « une grille en fer à hauteur d'appui, à une distance nécessaire pour servir de deffense[22] ».

Les sources visuelles des wauxhalls parisiens sont constituées à partir de médiums très variés, dont le niveau d'exploitation, de précision est sujet à appréciation. À l'instar du croquis de Saint-Aubin représentant le Colisée de Paris[23] (voir fig. 6.5) qui se trouve dans le carnet de l'artiste conservé au cabinet des arts graphiques du musée du Louvre : il s'agit d'un croquis à la pierre noire, rapidement esquissé, alors que cet édifice des Champs-Élysées est encore en chantier. On en découvre ainsi les volumes principaux, capturés par Saint-Aubin lors de ses nombreuses promenades.

---

17   AN Z/1j/1208, Rapport de l'architecte-expert Bouchu.

18   Voir Magaly Piquart, « Le cirque du Palais-Royal (1787–1798) : le wauxhall réalisé par Victor Louis », dans Éléonore Marantz (dir.), *L'atelier de la recherche. Annales d'histoire de l'architecture #2019#, travaux des jeunes chercheurs en histoire de l'architecture (année universitaire 2018–2019)*, Paris, Université Paris 1 Panthéon-Sorbonne, UFR 03, Histoire de l'art et d'archéologie, site de l'HiCSA (mis en ligne en février 2022, p. 27).

19   AN Z/1j/1208, Rapport de l'architecte-expert Bouchu.

20   Famille Le Campion, d'après Antoine Louis François Sergent (dit Sergent-Marceau), *Élévation géométrale d'un côté du Cirque construit dans le jardin du Palais-Royal*, c. 1787, aquatinte, 27,7 × 41,2 cm, Paris, Musée Carnavalet.

21   C'est d'ailleurs en partie pour cette raison qu'un architecte-expert est appelé pour dresser un état des réparations à faire sur cet édifice.

22   AN Z/1j/1208, Rapport de l'architecte-expert Bouchu.

23   Gabriel de Saint-Aubin, *Vue du Colisée, 11 février 1770*, fol.74 du *Carnet de croquis de Gabriel de Saint-Aubin*, Paris, musée du Louvre, département des arts graphiques.

Ce même wauxhall est aussi dépeint avec bien plus de précision, comme on l'a vu à travers des plans de Le Camus ou de Le Rouge. Le projet évolue puisque dans sa réalisation finale, des dissemblances sont visibles par rapport au projet d'origine, ce qui est renchéri par des dessins après inauguration de Saint-Aubin[24] ou encore de Lequeu[25] (voir fig. 6.6).

Fig. 6.6 *Coupe prise sur la longueur du Colisée élevé à Paris en l'année 1771 sur le grand chemin de Neuilly*, Jean-Jacques Lequeu, 1780, dessin à la plume, lavis, 23,7 x 50,7 cm. Paris, BnF, département des estampes.

Les sources imprimées : un témoignage de première main

L'essor des wauxhalls prend place au moment où la question de l'embellissement de la ville devient un véritable sujet de société[26]. Dans ce contexte, ces nouveaux lieux de loisirs apparaissent comme des bâtiments d'utilité publique[27]. Ils suscitent de nombreux commentaires imprimés dont certains servent aussi un objectif commercial. Aussi, l'historien doit composer avec des publications, dont les intérêts divergent. Parfois, anonymes, elles permettent d'affirmer des prises de position. Face à cela, il convient de tenir une position impartiale, et de ne pas se laisser influencer par les opinions politiques de l'auteur qui affectent également la réputation de certains wauxhalls.

Les commentaires sur les wauxhalls abondent dans les *Mémoires secrets*. Ils constituent un éclairage significatif quant à leur architecture, mais aussi sur leurs

---

24   Saint-Aubin, *Fête dans la rotonde du Colisée à Paris* (signé et daté de 1772), dessin rehaussé de gouache, 16, 30 x 22,20 cm, Londres, Wallace collection.

25   Jean-Jacques Lequeu, *Coupe prise sur la longueur du Colisée élevé à Paris en l'année 1771 sur le grand chemin de Neuilly*, 1780, dessin à la plume, lavis, 23,7 x 50,7 cm, Paris, BnF, département des estampes.

26   Voir Sophie Descat, « L'embellissement urbain au XVIIIᵉ siècle. Eléments du beau, éléments du sublime », dans *Les Arts des Lumières. Essais sur l'architecture et la peinture en Europe au XVIIIᵉ siècle*, Annales du Centre Ledoux, Nouvelle série, GHAMU, 2018, https://www.ghamu.org/IMG/pdf/4Descat_Embellissements_article.pdf (consulté le 2 mars 2021).

27   Concernant le concept de « bâtiment d'utilité publique », voir Rabreau, *Apollon dans la ville, Essai sur le théâtre et l'urbanisme à l'époque des Lumières*, Paris, Éditions du Patrimoine, 2008.

usages et leur réception. Par exemple, voici une appréciation du Cirque royal (1775–1784) édifié par Étienne-François Legrand, situé sur le boulevard du Midi[28] :

> Le Cirque Royal n'est pas encore terminé. On a ajouté à la Rotonde, qui en fait la partie essentielle, un jardin où a été tiré le feu. Les Directeurs ne pouvant enchérir sur le luxe & l'élégance des autres lieux de cette espèce ont cherché à se distinguer par une noble simplicité. On peut cependant traiter l'ameublement de mesquin, mais l'architecture est mieux. La rotonde est précédée d'une cour en péristile, qui, illuminée à l'Angloise de feux de couleurs, produit un coup d'œil plus beau que celui de Torré[29].

Dans ce passage, la rotonde, élément architectural par excellence des wauxhalls est clairement désignée, ainsi que les impressions de l'auteur qui ne peut s'empêcher de comparer le Cirque royal au wauxhall de Torré.

Nous disposons d'une seule représentation de la Redoute chinoise (1781–1785) édifiée par Michel-Louis Melan (voir fig. 6.7).

Fig. 6.7 *La Redoute chinoise (à la foire Saint-Laurent)*, Niklas Lafrensen, 1785, gouache, 29,5 cm x 37 cm. Linköping, Östergötlands museum, B 640.

Les *Mémoires secrets* permettent ainsi de compléter son étude. Il s'agit d'un « Wauxhall d'une espèce particulière & originale [...]. On y trouve un Jeu de bague inscrit & tournant dans une pagode ou temple chinois : une Escarpolette Orientale ; un Restaurateur placé dans un camp Asiatique[30] ». Les jeux de plein-air cités ici rapprochent ce wauxhall d'un jardin-spectacle ; toutefois l'attention portée à son architecture vient nuancer ce classement typologique. En effet, l'auteur ajoute : « On y a remarqué un Caffé d'un genre absolument neuf : c'est une véritable caverne très vaste & où la plus grande fraîcheur n'est dûe qu'à l'imitation exacte des formes &

---

28   Pierre-Alexandre Aveline d'après Bernard-Antoine Jaillot, *Plan de la ville de Paris et de ses faubourgs, dédié au Roi par B. Jaillot corrigé et augmenté*, Paris, B. Jaillot, 1778 [1748].

29   Bachaumont *et al.*, *op. cit.*, t. X, 30 juin 1777, p. 213–214.

30   Bachaumont *et al.*, *op. cit.*, t. XVII, 29/06/1781, p. 256.

des effets de la nature. Le sallon de danse offre le plus grand morceau d'architecture chinoise qui ait encore été exécuté en France. Le plafond surtout s'est fait remarquer tant par la richesse de ses couleurs, que par une collection de vingt-quatre tableaux exécutés sur les dessins de Boucher[31] ». Le soin et les effets de trompe l'œil apportés à la Redoute chinoise placent ainsi cette salle dans la typologie des wauxhalls. Néanmoins, les amateurs restent exigeants quant à la qualité architecturale de ces établissements dont le moindre défaut est rapidement dénoncé : « La seule chose qu'on ait critiquée c'est l'Illumination, qui ne produisoit pas assez d'effet à cause des lanternes Chinoises, formées par des vers mats, très-favorable à la peinture, mais peu propres au jeu de lumières[32] ».

Les auteurs contemporains nous fournissent aussi de précieux renseignements quant à l'usage de ces salles. Par exemple, Élisabeth Vigée-Lebrun note dans ses *Souvenirs* :

> Le Colysée était encore un lieu de réunion fort à la mode ; on l'avait établi dans un des grands carrés des Champs-Élysées, en bâtissant une immense rotonde. Au milieu se trouvait un lac, rempli d'une eau limpide, sur lequel se faisaient des joûtes de bateliers. On se promenait tout autour dans de larges allées sablées et garnies de sièges. Quand la nuit venait, tout le monde quittait le jardin pour se réunir dans un salon immense où l'on entendait tous les soirs une excellente musique à grand orchestre[33].

Les usages des wauxhalls transparaissent également dans la littérature contemporaine qui situe parfois ses intrigues au sein de ces lieux à la mode et en donne, par la même occasion, un descriptif dans les notes à l'attention du lecteur :

> La redoute chinoise est une espèce de Wauxhall qui est ouvert tout le tems de la foire St. Laurent. On y danse, on s'y balance, on y joue à la bague, au palet & à différens autres jeux. Il y a un café qui représente une grotte. On peut y trouver un restaurateur, chez lequel on peut avoir de petites chambres particulières de deux, quatre & six personnes, à volonté. Il y a aussi deux Marchandes de Modes[34].

Les guides de voyages apportent également des informations complémentaires aux sources visuelles. En présentant le Panthéon (1784–1791), Thiéry livre une description architecturale assez complète de l'édifice qui permet de renforcer l'interprétation des archives à notre disposition. De cette manière, nous disposons d'une meilleure perception de la matérialité de cet édifice. Étant donné que l'architecture des wauxhalls est hybride, laissant une grande place au trompe-l'œil, et au décor de théâtre, certains éléments sont trompeurs dans les sources visuelles. Il s'agit bien souvent de donner au spectateur l'illusion du luxe, du raffinement. Ainsi voici les détails matériels notés par Thiéry lors de sa description du Panthéon : « Le grand sallon de forme ovale est décoré [d'un] soubassement d'arcades peintes en marbre, avec voussure en encorbellement

---

31   *Ibid.*
32   *Ibid.*
33   Louise-Élisabeth Vigée Le Brun, *Souvenirs de Mme Louise-Élisabeth Vigée-Lebrun*, t. I, Paris, H. Fournier, 1835–1837, p. 33.
34   Anonyme, *Lettres de Julie à Eulalie ou Tableau du libertinage de Paris*, Londres, J. Nourse, 1784, p. 36.

portant banquettes[35] ». L'imitation du marbre, un matériau précieux, est un élément récurrent de l'architecture des wauxhalls. Le décor est assimilé à un décor de théâtre, où l'illusion règne pour mieux surprendre, divertir le spectateur : « Les autres arcades figurent des croisées de glace, au-devant desquelles sont placés des orangers factices. [...] Ce plafond, ouvert en lanterne, éclaire la salle d'une manière mystérieuse, & représente un berceau de verdure. La galerie chinoise a ses angles en plans coupés ; aux extrémités sont des demi palanquins, qui paroissent entiers au moyen des glaces sur lesquelles ils sont posés[36] ». Enfin des détails techniques sont apportés : « Ce monument est couvert en fer préparé à l'abri de la rouille suivant le nouveau procédé de l'Artiste, & forme promenoir[37] ».

Des publications anonymes vantent les mérites de certains wauxhalls en s'attachant à décrire leur architecture. Ces documents constituent une source de restitution architecturale de premier plan. Assez rares, ils ne concernent que des édifices soutenus par des grands du royaume. Ainsi le Colisée bénéficie d'une description du géographe du roi Le Rouge[38], accompagnée de plans gravés, sans doute à l'initiative du duc de Choiseul qui soutient officieusement la compagnie d'actionnaires du Colisée. Il en va de même pour le livret descriptif du Cirque du Palais-Royal[39] rédigé par Dulaure pour le duc d'Orléans. Si ces deux exemples servent assez clairement les intérêts de commanditaires illustres, d'autres publications sont plus difficilement attribuables. C'est le cas de la *Réponse d'un artiste à un homme de lettres qui lui avoit écrit sur les Waux-Halls* parue en 1769[40]. Cet ouvrage s'apparente à un manifeste défendant l'implantation des wauxhalls dans l'espace parisien dans lequel l'auteur, anonyme, cherche à légitimer la place du wauxhall dans le paysage urbain afin de servir les intérêts de la communauté, en tant qu'édifice d'utilité publique.

La quête d'éléments connexes : vers une restitution matérielle des wauxhalls

L'histoire matérielle des wauxhalls met en lumière les artifices utilisés par les architectes pour doter leur édifice de l'apparence d'une architecture soignée[41]. Ainsi, Blondel écrit dans ses *Cours* : « Les Waux-Halls sont des édifices construits à la légère, quoique

---

35 Luc-Vincent Thiéry, *Guide des amateurs et des étrangers voyageurs à Paris, ou Description raisonnée de cette ville, de sa banlieue, & de tout ce qu'elles contiennent de remarquable*, t. I, Paris, chez Hardouin & Gattey, 1787, p. 224–227.

36 *Loc. cit.*

37 *Loc. cit.*

38 George-Louis Le Rouge, *Description du Colisée élevé aux Champs-Elysées sur les dessins de M. Le Camus*, Paris, Chez la Veuve Duchesne, 1771.

39 Jacques Antoine Dulaure, *Lettre à M*** sur le cirque qui se construit au milieu du jardin du Palais-Royal*, Paris, Le Jay, 1787.

40 Anonyme, *Réponse d'un artiste à un homme de lettres qui lui avait écrit sur les Waux-halls*, éd. anonyme, Amsterdam, 1769.

41 À ce sujet, voir Valérie Nègre, *L'art et la matière. Les artisans, les architectes et la technique (1770–1830)*, Paris, Classiques Garnier, 2016.

solides. On peut dire qu'il n'est guère de composition en architecture qui prête autant au génie de l'Architecte ; En effet, l'élégance des formes, la légèreté de l'architecture, la richesse factice des matières qu'on prend soin d'imiter, la sculpture, la peinture, la dorure, les glaces etc. font des objets de luxe qu'on y emploie[42] ».

Cet art de l'illusion produit une forte impression chez les contemporains qui sont marqués par leur visite et utilisent des superlatifs pour décrire ces lieux de fête. Mais bien vite les wauxhalls sont passés de mode et les édifices se détériorent, faute d'entretien et de matériaux pérennes. Un paradoxe caractérise les wauxhalls : bien qu'ils résistent plus d'une saison et sont de véritables exercices de style pour les architectes, ils restent éphémères par nature, et en tant que tels sont condamnés à disparaître. C'est en analysant des éléments connexes qu'il est possible d'étudier cette architecture et d'en connaître les caractéristiques matérielles. Cette approche apparaît comme un élément de réponse pertinent pour comprendre l'architecture éphémère de la période moderne et plus largement l'architecture des divertissements non officiels. Il s'agit là d'une préoccupation partagée par une communauté interdisciplinaire de chercheurs qui s'intéressent plus largement à ce domaine d'étude.

---

42   Jacques-François Blondel, *Cours d'architecture, ou Traité de la décoration, distribution et construction des bâtiments : contenant les leçons données en 1750 et les années suivantes (et continué par M. Patte)*, t. II, Paris, Veuve Desaint, 1771–1777, p. 289.

III. PÉDAGOGIES

7. Scènes éphémères à l'épreuve du virtuel (XVe–XVIe s.)

Estelle Doudet et Natalia Wawrzyniak

Résumé

Dans la plupart des pays européens, avant la seconde moitié du XVIe siècle, le spectacle dramatique s'est joué sans théâtre ; les performances avaient lieu dans des espaces urbains variés, accueillant des espaces scéniques adaptés aux occasions de représentation. La reconstruction en réalité virtuelle de ces scènes occasionnelles et éphémères, tréteaux ou aires de jeu entourées de gradins, soulève des questions différentes de la restitution 3D de bâtiments théâtraux car les archives sur ces constructions ponctuelles sont souvent lacunaires et rarement étudiées. Dès lors, que peut-on reconstruire en réalité virtuelle et pour quoi faire ? L'article montre comment ces questions de recherche peuvent nourrir les formations pédagogiques, à travers l'exemple des spectacles des XVe et XVIe siècles remis en scène par les étudiants de l'Atelier de recherche créative en histoire des arts du spectacle (ARCHAS, Université de Lausanne).

Abstract

In most European countries, before the second half of the sixteenth century, dramatic performances took place without theatres; performances were hosted in various urban spaces transformed into stages suitable for the occasion. The virtual reconstruction of these occasional and ephemeral scenes, stages, or playing areas surrounded by bleachers, raises different questions from those emerging from the 3D restoration of theatrical buildings because archival traces of these temporary constructions are often incomplete and seldom studied. Therefore, what can be reconstructed in virtual reality and for what purpose? The article demonstrates how these research questions can enrich educational programs, through the example of the spectacles of the fifteenth and sixteenth centuries restaged by students of the Creative Research Workshop in the History of Performing Arts (ARCHAS, University of Lausanne).

Les bâtiments désignés comme théâtres et consacrés à la pratique commerciale du spectacle ne se sont imposés que progressivement dans les régions d'expression française[1]. Avant 1550 et pendant près de quatre siècles d'intense activité théâtrale

---

1   Anne Surgers, *Scénographies du théâtre occidental*, Paris, Armand Colin, 2000, p. 169–196.

https://doi.org/10.11647/OBP.0400.07

(XIIe-XVIe siècle), le jeu dramatique a pris place dans des installations souvent construites *ad hoc*, pour les besoins et la durée des représentations. Qu'il s'agisse de simples tréteaux ou de systèmes élaborés de loges et de gradins entourant des aires de jeu ponctuées d'imposants décors, les scènes éphémères ont été une réalité dominante de l'histoire européenne des spectacles au seuil de la modernité (XVe-XVIe siècle). Ces lieux de spectacle occasionnels n'ont guère laissé de traces matérielles. On les connaît cependant par des archives. Mais, même si elle est particulièrement riche pour la période 1450–1550[2], cette documentation reste pourtant lacunaire et de nature hétérogène. On y trouve des images, en général délicates à interpréter ; des estimations comptables, qui renseignent sur le coût des matériaux davantage que sur l'utilisation faite des scènes au moment des performances ; des témoignages écrits divers, livrets de mise en scène, chroniques ou enquêtes judiciaires, qui n'offrent qu'une vue partielle et partiale de ces dispositifs.

De ce fait, les scènes éphémères posent des défis particuliers à la réalité virtuelle immersive. Alors que cet outil est de plus en plus souvent sollicité dans les projets de recherche qui visent à reconstruire des versions numériques de salles théâtrales endommagées ou disparues, comme l'illustrent les études du présent volume, pareille approche archéologique paraît, dans leur cas, hasardeuse, voire impossible. Faut-il dès lors exclure ces lieux de représentation et leurs archives des nouvelles manières d'étudier et d'enseigner l'histoire du théâtre grâce aux technologies 3D ? Nous voudrions démontrer ici que les caractéristiques des scènes éphémères des XVe et XVIe siècles, loin d'être un obstacle à l'exploration immersive, permettent d'interroger à nouveaux frais les relations entre archives du théâtre et réalité virtuelle, mais aussi de porter un regard critique sur les avantages et les limites des simulations informatiques, notamment dans le domaine de l'enseignement universitaire de l'histoire des arts du spectacle.

La présente enquête a pour spécificité d'interroger les enjeux pédagogiques de la rencontre entre les nouvelles technologies immersives et des sources anciennes : quelles manières alternatives d'enseigner et d'apprendre l'histoire du théâtre peuvent-elles émerger grâce à la mise en rapport de la réalité virtuelle et de structures scéniques disparues depuis des siècles ? Pour mener ce questionnement, nous prendrons l'exemple d'une formation proposée dans les universités de Suisse romande depuis 2020 : l'Atelier de recherche créative en histoire des arts du spectacle (ARCHAS), dont la RVI (réalité virtuelle immersive) est l'un des outils de travail[3]. Nous exposerons, sous

---

2   Graham A. Runnalls, « Records of Early French Drama. Archival Research on Medieval French Theater », *Medieval English Theater*, vol. 17, 1995, p. 5–19 ; Marie Bouhaïk-Gironès, « Comment faire l'histoire de l'acteur au Moyen Âge ? », *Médiévales*, n° 59, 2010, p. 107–125, https://doi.org/10.4000/medievales.6109 ; Carol Symes, « The Medieval Archive and the History of Theater: Assessing the Written and Unwritten Evidence for Premodern Performance », *Theater Survey*, vol. 51, n° 1, 2011 https://doi.org/10.1017/S0040557411000056.

3   ARCHAS, Université de Lausanne, https://wp.unil.ch/archas/. Cette formation, proposée par le Centre d'études théâtrales de l'UNIL, s'adresse non à de futurs praticiens professionnels, mais à des étudiantes et étudiants inscrits dans différents masters en sciences humaines au sein des quatre universités francophones de Suisse. Sur les différents systèmes de formations à la pratique et à l'histoire du théâtre dans cet espace, voir Estelle Doudet, « Remettre en jeu l'histoire du théâtre. Le cas de la Suisse occidentale », *Mimos - Annuaire suisse des arts de la scène*, band 23, 2024 (à paraître).

la forme d'une présentation multimédia[4], les questions de recherche qui soutiennent un tel projet pédagogique, son protocole de travail et quelques-unes des réflexions qui résultent de cette expérience en cours.

Reconstituer l'éphémère ? Des obstacles aux possibles

Ce que nous appelons aujourd'hui « théâtre » n'a été aux XVᵉ et XVIᵉ siècles ni une notion théorique ni un bâtiment à usage spécifique[5], mais un ensemble de pratiques, allant des savoir-faire des acteurs aux habitudes de spectation des publics, en passant par les techniques de fabrication des espaces de jeu. Or si les installations matérielles où se sont déroulés les spectacles ont laissé des traces, celles-ci n'ont pas toujours reçu l'attention qu'elles méritent de la part des historiens, d'autant que les documents qui les conservent sont parfois d'interprétation délicate.

Prenons pour exemple le cas des tréteaux de bois. Cette structure scénique a été régulièrement utilisée, à l'époque pré-moderne comme moderne, par des groupes de joueurs souhaitant mettre en scène des pièces brèves, telles que farces, moralités, sotties, miracles. L'image des tréteaux fait d'ailleurs toujours partie de la culture visuelle du XXIᵉ siècle, en général associée à l'idée convenue de « lieu de spectacle en plein-air au Moyen Âge ». Rares sont toutefois, à notre connaissance, les projets de recherche ou de médiation scientifique qui se sont attachés jusqu'ici à reconstituer en réalité virtuelle pareille scène éphémère. Le design d'un tréteau parait trop simple, trop peu spectaculaire ; les sources sur ses méthodes de construction et d'utilisation comme scène de théâtre semblent trop clairsemées et trop diverses pour que cela présente un réel intérêt, aux yeux des scientifiques comme du grand public. En revanche, le tréteau offre un cas d'étude fructueux lorsqu'on veut former des étudiants et étudiantes à réfléchir sur la nature complexe des archives théâtrales et sur les problèmes qui se posent lorsque l'on souhaite transformer ces archives en modèles numériques.

Problèmes pratiques, d'abord : si les tréteaux ont été abondamment décrits dans des textes et des images aux XVᵉ, XVIᵉ et XVIIᵉ siècles, il est très peu fréquent de pouvoir croiser plusieurs sources sur telle performance spécifique, jouée sur un tréteau construit à tel endroit, pour telle occasion, ce qui offrirait la possibilité de recréer cette performance unique dans un environnement virtuel. L'état des données, partielles et dispersées, invite plutôt à concevoir un modèle générique, produit grâce à la mise en série et à la synthèse de multiples sources (prix-faits de charpenterie, textes descriptifs, peintures, etc.) qui ont documenté cette structure éphémère pendant une période d'environ deux-cent cinquante ans.

Cette approche, que nous avons choisie pour doter l'enseignement ARCHAS d'un espace immersif dédié au jeu sur tréteaux autour de 1500, a aussi l'avantage de mettre

---

4   Le texte qui va suivre présente les principaux points de l'argumentation, tandis que des exemples sont exposés dans les images et vidéos accompagnées de légendes explicatives.

5   Le terme « théâtre » est employé en français et en italien dès cette époque, le plus souvent pour désigner les lieux de spectacle de l'Antiquité ; voir Frédéric Duval et Elisa Guadagnini, *Le Théâtre antique au Moyen Âge. Étude des mots et des concepts dans les textes en français et en italien*, Genève, Droz, 2024.

au jour des questions scientifiques et méthodologiques qui contribuent à renouveler l'enseignement de l'histoire du théâtre. D'une part, selon les résultats des recherches effectuées pour créer les environnements virtuels d'ARCHAS, les dimensions, les formes et les matériaux des tréteaux semblent avoir été remarquablement stables au fil du temps. Cela fait de cette installation ponctuelle l'un des espaces scéniques les plus pérennes de l'histoire des spectacles européens (voir fig. 7.1 et 7.2).

> Que soit construit un édifice de bois ou tréteau, d'une hauteur de six pieds, en forme de balcon ; il s'étendra, du nord au sud, sur une longueur de dix pieds, et de l'est à l'ouest, il sera d'une largeur de huit pieds (Philippe de Mézières, *De Presentatione Marie in Templo*, Avignon, 1372, trad. du lat. E. Doudet).

Comment restituer une scène occasionnelle à la fois fragile et omniprésente pendant plusieurs siècles, telle qu'un tréteau[6] ? Les notes de mise en scène livrées par Philippe de Mézières à la fin du XIVᵉ siècle pour son drame liturgique *La Présentation de Marie au Temple*[7] suggèrent des dimensions et des techniques de construction cohérentes avec ce que montre l'iconographie des XVIᵉ-XVIIᵉ siècles. Il est donc possible d'effectuer un travail de modélisation générique à partir d'un *corpus* plurimillénaire de sources variées.

Fig. 7.1. Chansonnier de Bruges, 1542. Cambrai, Le Labo – Cambrai, fonds principal, 126 (0124), B f. 053r, Arca 4611, ark:/63955/md50tq57nv77.

Fig. 7.2. *Boerenkermis met een opvoering van de klucht 'Een cluyte van Plaeyerwater* (détail), Peeter Baltens, c. 1570. Photographie Rijksmuseum, Amsterdam, SK-A-2554.

---

6   Michel Rousse, « L'espace scénique des farces », dans *La Scène et les tréteaux. Le Théâtre de la farce au Moyen Âge*, Paradigme, 2004, p. 93–102.

7   James Boyce et William E. Coleman (dir. et trad.), *Officium Presentationis Beate Virginis Marie in Templo, Office of the Presentation of the Blessed Virgin Mary*, Ottawa, Institute of Mediaeval Music, 2001.

D'autre part, l'analyse sérielle des images représentant des pièces sur tréteaux dans un contexte rural, qui se sont multipliées dans le nord-ouest de l'Europe autour de 1600, a révélé l'existence d'une véritable scène de genre picturale ; son long succès continue à influencer notre propre imaginaire du théâtre pré-moderne. Par conséquent, la transformation des tréteaux historiques en environnement virtuel offre l'occasion d'apprendre à problématiser les relations entre archives et représentations numériques. En effet, le design donné à la réalité virtuelle permet de traduire les questions de recherche laissées ouvertes. L'équipe qui a travaillé à la conception des environnements immersifs d'ARCHAS[8] a ainsi pris le parti de donner aux tréteaux virtuels un graphisme au réalisme volontairement atténué, afin de rendre sensible aux étudiants et étudiantes la part de représentation symbolique, voire de fiction, qui peut être présente dans certaines sources (voir fig. 7.3 et capture vidéo 7.1).

L'analyse sérielle des sources iconographiques existant sur les spectacles sur tréteaux a montré que les images conservées de « farces médiévales françaises » ont été majoritairement produites par des artistes néerlandais au XVIIᵉ siècle. La raison en est que cette scène éphémère a été un motif commun de la « kermesse villageoise », peinture de genre en vogue aux Pays-Bas entre 1550 et 1650. François Daniel et Estelle Doudet ont choisi un texturage des matières au réalisme légèrement réduit pour témoigner du fait que la modélisation 3D repose pour une part sur des données artistiques.

Fig. 7.3. ARCHAS, vue des tréteaux et du meneur de jeu. Design et réalisation de l'expérience RV : Archeovision Production, http://archeovision.cnrs.fr/.

Capture vidéo 7.1. ARCHAS, vue à vol d'oiseau de la place accueillant le tréteau. Design et réalisation de l'expérience RV : Archeovision Production, http://archeovision.cnrs.fr/. https://hdl.handle.net/20.500.12434/27826067

---

8   Travail historique et conception numérique : Doudet (UNIL) et François Daniel (Archeovision Production) ; conception pédagogique : Doudet, Nadia Spang Bovey et Natalia Wawrzyniak (UNIL).

À l'instar d'ARCHAS, un enseignement d'histoire du théâtre peut donc s'emparer de la réalité virtuelle pour dérouler un parcours de formation allant de la réflexion sur les archives à la pratique théâtrale en immersion. Mais cet itinéraire est réversible : les nécessités conceptuelles et techniques de la RVI conduisent, elles aussi, à repenser ce que les documents historiques disent et comment nous les interprétons. Les environnements des scènes éphémères aux XVᵉ et XVIᵉ siècles en offrent une illustration.

Entre 1450 et 1550, des structures scéniques plus ou moins élaborées ont été régulièrement construites sur des places de marché, dans des tavernes, des cours de bâtiments publics ou privés, etc. Le théâtre de cette époque a été un art situé, dans le sens le plus concret du terme, et les localisations spatiales et sociales des lieux de spectacle ont joué un rôle important dans la communication nouée entre les acteurs et les publics. Mais comment rendre compte de ces mises en situation dans des simulations informatiques destinées à l'enseignement ? Tenter de recréer en version numérique, année après année, les multiples contextes urbains où ont pu être situées des performances données il y a plus de cinq cents ans est financièrement couteux et scientifiquement douteux car on en ignore souvent presque tout. En outre, il semble peu pédagogique de transformer, à chaque fois qu'un nouveau cours débute, les outils de travail proposés aux étudiantes et étudiants.

De là découle un deuxième choix de modélisation numérique, portant cette fois sur les types de lieux qui ont pu ou qui auraient pu accueillir des structures scéniques éphémères. Ce travail va de pair avec une redéfinition des objectifs de la recherche sur les archives : il ne s'agit pas de chercher à reconstruire en réalité virtuelle l'état disparu de telle cour d'auberge dans telle ville, à telle date ; mais plutôt, de manière plus modeste et avec une nécessaire prudence, de mener une réflexion, nourrie des études récentes sur l'histoire urbaine des XVᵉ et XVIᵉ siècles[9], sur les interactions qui ont pu exister entre certains types de scènes et l'espace urbain ancien, puis de concrétiser cette réflexion dans un modèle informatique ayant valeur d'évocation, d'exploration de possibles. Une question comme « où placer des tréteaux sur une place de marché pour que le spectacle ait la capacité d'attirer l'attention et de permettre la bonne écoute des passants ? » n'a de réponse qu'hypothétique dans l'état actuel de nos connaissances ; mais, par sa portée générale, elle invite les élèves à réévaluer l'importance de la dimension environnementale des performances théâtrales à l'époque pré-moderne (en ville ou à la campagne, en présence de telle population, dans certaines conditions climatiques, etc.), alors que cette dimension a été longtemps minorée dans l'historiographie traditionnelle, plus encline à valoriser les œuvres dramatiques que les expériences du spectacle.

Certes, pour générer une telle modélisation, il faut travailler à partir de virtualités difficiles à saisir. Cet obstacle scientifique indéniable est cependant atténué dans le cadre d'un enseignement, car la réflexion sur la notion de possible et l'exploration, intellectuelle et physique, des liens entre des virtualités historiques et leurs transpositions en virtualités

---

9   Voir par exemple Doudet, « Le théâtre, art des villes. Du récit des évolutions à l'exploration numérique des espaces », dans Ludmila Evdokimova et Françoise Laurent (dir.), *Littérature urbaine, réalité médiévale ou concept historiographique ?*, Paris, Classiques Garnier, 2022, p. 33–49.

numériques y font partie du processus d'apprentissage. En outre, le fait de disposer de plusieurs modélisations numériques, présentant différentes mises en situation urbaines de scènes éphémères, comme une vaste place de ville entourée de gradins et occupée par des décors de grande dimension, ou un marché populeux accueillant des tréteaux – deux environnements que peuvent explorer les participants d'ARCHAS –, présente des avantages pratiques puisque, chaque année, enseignantes et élèves peuvent sélectionner les simulations qui leur paraissent les plus pertinentes pour les *corpus* de pièces étudiés.

Il serait toutefois faux d'opposer radicalement la modélisation à but pédagogique et la reconstruction virtuelle à but scientifique. L'expérience immersive a parfois conduit les étudiants et étudiantes d'ARCHAS à pointer des problèmes dont les solutions échappent encore aux historiens. Comment les acteurs se déplaçaient-ils sur des tréteaux et s'adressaient-ils à un public debout et mobile ? Dans des installations éphémères de grande ampleur, que voyaient les spectateurs assis sur des gradins placés à plusieurs dizaines de mètres des joueurs ? Comment manifestait-on physiquement ses réactions au spectacle – par exemple, comment les femmes et les hommes du XVe siècle applaudissaient-ils ? Même si les réponses manquent parfois, ces questions, nées des exercices pédagogiques en RVI, ont l'intérêt de mettre au jour certaines angles morts de nos savoirs historiques (captures vidéo 7.2 et 7.3).

Une farce comme *La Présentation des joyaux* (début XVIe siècle) [10], que la critique pense avoir été destinée à un cercle privé réuni à l'occasion de noces, aurait-elle fait sens si elle avait été jouée en tant qu'intermède comique à un grand spectacle, devant plusieurs milliers de spectateurs ? Cette possibilité, discutée en 2021, a donné lieu à des mises en scène comparées sur les tréteaux et sur la vaste aire de jeu d'une trentaine de mètres de diamètre, entourée de gradins rassemblant plus de trois mille personnes, un modèle 3D construit en croisant plusieurs comptabilités, descriptions et images sur les mystères français des XVe et XVIe siècles.

Capture vidéo 7.2. ARCHAS, modélisation de la foule. La foule, qui permet de tester les interactions avec un grand public, a été générée par duplication d'une dizaine de personnages-modèles. Ce choix vise à atténuer *l'uncanny valley effect*[11] qui pourrait troubler la capacité des étudiants et étudiantes à travailler dans le monde virtuel. (Design et réalisation de l'expérience RV : Archeovision Production, http://archeovision.cnrs.fr/). https://hdl.handle.net/20.500.12434/3af52644

---

10   *La Présentation des joyaux à deux personnages, c'est assavoir le Sot et le Messager*, Lyon, s.n. , 1619, p. 140–148 ; Émile Picot et Christophe Nyrop (dir.), *Nouveau recueil de farces françaises des XVe et XVIe siècles*, Paris, Morgand et Fatout, 1880, p. 181–189.

11   « L'effet de la vallée étrange » désigne la gêne cognitive que peuvent ressentir, selon le degré de réalisme choisi, les utilisateurs d'outils numériques imitant des réalités humaines. Christian Stein, « Uncanny Valley in Virtual Reality », dans Newton Lee (dir.), *Encyclopedia of Computer Graphics and Games*, Cham, Springer, 2018, https://doi.org/10.1007/978-3-319-08234-9_177-1.

Capture vidéo 7.3. ARCHAS, modélisation des spectateurs. Des mannequins, réunis autour d'un prototype de tréteau, tapent des mains. Toutefois, ce geste est rarement décrit par les sources des années 1500. Par souci de précision, il a ensuite été remplacé par des mouvements corporels, en écho aux adresses conclusives qui, dans les pièces du XVIe siècle, invitent souvent le public à chanter et à danser à l'issue de la représentation. (Design et réalisation de l'expérience RV : Archeovision Production, http://archeovision.cnrs.fr/, à partir des recherches d'Estelle Doudet). https://hdl.handle.net/20.500.12434/b80327d1

Interpréter des possibles : de l'immersion ludique à la pratique théâtrale

La rétro-architecture[12] virtuelle est une forme de recherche qui s'attache souvent à des bâtiments théâtraux célèbres pour la valeur patrimoniale de ce qui y a été joué. La reconstruction 3D de ces théâtres permet alors d'enrichir notre compréhension des pièces qui y ont été mises en scène, tout en facilitant la médiation des savoirs scientifiques vers des publics élargis, d'autant plus intéressés que ces œuvres occupent une place importante dans notre canon culturel. Mais travailler sur les spectacles joués sur des scènes éphémères entre 1450 et 1550 déplace cet enjeu patrimonial. Bien qu'ils forment un *corpus* riche de plusieurs centaines de pièces, les jeux dramatiques en français des XVe et XVIe siècles sont aujourd'hui quasiment absents de nos scènes commerciales et, par extension, de la culture théâtrale partagée par la majorité des artistes et des publics au XXIe siècle. Leurs principaux lieux de représentation sont désormais les universités, où ils sont essentiellement envisagés comme des objets d'étude et d'enseignement historique.

Malgré ou peut-être grâce à cette audience réduite, ces sources s'avèrent en revanche un champ d'enquête stimulant pour réfléchir à la jouabilité, une notion que les arts du spectacle partagent avec les technologies interactives, comme la RVI. Pourquoi certaines pièces ou certaines formes de spectacles sont-elles devenues injouables ? Où et comment ont-ils été joués à l'époque de leur création ? Seraient-ils rejouables aujourd'hui dans d'autres lieux et pour d'autres publics ? En se consacrant,

---

12   « Processus d'analyse de traces d'un bâtiment disparu pour en produire un modèle numérique le plus fidèle possible au regard des différents niveaux d'abstraction », Paul François, *Outils de réalité virtuelle pour l'histoire et l'archéologie. Recherche, diffusion, médiation : le cas des théâtres de la Foire Saint-Germain*. Synthèse d'image et réalité virtuelle, thèse de doctorat sous la dir. de Françoise Rubellin et Florent Laroche, l'École centrale de Nantes, 2021, p. 110, HAL Id : tel-03351927.

sans s'y limiter, à l'interprétation des premiers témoignages dramatiques conservés des territoires de l'actuelle Suisse romande aux XVᵉ et XVIᵉ siècles[13], un enseignement comme ARCHAS n'ambitionne pas de redonner une valeur patrimoniale à des sources souvent peu connues, même des spécialistes. Son objectif est plutôt de construire concrètement un parcours de formation qui permette aux étudiants et étudiantes de circuler entre les archives locales, où se trouve en général l'essentiel de la documentation historique sur les spectacles étudiés, et les lieux où l'on peut interpréter ces spectacles en les rejouant, qu'il s'agisse des salles de l'université aménagées pour la pratique théâtrale ou des *clusters* informatiques générant les simulations 3D des anciennes scènes éphémères. (voir fig. 7.4 et 7.5)

> Ont été travaillés un classique marginal de l'histoire du théâtre, la tragédie d'*Abraham sacrifiant* de Théodore de Bèze jouée à Lausanne en 1550[14] (ARCHAS 2020) ; les pièces fantômes que sont les rôlets de farces conservés aux Archives de l'État de Fribourg, outils de répétition pour acteurs autour de 1500[15] (ARCHAS 2021) ; des jeux militants catholiques et protestants des années 1530[16] ayant désormais perdu leur actualité (ARCHAS 2022) ; des mystères de martyres et des procès de sorcellerie dans le sillon alpin au XVᵉ siècle (ARCHAS 2023). Dans tous les cas, textes dramatiques et documents d'archives sont étudiés à parts égales[17] et travaillés comme les possibles auxquels il s'agit de redonner lieu. Des lieux et des contextes historiques anciens, expérimentés virtuellement ; des lieux réels, salles de travail et contextes d'aujourd'hui dans lesquels se jouent les performances réflexives que les étudiants et étudiantes d'ARCHAS élaborent chaque année.

Fig. 7.4. Aux Archives cantonales vaudoises, les participants et participantes à ARCHAS 2020 consultent les archives de l'académie de Lausanne au XVIᵉ siècle pour y retrouver trace des élèves ayant joué *Abraham sacrifiant* de Théodore de Bèze, première tragédie en français créée en 1550.

---

13   Voir Wawrzyniak, Doudet, Marion Rivoal, *Premiers théâtres romands* [base de données] (DaSCH), http://ark.dasch.swiss/ark:/72163/1/0119. L'outil a été réalisé dans le cadre du projet de recherche du Fonds national suisse 192400 *Médialittérature. Poétiques et pratiques de la communication publique en français, XVe–XVIe siècles*, dir. Doudet, https://medialitt.hypotheses.org/.

14   Théodore de Bèze, *Abraham sacrifiant*, [Genève, Conrad Badius], 1550 ; éd. Marguerite Soulié et Jean-Dominique Beaudin, Paris, Classiques Garnier, 2006.

15   Sur ces textes, Doudet, « Hantologies médiévales : les écritures du spectacle face à l'archéologie des média », dans Anne-Cécile Le Ribeuz-Koenig et Marc Arino (dir.), *Le Moyen Âge mort-vivant*, Tropics n° 9, 2020, https://tropics.univ-reunion.fr/accueil/numero-9

16   Mathieu Malingre, *Moralité de la maladie de Chrestienté*, [Neuchâtel, Pierre de Vingle], 1533.

17   Sur cette approche, Bouhaïk-Gironès et Doudet, « The Making of French Theater », dans Clare Finburgh Delijani (dir.), *A New History of French Theater*, Cambridge, 2024 (à paraître).

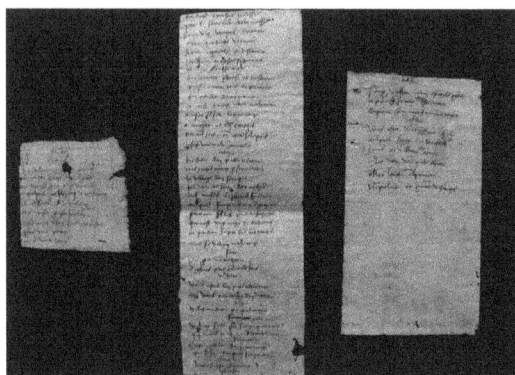

Fig. 7.5. AEF Littérature 18.1-3. Les Archives de l'État de Fribourg conservent dix-neuf rôlets d'acteur provenant de treize pièces différentes, majoritairement comiques. Ces documents auraient servi à des répétitions d'acteurs en pays de Vaud au début du XVIe siècle. Les rôlets des farces *La Présentation des joyaux* et *La Fontaine de jouvence* ont été remis en scène lors d'ARCHAS 2021[18]. Photographie © Natalia Wawrzyniak.

L'approche de recherche créative, qui donne son nom à ARCHAS, suggère que le résultat à atteindre n'est pas une réalisation artistique, comme cela est le cas de la recherche-création, et ce bien que, comme dans cette forme de recherche partenariale, le travail d'encadrement des élèves soit pris en charge à parts égales par des universitaires et par des artistes, invités chaque année. Le résultat attendu est pédagogique et critique : apprendre à réfléchir aux apports et aux limites de plusieurs méthodes d'interprétation des sources historiques du théâtre. Il s'agit, entre autres, de la lecture analytique des textes, traditionnelle dans les études littéraires ; du *reenactment* historique, qui tente de retrouver les techniques de jeu des acteurs du passé[19] ; de la dramaturgie historique appliquée, qui cherche à comprendre comment réactualiser le sens des pièces anciennes pour des publics contemporains[20] ; et, bien entendu, des technologies comme la réalité virtuelle, dont la dimension ludique est ici orientée vers un *serious game* à objectif spécifique, à savoir l'étude pratique du fonctionnement des scènes éphémères des XVe et XVIe siècles.

Pour faciliter l'acquisition et la réflexion sur ces méthodes, ARCHAS se présente comme un enseignement d'une durée d'un semestre, réalisé en groupes de travail et scandé par trois étapes : l'étude des sources dramatiques au programme, ainsi que des archives des représentations ; l'identification de problèmes d'interprétation, testés tour à tour en environnement virtuel et réel ; et la proposition d'une courte mise en scène expérimentale, discutée devant les formateurs et formatrices et le reste du groupe.

---

18   Rôles du Vilain et de la Femme, *La Fontaine de Jouvence*, Archives de l'État de Fribourg, Aebischer Littérature 6.1–4 et 18.1–3 ; Paul Aebischer (dir.), « Quelques textes du XVIe siècle en patois fribourgeois (Deuxième Partie) », *Archivum romanicum*, vol. 7, 1923, p. 292–304 ; Rôle du Fol, *La Présentation des Joyaux*, Archives de l'État de Fribourg, Aebischer Littérature 7.1–3 ; Aebischer (dir.), « Fragments de Moralités, Farces et Mystères retrouvés à Fribourg », *Romania*, vol. 51, 1925, p. 518–521.

19   Pour un exemple de cette approche, voir les productions du Théâtre Molière Sorbonne (dir. Georges Forestier et Michaël Bouffard), Théâtre Molière Sorbonne, https://moliere.sorbonne-universite.fr/

20   Charlotte Bouteille et Tiphaine Karsenti, « Des formes fossilisées du temps. Retour sur des expériences de recherche-création », *L'Esprit Créateur*, vol. 62, n° 2, 2022, p. 75–88, 10.1353/esp.2022.0015.

Dans ce processus d'apprentissage, la réalité virtuelle est un outil parmi d'autres ; mais son potentiel interactif lui donne une forte capacité de problématisation. C'est la raison pour laquelle, alors que de nombreux programmes de recherche utilisant les technologies 3D placent leurs usagers en position de spectateurs, le dispositif pédagogique d'ARCHAS invite les élèves à jouer alternativement le rôle d'observateurs et celui d'acteurs d'un spectacle afin de varier autant que possible les points de vue sur le fonctionnement des scènes éphémères (voir fig. 7.4, capture vidéo 7.4).

Le processus de travail d'ARCHAS permet plusieurs gestes d'appropriation. En se familiarisant avec les archives (textes dramatiques dans leurs manuscrits et imprimés originaux, comptabilités, témoignages, etc.), les élèves s'initient d'abord aux contextes matériels et socio-culturels dans lesquels les pièces étudiées ont été produites. Parallèlement, l'analyse à la table des textes va de pair avec un atelier d'écriture créative. La langue, la versification et les outils rhétoriques des sources font l'objet d'un travail de pastiche, avant, parfois, d'être modernisés.

Capture vidéo 7.4. Extrait du film *Études théâtrales et réalité* virtuelle, Centre de soutien à l'enseignement, UNIL, 2021 (film entier disponible en ligne). Une étudiante fait l'expérience virtuelle d'un tréteau sous la conduite d'Estelle Doudet. L'immersion pouvant produire une déstabilisation cognitive des élèves, des séances d'entraînement les familiarisent aux environnements virtuels et leur transmettent les informations utiles sur les contextes de fonctionnement des anciens théâtres. https://hdl.handle.net/20.500.12434/aa826878

La RVI offre ensuite la possibilité d'évoluer physiquement dans les espaces immersifs et de vivre des interactions simulées afin de réfléchir au fonctionnement des relations théâtrales induites par les anciennes scènes éphémères. Enfin, en nouant chaque année un dialogue avec des artistes qui initient à différentes approches interprétatives, les saisons d'ARCHAS incitent à réfléchir aux enjeux de la réactualisation – possible ou impossible – de pièces qui ne sont plus jouées.

Fig. 7.4. De 2020 à 2022, les artistes invitées, Nicolas Zlatoff, Charles di Meglio et Léa Katharina Meier ont proposé différentes approches pour interpréter les pièces au programme : analyse-action, jeu rhétorique, jeu clownesque.

D'autre part, les personnages virtuels qui peuplent les environnements immersifs sont dotés de réactions (arrivées ou départs, suivi du regard, rires, huées, etc.), déclenchables *ad libitum* depuis l'ordinateur central. Grâce à cette fonctionnalité, les étudiantes et étudiants enrichissent leurs réflexions en travaillant sur plusieurs relations envisageables entre des performeurs et des récepteurs qui seraient, selon les contextes analysés, complices, hostiles ou indifférents. Ce faisant, ils et elles font nécessairement intervenir leur sensibilité dans l'interprétation de ces relations. Mais cet anachronisme est heuristique : d'une part, parce que la communication qui a effectivement pu se nouer entre public et joueurs sur tréteaux au XVᵉ siècle, par exemple, est peu documentée ; d'autre part, parce que l'investissement imaginaire, sensoriel et réflexif des élèves au moment de ce travail en immersion leur inspire des hypothèses scientifiquement valides, par exemple concernant les techniques de jeu probables des acteurs et les réactions possibles des spectateurs. Ces pistes d'interprétation sont ensuite réinvesties dans les réflexions sur les manières dont les pièces étudiées pourraient être rejouées sur des scènes et face à des audiences d'aujourd'hui (captures vidéo 7.5 et 7.6).

Les membres d'ARCHAS travaillent en groupes, chaque groupe assumant alternativement plusieurs rôles. Les uns mettent un casque pour travailler, sous la direction d'une historienne, plusieurs mises en gestes, en voix et en scène dans différents environnements virtuels, en choisissant les plus pertinents selon les pièces au programme, par exemple en testant le jeu farcesque sur les tréteaux, ou une pièce militante dans l'amphithéâtre. Ces tests incluent des interactions scène-public, expérimentées grâce aux réactions des personnages virtuels déclenchées *via* l'ordinateur. D'autres groupes observent le travail en cours grâce à un système de vidéoprojection qui permet de voir ce que regarde l'expérimentateur immergé. Parallèlement, le travail mené par l'ensemble des groupes avec l'artiste invité·e fait peu à peu évoluer les questions historiques en propositions théâtrales, finalement jouées, analysées et débattues en commun.

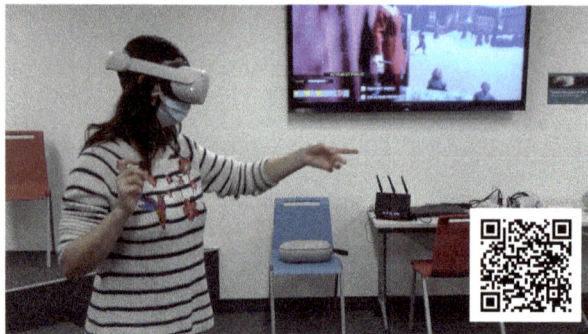

Capture vidéo 7.5. Extrait d'une vidéo de travail, ARCHAS, 2021, UNIL. Sous la conduite d'Estelle Doudet, l'étudiante Manon Lelièvre travaille sur tréteaux virtuels plusieurs formes d'adresse pour *La Présentation des Joyaux*. https://hdl.handle.net/20.500.12434/daf4b2ae

Capture vidéo 7.6. Extrait d'une vidéo de travail, ARCHAS, 2021, UNIL. L'étudiante Manon Lelièvre et l'étudiant Sylvain Grangier interprètent le rondeau final de *La Présentation des joyaux* devant le metteur en scène Charles di Meglio et le reste de la classe. https://hdl.handle.net/20.500.12434/6d314431

Problématiser le virtuel

Faire de la réalité virtuelle un outil de formation implique enfin de la prendre elle-même pour objet d'une réflexion critique. Si nous pensons que cette technologie ouvre de nouvelles perspectives pour enseigner et étudier l'histoire du théâtre dans les établissements scolaires et universitaires, nous sommes aussi intéressées par les frustrations qu'elle engendre – la simulation 3D a d'évidentes limites et ne permet pas de tout faire – et plus encore par les contradictions qui surgissent entre immersion virtuelle et art de la scène. Aussi, à chaque étape du processus de travail d'ARCHAS, sont observées et discutées les manières dont la RVI « fait problème », c'est-à-dire génère de nouvelles problématiques pour l'interprétation théâtrale[21].

Ainsi de la co-présence, un enjeu crucial au théâtre, qui, tous les ans, donne lieu à de passionnants débats entre membres de l'Atelier. Comment s'approprier un corps d'acteur virtuel lorsque l'on porte un casque et que l'on évolue en réalité dans une salle de cours ? Comment interagir émotionnellement avec des simulations de spectateurs ? Que regardent donc les personnes qui, comme les étudiantes et les étudiants d'ARCHAS, ont pour mission d'observer comment leurs camarades, immergés dans l'environnement 3D, interprètent des acteurs des XVᵉ et XVIᵉ siècles, qui jouent eux-mêmes des personnages de fiction ? Autant d'interrogations qui font de la réalité virtuelle un instrument pédagogique en transformation permanente, ses fonctionnalités s'affinant année après année grâce aux suggestions étudiantes.

La réalité virtuelle immersive n'éclaire pas et ne peut éclairer toutes les zones d'ombre de l'histoire du théâtre. Mais une expérience pédagogique comme l'Atelier de recherche créative en histoire des arts du spectacle, même si elle n'est en rien un modèle,

---

21 Doudet, Wawrzyniak, Spang Bovey et Daniel, « A Problematic or a Problematising Tool? Virtual Reality and Practical Training in Theatrical Interpretation in the Creative Research Workshop in the History of Performing Arts », *Revue internationale des technologies en pédagogie universitaire* (à paraître).

montre que cet outil fait désormais partie des questionnements méthodologiques qui se posent à celles et ceux qui étudient, enseignent et se forment dans ce domaine. La notion de virtuel, consubstantielle aux simulations 3D, est particulièrement stimulante sur le plan épistémologique. Elle rencontre en effet celles de possible historiographique, d'hypothèse interprétative, voire d'incertitude, si on entend celle-ci comme une disposition intellectuelle indispensable à la pensée critique. Apprendre à travailler dans l'incertitude, l'un des objectifs d'ARCHAS, est à la fois une méthode intellectuelle, un problème pratique en sciences humaines, et un outil d'enquête, que matérialise la RVI.

8. Brève de méthodologie : Archéologie théâtrale en Bretagne. Tentative de reconstitution en 3D du « Vieux Théâtre » de Morlaix.

Rafaël Magrou

Résumé

À Morlaix, en Bretagne, un théâtre abandonné a suscité l'intérêt d'un groupe d'étudiantes de l'École nationale supérieure d'architecture Paris-Malaquais. Durant une semaine, elles ont visité, étudié, relevé, modélisé et ainsi contribué à rendre compréhensible ces vestiges du XVIIIᵉ siècle, profondément transformés à la fin du XXᵉ siècle. Invisible depuis la rue, son état de délabrement permet de saisir l'essentiel de la composition de la salle, tandis que la partie scénique a totalement disparu. À partir de documents d'archives, d'une enquête sur place et de relevés de détails, les étudiantes ont échafaudé des hypothèses de reconstitution à différents moments de ce témoin scénique régional. À l'aide d'outils numériques, elles ont pu, dans un temps restreint, reconstituer en partie cet ouvrage avant que cette construction ne disparaisse totalement (workshop intensif 27 septembre-1 octobre 2021). À l'issue d'une semaine de recoupements et de recollements, elles ont présenté à des élus locaux, à des riverains comme à l'Architecte des Bâtiments de France le résultat certes partiel mais révélateur de l'intérêt de cet ouvrage oublié.

Abstract

In Morlaix, French Brittany, an abandoned theatre caught the attention of a group of students from the École nationale supérieure d'architecture Paris-Malaquais. Over the course of a week, they visited, studied, surveyed and modelled this eighteenth-century building, which was radically transformed by the end of the twentieth century. Invisible from the street, the dilapidated state of the building allows one to grasp the essence of the room's composition, while the stage area has completely disappeared. Based on archival documents, an on-site investigation and detailed surveys, the students came up with hypotheses for reconstructing this regional landmark at different points in time. Using digital tools, they were able to redesign part of the structure in a very short space of time (intensive workshop 27 September-1 October 2021), before it disappeared altogether. After a week of cross-checking and piecing together the data, the students presented the

https://doi.org/10.11647/OBP.0400.08

fruits of their labour to local councillors, residents and the Architecte des Bâtiments de France (a government official), their admittedly partial results revealing the interest of this forgotten structure.

En France les témoins d'architectures dédiées au théâtre du XVIIIᵉ siècle sont rares. Certains ont fait l'objet de restauration, d'autres ont été éradiqués afin de faire place à d'autres opérations parfois vouées au spectacle vivant suivant des aménagements adaptés aux besoins contemporains, ou plus fréquemment pour laisser place à d'autres projets immobiliers (le théâtre de l'Ambigu-Comique à Paris par exemple, démoli en 1966 pour y ériger un immeuble de bureaux). Consacré à la disparition d'édifices remarquables, l'ouvrage de Louis Réau (*Histoire du vandalisme*, Paris, Robert Laffont, rééd. 1994) rappelle la présence de ces bâtiments, remémorant des lieux disparus tombés dans les oubliettes de l'histoire. Les historiens n'ont de cesse d'exhumer ces exemples afin d'étayer et de consolider le fil narratif des typologies et des usages de ces siècles passés. Ces objets construits caractérisés sont, comme c'est le cas ici, des objets d'analyse intéressants pour une étude de cas pédagogique, afin de sensibiliser de futurs architectes à l'histoire des lieux de spectacle comme à la nature patrimoniale, la « sauvegardabilité » de l'objet analysé et reconstitué.

Cette brève de méthodologie vise à mettre en lumière un lieu scénique caché, qui n'avait jusqu'à présent fait l'objet d'aucune exploration et qui était donc idéal pour l'expérimentation décrite dans les paragraphes qui suivent : il s'agit du « Vieux Théâtre » de Morlaix, transformé en laboratoire de recherche pédagogique en architecture. Sa date de construction est estimée à 1783, et le théâtre a définitivement fermé ses portes en 1888. Positionné en retrait de la rue, son dispositif d'entrée a été remplacé par des immeubles d'habitation. Son corps principal a été tronqué, la partie scénique a disparu pour accueillir un lieu de confection de pain, lui aussi délaissé. La partie salle a été exploitée plus tard par un imprimeur qui a refermé le U des balcons.

Au printemps 2021, nous avions découvert l'existence de ce lieu *via* les réseaux sociaux. En contactant le propriétaire – monsieur Gilles Baillet – qui a, *in extremis*, sauvé ce lieu abandonné de la démolition et de la spéculation immobilière dix ans auparavant, nous avons imaginé un workshop intensif sur place avec un groupe d'étudiants volontaires de l'École nationale supérieure d'architecture Paris-Malaquais. À quelques enjambées du Théâtre du Pays de Morlaix inauguré en 1888 et restauré au début des années 2000, ce vestige jusqu'ici dénigré méritait selon nous une étude. D'une durée d'une semaine, cette incursion *in situ* avait pour objectif de tenter la reconstitution de son état originel. Dans un temps très court, à partir du relevé de l'existant, le groupe a recoupé les sources, en considérant d'une part les documents versés aux archives municipales (coupures de presse, gravures d'époque, programmes, etc. mais aucun document graphique sur la salle), et d'autre part en appréhendant cet objet spécifique par sa confrontation à des modèles architecturaux contemporains. Grâce aux échanges avec une guide-historienne locale – Corinne Le Noan, auteure d'un livre sur *Le nouveau Théâtre de Morlaix 1873-1888* (Le Noan, 2021) –, aux témoignages recueillis et à la lecture des pièces qui y ont été jouées (entre autres, *Le Mystère de Sainte-Tryphine*), le groupe a tenté de recomposer une version probable, en proposant des scénarios hypothétiques sur son état originel.

En complément des documents papiers identifiés et recomposés, et d'une maquette physique qui a été expressément fabriquée, l'outil numérique a permis, d'une part, de construire un *facsimile* en 3D, et d'autre part, de simuler en vidéo les hypothèses volumétriques originelles potentielles. Ces maquettes blanches forment une première base de restitution autorisant de possibles travaux de recherche postérieurs, en vue de vérifications, d'appropriations, d'extensions : autant de compléments nécessaires qu'il serait bienvenu d'apporter en vue de constituer une documentation approfondie de ce lieu qui menace ruine. Compte tenu du temps imparti, cette exploration n'a pas prétention à réellement restituer le « Vieux Théâtre », notamment l'intérieur qui a subi de nombreuses amputations, même si, à l'issue de ce travail, il aurait été apprécié que cette production puisse servir à sensibiliser les services du patrimoine en vue de se pencher sur ce cas singulier d'architecture théâtrale. En effet, à défaut d'aide financière, le propriétaire ne peut plus porter à bout de bras cette construction, et, avant qu'il ne disparaisse, il est impératif de constituer une documentation témoignant de son existence, afin d'en laisser une trace.

En outre, l'objectif principal de ce workshop était avant tout pédagogique, afin de sensibiliser de futurs architectes à la notion de patrimoine, ici théâtral, et de les mener à faire l'effort de recomposer le puzzle à partir de sources diverses existantes, pour comprendre la constitution comme le fonctionnement spécifiques outils scéniques. Dès la première visite, l'idée de restaurer ou de recomposer ce « Vieux Théâtre » était de l'ordre de l'utopie étant donné l'absence de documents graphiques et la disparition totale de la partie scénique, laquelle ne pouvait appeler qu'une hypothèse de reconstitution. En somme, il s'agissait aussi de faire bon usage, au moment opportun, des logiciels de modélisation pour proposer des hypothèses volumiques et spatiales plausibles en rendant visible ce qui a disparu à tout jamais.

Fin 2023, nous avons appris que, découragé, le propriétaire avait vendu ce bien, le vouant à une démolition certaine. Ainsi, cet atelier intensif a permis de constituer les seuls éléments tangibles de cette architecture scénique qui aura bientôt disparu, constituant la mémoire de ce qui a été et ne sera bientôt plus.

***

Équipe étudiante composée de Valeria Babii, Sarah Barakat, Eva-Léna Chaudel, Rim Falakha, Paola Madjalani, Zineb Ouertani et Juliette Vincens de Tapol.

Enseignant-chercheur : Rafaël Magrou

Fig. 8.1. Photographie © Rafaël Magrou.

Vue de l'intérieur du Vieux Théâtre de Morlaix depuis le deuxième balcon vers la façade d'entrée. Prise lors d'une première visite, en mars 2021, en guise de repérage et pour l'organisation du workshop, cette prise de vue montre l'état du théâtre et de ses attributs, avec sa salle en forme de U, superposant les niveaux. Les planchers comme les balustrades sont décrépis et en état d'effondrement, raison pour laquelle le workshop intensif s'est attelé dans un temps bref à explorer ce vestige du XVIIIe siècle. Postérieurement, des vues ont été faites par drone dans l'édifice comme dans son environnement afin de tenter de déceler d'autres indices aidant à sa reconstitution.

Fig. 8.2. Photographie © Magrou.

Présentation du travail effectué lors de la semaine de workshop intensif à Morlaix, dans les murs du Vieux Théâtre, par le groupe d'étudiantes impliquées dans cette exploration. Pris depuis le premier balcon, ce cliché montre le mur qui obstrue la partie où se situait la scène et expose une galerie qui a été créée par l'exploitant imprimeur ayant occupé les lieux au XXe siècle. Projetée sur un drap installé pour l'occasion, la recherche est partagée auprès de divers intervenants : historienne, élue locale, architecte des Bâtiments de France, documentaliste des archives municipales et des riverains ayant contribué à la faisabilité de ce travail. Une maquette en carton est venue compléter les vues en 3D fabriquées pour cette étude.

Fig. 8.3. Dessin de M. Gérardin, d'après les croquis de M. L. Tynaire, envoyé spécial à Morlaix, Le Monde Illustré, 21 avril 1888, 32e année, n° 1621, p. 256. Photographie © Gallica BnF, https://gallica.bnf.fr/ark:/12148/bpt6k6377167j/f11.item.

Ce dessin montre le dispositif d'entrée du théâtre, depuis la place E. Souvestre à l'arrière de l'actuelle mairie de Morlaix. Une autre lithographie fabriquée sous un autre angle permet de compléter cette composition. Derrière une grille en fer forgé, un système de double escalier contourne un édicule (possiblement une fontaine) afin d'accéder à un niveau supérieur où se dresse une petite bâtisse jouxtant le corps principal du théâtre. Par supposition, il s'agirait là de la billetterie et potentiellement d'un bureau ou d'un petit logement à l'étage supérieur. Aucun document n'a été trouvé sur l'architecture de la salle ni sur la composition de la scène. Seule une photo resserrée au cadre de scène, sommaire, montre l'exiguïté du lieu. Le peu de documentation lié à cet édifice appelle nécessairement à faire des suppositions ; une étude plus approfondie permettrait de compléter ces ressources pour conforter certaines hypothèses (voir Marthe Le Clech, *Bretagne d'hier et d'aujourd'hui, Morlaix tome I*, édité par l'auteur, 1993).

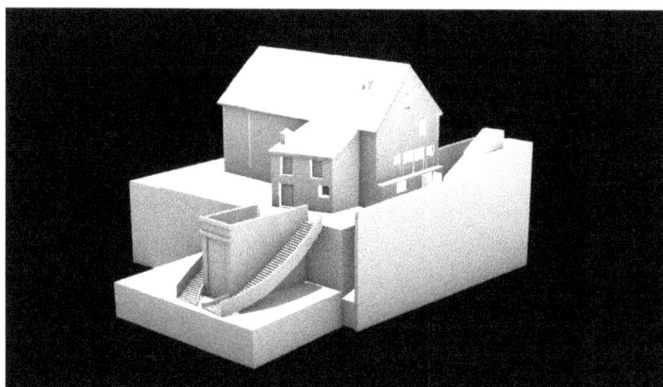

Fig. 8.4. Assemblage de vues du théâtre avant-après en 3D, maquette en blanc réalisée par les étudiantes. Photographie © ENSA Paris-Malaquais.

Ces vues tridimensionnelles (angle ici sélectionné pour mieux appréhender le dispositif d'accès) montrent bien la différence de volumétrie du théâtre, entre celle, estimée, de 1783 ayant pu perdurer jusqu'en 1888 (voir fig. 8.3), et celle d'aujourd'hui. À partir de cette recomposition, il faudrait pouvoir l'intégrer dans le tissu existant et antérieur, toujours d'après les documents existants, afin de saisir l'inscription de ce lieu dans son contexte, et ainsi préciser plus particulièrement son statut, d'après les informations existantes, d'une salle privée à usage public. À partir de ces reconstitutions numériques, une vidéo de chaque état (avant et aujourd'hui) permet d'apprécier les séquences d'accès comme la découverte de l'intérieur du théâtre, à deux époques différentes et ainsi de mesurer les modifications et les altérations volumétriques.

Fig. 8.5. Vue intérieure extraite de la vidéo reconstituant le volume du théâtre à sa date de construction supposée (1783) ou encore de sa rénovation (1839). Vidéo © ENSA Paris-Malaquais. Avec incrustation de la photographie de M. Fougère à Morlaix, mentionnée dans Le Monde illustré, 21 avril 1888, 32ᵉ année, n° 1621, p. 249 (en légende du dessin réalisé d'après cette photographie). Archives municipales de Morlaix.

Cette reconstitution de l'intérieur propose l'hypothèse suivante : le mur érigé dans le théâtre existant, *a priori* au cadre de scène, est en fait établi sur l'avant-scène, en tronquant les galeries supérieures. La salle aurait été plus allongée qu'il n'y paraît. C'est l'écartement des poteaux qui a notamment induit ce scénario, mais aussi la jauge estimée à près de 400 personnes, ce qui paraissait peu probable dans la volumétrie parvenue jusqu'à nous. Dans le cadre de scène, nous avons incrusté l'image illustrant la scène avec son rideau et les acteurs d'une pièce posant au bord de plateau. En outre, le parterre accueillait potentiellement un public debout, étant donné la hauteur de la scène.

9. Entretien avec Sandrine Dubouilh et Nicolas Patin : « Confronter nos savoirs » : retours sur l'expérience *Montaigne in Game*

Lors du colloque *Repenser les lieux de spectacle de la première modernité* (Bordeaux, 2022), l'historien Nicolas Patin (Université Bordeaux Montaigne/IUF) a animé, avec la chercheuse spécialiste de la scénographie et de l'architecture théâtrale, Sandrine Dubouilh (ENSA Paris Val-de-Seine/Université Bordeaux Montaigne), une session de « gameplay historique », dans le cadre du projet pédagogique *Montaigne in Game*. Ce dispositif consistait à utiliser la série de jeux vidéo *Assassin's Creed* (Ubisoft), en jouant en direct et en expliquant le support vidéo-ludique comme un document à part entière. *Montaigne in Game* est une initiative qui a débuté en 2018 sous l'impulsion de José Luis de Miras. Elle a pour objectif de fédérer autour d'un objet relativement jeune, le jeu vidéo, les différentes disciplines scientifiques susceptibles de mettre en lumière le nouveau visage d'un média qui se confronte encore aujourd'hui à certaines réticences.

Deux espaces de spectacle ont donné lieu à des échanges entre les deux chercheurs et le public : le théâtre de Dionysos d'Athènes dans la Grèce classique de *Assassin's Creed Odyssey* (Ubisoft, 2018) et l'Alhambra Music Hall de Londres de 1868 dans *Assassin's Creed : Syndicate* (Ubisoft, 2015).

https://doi.org/10.11647/OBP.0400.09

PB et JL : Qu'avez-vous pensé de cette expérience ?

SD : Quand vous m'avez proposé de prendre part à cette expérience, ma première réaction a été ambivalente, partagée entre d'un côté l'attrait pour une approche ludique de la recherche qui me semblait très stimulante, et de l'autre une connaissance de mes incapacités personnelles face aux jeux vidéo. Pour avoir observé longuement mes enfants jouer et même tenté d'y prendre part, j'ai plusieurs fois constaté la difficulté de me repérer dans ces espaces en mouvement, de cartographier les environnements créés pour m'y déplacer. C'est un rapport très singulier à l'espace, très éloigné de mes connaissances venues de mes études en architecture. Le fait de partager la séance avec Nicolas [Patin], qui jouait et se déplaçait en me demandant simplement de commenter, a donc bien évidemment soulagé cette crainte initiale. Mon sentiment, au-delà du plaisir suscité par cette séance de travail d'un genre particulier, est que c'est un bon exercice pour nous chercheurs et spécialistes de ces domaines. Le premier mot qui me vient à l'esprit pour qualifier cette expérience, c'est la vigilance. Cet exercice m'a semblé très exigeant, obligeant à visiter ses connaissances très rapidement, les confronter à ce que l'on voit, et soupeser leur validité. Cet exercice mobilise beaucoup, énormément, d'informations, dont on ne maîtrise pas tous les contenus. Le protocole proposé par *Montaigne in Game* est une bonne gymnastique et aussi une manière agréable et enrichissante de partager ce que l'on sait. Mais il m'a semblé que cette expérience appelle aussi une autre forme de vigilance, quant à nos réactions face à ces environnements voulus très réalistes. Cela oblige à garder l'esprit critique ouvert pour ne pas se laisser déborder par ces représentations.

Je crois qu'il ne faut pas porter de jugement péremptoire sur ces productions qui n'ont pas de vocation didactique. Ce que nous avons vu dans les exemples d'Athènes et de Londres, mélange des éléments probables voire avérés et d'autres historiquement faux. Tout coexiste. Dans différents domaines scientifiques, modéliser des objets disparus pour en comprendre les logiques et fonctionnements internes, poser des hypothèses, est bien entendu déjà assimilé, le colloque l'a d'ailleurs bien montré[1]. L'apport du jeu vidéo, outre l'interactivité permise par le jeu, c'est aussi le travail sur les ambiances et le mouvement. *Montaigne in Game* y ajoute la performance du commentaire direct en public et la possibilité de discuter, débattre, confronter nos savoirs et nos questions face à ces objets. Cela donne envie de s'imposer régulièrement des petites épreuves collectives de ce type. Le jeu est une bonne manière de nous mettre au travail ensemble. Les erreurs visibles dans ces modélisations sont aussi d'efficaces catalyseurs du désir de raconter ce que l'on sait et de rétablir les choses.

NP : J'ai beaucoup apprécié cette séquence de *gameplay*, car d'habitude, je réalise ce genre d'initiative soit devant le grand public, soit avec des collègues historiens. Le fait de bénéficier de l'expertise d'une spécialiste de l'architecture des espaces donnait un

---

1   Plusieurs communications ont donné lieu aux articles et brèves de méthodologie du présent ouvrage.

sens nouveau à la déambulation dans un « jeu ouvert », puisqu'elle était en mesure d'expliquer non seulement tel ou tel détail de l'environnement historique, mais bien aussi la logique générale du lieu et de sa reconstitution. Comme Sandrine le rappelle, les objectifs des jeux vidéo qui utilisent le passé sont avant tout ludiques et commerciaux. Mais la vraisemblance historique est devenue, au fil du temps, un argument artistique et pécuniaire non négligeable, qui explique que les grosses licences comme *Assassin's Creed* investissent des efforts considérables dans l'authenticité, notamment dans les détails de l'*open world*. Pour *Assassin's Creed Origins* par exemple, qui se déroule dans l'Égypte ptolémaïque, 200 consultants et experts ont été mobilisés. L'idée d'une telle conférence de « jouabilité live » est en quelque sorte de retourner le dispositif créatif, pour l'analyser comme un document, comme une représentation contemporaine, parmi d'autres, du passé. La question recouvre alors deux niveaux : une vérification de ce qui est vrai ou faux, qui, d'une certaine manière, n'est pas la plus importante puisque le jeu ne cherche pas à produire du vrai, mais uniquement des effets de réel ; un commentaire sur le produit culturel en tant que tel, qui permet de comparer les circulations avec d'autres supports imaginaires (romans, films, etc.). Dans le cadre d'un colloque sur l'architecture, un élément technique et non négligeable apparaît : s'il existe des modélisations efficaces d'espaces théâtraux financés par des laboratoires publics, un jeu de grand studio (un « triple A »), avec des budgets de plusieurs millions d'euros, et des possibilités techniques largement supérieures, font que les lieux virtuels sont souvent parcourus par les usagers des lieux (des PNJ – « personnages non-joueurs »), ce qui montre les lieux tels qu'ils sont habités et utilisés. De ce point de vue, la question de l'usage du bâti est donc posée, directement, sous nos yeux.

PB et JL : Identifiez-vous quelque chose d'unique dans ce que peut apporter une représentation interactive pour la recherche, par contraste à d'autres sources de fiction ou populaires, ainsi que des soucis que cela pourrait éventuellement soulever ?

SD : Il existe en effet des films d'époque dans lesquels sont révélés des fragments d'architectures théâtrales disparues. Je pense par exemple à l'introduction de *Cyrano de Bergerac* de Jean-Paul Rappeneau (1990), où se dévoile le théâtre du Marais, un de ces lieux du XVIIe siècle français dont il ne reste pas de trace tangible, ce qui accroît l'intérêt qu'on y porte. On peut supposer que les équipes de ces films ont travaillé avec des historiens compétents de manière à être au plus juste dans la reconstitution historique. Mais seuls sont construits les décors utiles pour le cadrage lié à chaque scène. Les environnements construits pour le jeu vidéo ne suivent pas du tout la même logique. Les éléments architecturaux deviennent des motifs pour créer à la fois de l'action (monter, courir, sauter...) et de la fiction (décor). Dans le cas d'Athènes, je trouve intéressant que le déplacement dans l'espace soit l'occasion de saisir certains rapports d'échelle, des distances, des hauteurs, des articulations entre les différentes localités. L'accès au théâtre m'a semblé particulièrement intéressant. On y perçoit l'espace ouvert, de plain-pied, sans barrière physique, au contraire de ce qu'on trouvera plus tard sous l'Empire. Mais dans le même temps, les usages de l'espace n'ont rien de réaliste ; comme le disait Nicolas, les personnages non-joueurs contribuent à animer l'image, à lui donner une échelle, mais ils ne font pas vivre ce lieu comme il devrait l'être et c'est aussi une différence notable avec les films qui ont vocation à être réalistes dans les usages précisément. J'aime bien par exemple exploiter en cours certains extraits des *Enfants du Paradis* de Marcel Carné (1945) pour montrer la densité des spectateurs debout au balcon dans les théâtres du boulevard. Dans ce jeu vidéo, le théâtre n'est utilisé que comme une localité susceptible de servir l'action du jeu lui-même.

Il n'était pas question non plus de « visiter » simplement ces théâtres comme peuvent le proposer des restitutions numériques en VR telle que celle réalisée par Paul François pour le théâtre de marionnettes de la Foire Saint-Germain où l'on peut arpenter la salle, la scène, tester aussi la relation scène-salle en maîtrisant ses propres déplacements. Dans le cas du jeu vidéo, on se déplace certes, mais selon des logiques qui n'ont rien de la visite-découverte même si *Montaigne in Game* favorise cette possibilité. Pour avancer et me permettre de voir différents espaces, Nicolas a été contraint de jouer et ce faisant d'occire plusieurs personnages ! On voit ici le principe de détournement de la fonction ludique initiale du jeu.

Plus sérieusement, tous ces outils sont utiles et intéressants, mais aucun n'est suffisant en soi. Si je fais une maquette physique en volume d'un théâtre disparu, j'accède à beaucoup d'informations géométriques et spatiales. Si je regarde un film historique, je vois sur un écran des plans qui mettent en situation des espaces et des corps ainsi que des ambiances. Dans le jeu vidéo, selon des codes graphiques propres à chacun de ces jeux, je peux déambuler dans ces espaces, rarement selon des usages réalistes et les lieux représentés sont des prétextes au jeu. Dans la modélisation en RV, je conjugue les effets de la maquette physique et du jeu, mais ces objets sont très difficiles et coûteux à produire. L'important est de pouvoir exploiter tous ces outils dans les limites de ce qu'ils sont.

PB & JL : Quelle place pourrait prendre le jeu vidéo dans tes enseignements en arts du spectacle et en architecture ?

SD : Si je repense au cas du théâtre d'Athènes dont il est précisé « sous Périclès », ce qui est un détail important pour le situer et pour envisager sa morphologie, j'ai apprécié que soit restituée l'hypothèse défendue notamment par Jean-Charles Moretti d'un théâtre trapézoïdal en bois, montrant donc ici l'attention des concepteurs du jeu à des connaissances archéologiques récentes, ce que bien des ouvrages d'histoire du théâtre n'ont malheureusement pas intégré, restant focalisés sur le modèle épidaurien. Je peux donc doubler dans mes cours la présentation des dessins de Jean-Charles Moretti de ce type de vue qui nous permet par exemple d'être dans l'*orchestra* ou dans les gradins du *koilon*. Mais la *skènè* en revanche pose problème, car certains détails semblent peu vraisemblables. Il manque aussi le lien au sanctuaire et au temple. Au-delà des différentes parties du théâtre et de leur degré de véracité, je pourrais exploiter un extrait de *gameplay* pour aiguiser le sens critique des étudiant.e.s et leur capacité à observer, les faire s'interroger sur la modélisation numérique et son caractère plus ou moins illusionniste, ceci en particulier pour les étudiant.e.s en architecture, qui manipulent beaucoup ces images et qui, pour certain.e.s, s'orienteront peut-être vers la production d'images numériques pour le jeu ou le cinéma par exemple.

Le cas de l'Alhambra Music Hall de Londres était très intéressant aussi, avec son promenoir, notamment une impression de fumée même si on ne montre pas la tabagie qui sévissait dans ces lieux, ce qu'on ne peut pas exprimer sur des vues géométrales. Mais paradoxalement, les proportions semblaient aberrantes et surtout la représentation de la scène et des décors scéniques était très maladroite, schématique certes mais sans aucun effort de modélisation du plateau traditionnel avec ses plans, costières, cintres etc., pourtant très connus.

Comme je l'ai dit précédemment dans la comparaison avec le film, ces représentations posent aussi question quant à la place des usagers. Ni à Athènes ni à Londres nous ne sommes face à des spectacles sur ces scènes. Il y a des PNJ, mais hors situation de spectacle, notamment à Athènes. Mais en même temps, il est intéressant que ces PNJ soient là pour rendre le lieu plus dynamique et contribuer, notamment à Londres, aux ambiances où, à défaut de voir un spectacle, on peut ressentir ce qu'il se passe dans la salle, la mobilité des spectateurs entre autres.

Il est aussi intéressant que ces deux espaces numériques permettent de confronter deux types de lieu de spectacle que tout sépare, l'un ouvert, l'autre clos par exemple. Malgré toutes les réserves que l'on peut formuler sur le degré de fidélité à l'histoire, avec des moyens plus faciles à partager que les vues géométrales (je pense ici aux étudiants en arts du spectacle), moins rares que les modélisations en RV à des fins scientifiques, plus appropriables que des plans de caméra où l'on ne décide pas du cadrage, on peut accéder à de nombreuses informations, toucher au sensible de la pratique de ces spatialités (ce qui manque aux étudiants en architecture).

Avec le recul, je constate aussi que si le jeu vidéo peut éveiller doute voire mépris dans le monde de la recherche, sa façon de flirter avec le réalisme, de mélanger le vrai et le faux, le rend moins littéral que certaines productions scientifiques qui ferment définitivement les connaissances sur des domaines pourtant toujours en mouvement, ce que je rencontre sans cesse dans la recherche sur les lieux de spectacle où l'on a tendance à tout simplifier, à fixer dans quelques modèles types. À ce titre, la versatilité du jeu vidéo est aussi un bon outil pour relativiser notre propre rapport au savoir.

IV. THÉÂTRES IMAGINÉS

10. Exposition virtuelle : Bordeaux et ses théâtres virtuels (XVIIIe–XXe s.)

Louise de Sédouy

Résumé

Bordeaux et ses théâtres virtuels est une exposition qui propose de découvrir une quinzaine de projets de lieux de spectacle bordelais, de la fin du XVIIIe siècle au début du XXe. Ce parcours est l'occasion d'interroger des projets oubliés qui n'ont pas été construits et témoignent des envies du passé.

Abstract

Bordeaux et ses théâtres virtuels is an exhibition that shows more than a dozen performance venues projected in Bordeaux between the end of the eighteenth century and the beginning of the twentieth. This exhibit interrogates the value of forgotten projects and provides a window into architectural dreams of the past.

Cette exposition propose de suivre en image l'évolution de lieux des spectacle projetés à Bordeaux entre 1769 et 1932 : une autre façon d'aborder la virtualité, en sortant de l'oubli des lieux qui n'ont pas été construits, qui sont restés à l'état de potentialité.

La plupart des projets papiers de salles dédiées aux spectacles à Bordeaux se concentre dans un espace stratégique de la ville, qui fait aujourd'hui partie du secteur inscrit au patrimoine mondial de l'Unesco : la place des Quinconces. Cette esplanade est située dans un quartier important de par sa localisation et son dynamisme économique – à l'intersection du port, du vieux centre-ville et du quartier des Chartrons. Elle est occupée jusqu'en 1818 par une fortification militaire, le château Trompette, devenu désuet au fil du temps. La ville aspire donc à de nouvelles utilisations pour cette place gigantesque, et du dernier tiers du XVIIIe siècle jusqu'à l'entre-deux-guerres, des projets architecturaux en tout genre sont pensés pour cet espace. Une quinzaine d'entre eux sont des lieux de spectacle qui n'ont jamais été bâtis.

Les quelques projets évoqués dans cette exposition présentent des stades d'avancement et des ambitions hétérogènes. D'une part sont imaginés des cafés-concerts, cafés-chantants, casinos et autres music-halls, types de lieu particulièrement en vogue dans la seconde moitié du XIXe siècle : ce sont des établissements populaires

https://doi.org/10.11647/OBP.0400.10

où tous types de plaisirs sont réunis, où l'on peut assister à des revues à grand spectacle, avec des vedettes parisiennes, et qui attirent les « buveurs de bières » et les « fumeurs de cigares » (Lagrave, Mazouer, Regaldo), des lieux pleins de promesses qui offriraient des alternatives aux institutions théâtrales. D'autre part, sont projetés des établissements à l'architecture monumentale et remarquable (des wauxhalls et des palais municipaux) donnant sur le fleuve ou sur de grands axes de circulation, et souvent au budget considérable. Autant d'éléments qui auraient fait de ces bâtiments le fleuron de la culture bordelaise, à la fois figures de proue et symboles de l'image de la ville, à l'échelle nationale et internationale.

Fig. 10.1. Emplacement des lieux sur les Quinconces © Louise de Sédouy.

Ces projets interrogent tous l'une des volontés inépuisables de la ville : celle de construire des lieux de divertissement et de délassement aux configurations hybrides et modulables. Dans le premier cas, ils se situent au croisement du spectacle, des plaisirs de la table, du commerce, du jeu, etc., et dans le second, leur architecture est modifiable temporairement – une scène de théâtre devient par exemple une piste de cirque.

Fig. 10.2. *Wauxhall*, s. n., 1769 © Archives Bordeaux Métropole, Bordeaux, XXI-O-79.

En 1769, la ville de Bordeaux n'a plus de lieu décent pour donner ses spectacles puisque sa principale salle, celle de l'hôtel de ville, déjà vétuste, est partie en fumée en 1755. En prenant exemple sur Paris, Lenoir et Lotiot vont alors imaginer un wauxhall, qui restera à l'état de projet. Ils obtiennent l'autorisation de construire un « lieu d'assemblée sous le titre de fête foraine, vauxhaal ou redoute » aux abords du château Trompette. Selon les plans, il s'agira d'un espace de divertissement hybride : un véritable complexe de loisirs et de plaisirs, mais aussi et avant tout un espace commercial.

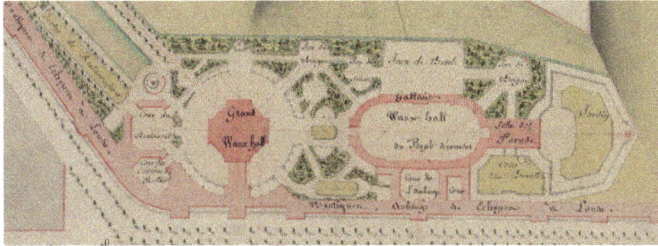

Fig. 10.3. *Wauxhall*, Samson Nicolas Lenoir, 1769, BnF-GE D-1543 © Gallica.bnf.fr

Sont prévus des lieux de restauration, promenades au bord de l'eau, jardins, espaces de jeux et deux salles : le grand wauxhall et le wauxhall du peuple, découvert, entouré de galeries et donnant sur une salle de parade et des boutiques à louer. Finalement, les bâtiments ne seront pas construits, entre autres, suite à un vice de procédure (Beaucé et Triolaire). Malgré cet échec, la ville de Bordeaux sera rapidement dotée d'une salle prestigieuse : le Grand Théâtre de Victor Louis, inauguré en 1780.

Fig. 10.4. *Wauxhall*, Louis Combes, 1778. Bibliothèque municipale de Bordeaux, fonds Jules Delpit, Del. Carton 159/43, CC0 1.0.

Un second wauxhall pour Bordeaux est imaginé par Louis Combes en 1778, dans le cadre d'un projet pour ses études ; la bibliothèque municipale en conserve plusieurs plans et même plusieurs versions. Ce wauxhall est principalement composé de jardins et sur les quatre pavillons prévus, l'un est clairement identifiable comme un théâtre ; un autre pourrait ressembler à un cirque ou à un auditorium.

Fig. 10.5. *Wauxhall*, Louis Combes, 1778 (élévation). Bibliothèque municipale de Bordeaux, fonds Jules Delpit, Del. Carton 159/43, CC0 1.0.

Plus porté sur la flânerie que sur les activités commerciales, l'ambitieux projet de Combes prévoit aussi une entrée majestueuse par la Garonne, où les visiteurs arrivant en bateau auraient été accueillis par deux grandes statues de lions ou de sphynx.

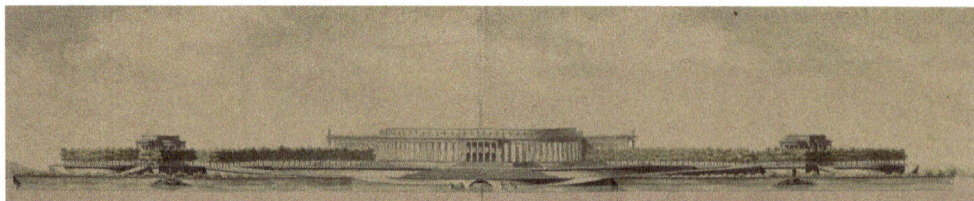

Fig. 10.6. *Wauxhall*, Louis Combes, 1778. Bibliothèque municipale de Bordeaux, fonds Jules Delpit, Del. Carton 159/43, CC0 1.0.

Les wauxhalls de Combes et de Lenoir évoquent donc un Bordeaux rêvé, à l'époque des projets d'embellissement des villes des Lumières. Ces espaces auraient pu être dans la cité les témoins visuels de l'importance donnée aux loisirs, à l'image de l'enceinte dessinée ici (une seconde version du wauxhall de Combes) qui aurait pu mesurer plus de six cent mètres de côté.

Fig. 10.7. *Casino d'été*, Eugène Gervais, 1894 © Archives Bordeaux Métropole, Bordeaux, XXI-Q-68.

Parmi les quarante-six cafés-concerts recensés entre le début du XIXe siècle et jusqu'aux années 1930, sept sont restés à l'état de projets. Ils se présentent dans les archives sous diverses appellations : ici un casino inventé par Eugène Gervais, mais il existe aussi de nombreux projets de café-concert, café-chantant, music-hall ou encore théâtre d'été.

Fig. 10.8. *Projet de Casino-Concert*, Jules Blachère [*ca.* fin XIXe siècle] © Archives Bordeaux Métropole, Bordeaux, XXI-Q-74.

Ce lieu, pensé par Jules Blachère, est par exemple référencé dans les archives sous le nom de « projet de Casino » mais le portail de l'enceinte dessiné indique « Concert des Familles ».

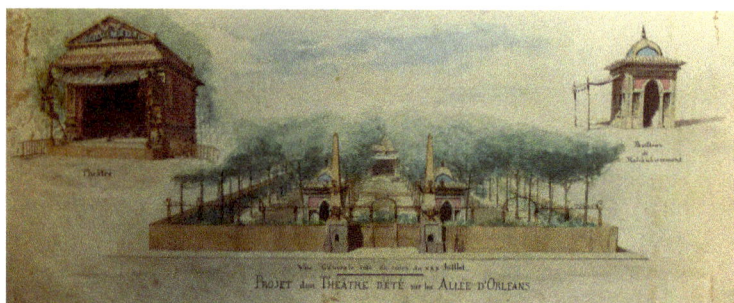

Fig. 10.9. *Projet d'un théâtre d'été sur les allées d'Orléans*, s. n., [*ca.* fin XIXe siècle] © Archives Bordeaux
Métropole, Bordeaux, XXI-Q-65.

Ils sont regroupés sous le terme générique de café-concert, car au-delà de leur statut
administratif, ce sont des lieux où la chanson et le phénomène de vedettariat ont une
place prédominante et où l'activité est hybride. Il s'agit en effet d'espaces dans lesquels
on profite d'un spectacle, on se restaure, mais aussi dans lesquels on circule beaucoup.

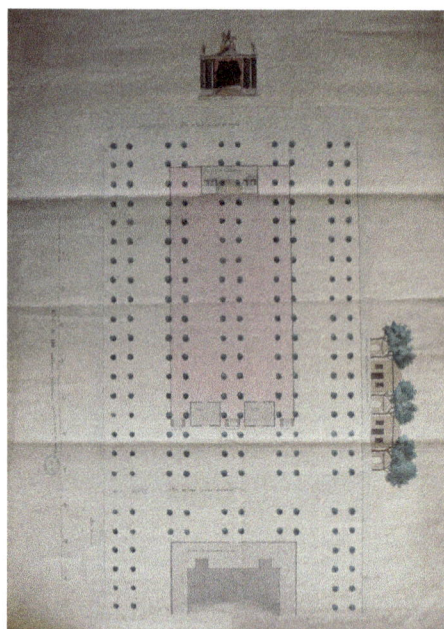

Fig. 10.10. *Plan pour l'établissement d'un café-concert sur les Quinconces*, 1858 © Archives Bordeaux
Métropole, Bordeaux, XXI-Q-66.

Certains voient dans ces entreprises une affaire florissante, quitte à en posséder
plusieurs. C'est le cas d'un entrepreneur dénommé Picard qui détient déjà deux cafés-
concerts à Bordeaux en 1858, lorsqu'il demande à la mairie l'autorisation d'en ouvrir
un troisième sur la place des Quinconces.

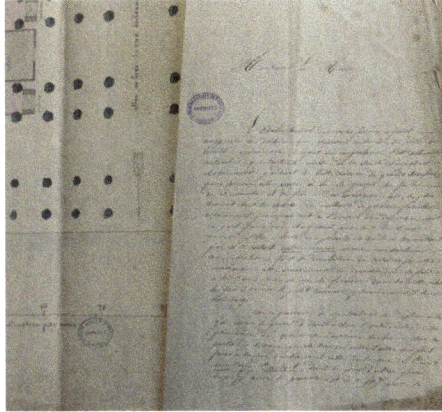

Fig. 10.11. Lettre de Picard pour l'établissement d'un café-concert sur les Quinconces, 1858
© Archives Bordeaux Métropole, Bordeaux, XXI-Q-66.

Dans cette lettre, Picard constate notamment que depuis que les voies ferrées sont arrivées à Bordeaux, la population occupe ses dimanches à la campagne. Face à cet exode urbain, il propose donc de construire un nouveau lieu de spectacle et invoque des enjeux économiques, d'hygiène urbaine et d'assainissement moral.

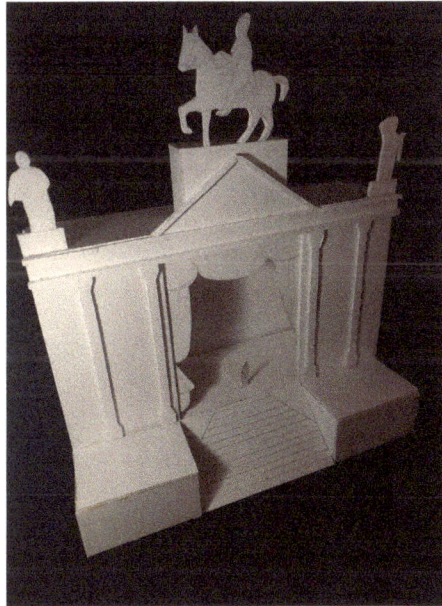

Fig. 10.12. Café-concert projeté par Picard, maquette créée par Louise de Sédouy © Photographie
Louise de Sédouy.

Dans l'étude des lieux de spectacle non-construits, le passage par la modélisation permet d'appréhender les volumes et de comprendre les espaces différemment, à l'instar de cette maquette du café-concert de Picard. Il facilite également la transmission autour de ces projets virtuels.

Fig. 10.13. *Café-concert sur les allées de Chartres*, s. n., [*ca.* Fin XIXe siècle] © Archives Bordeaux Métropole, Bordeaux, XXI-Q-62.

Les projets de lieux non réalisés, comme ce café-concert prévu pour être construit sur les allées de Chartres qui longent l'esplanade des Quinconces, sont majoritairement oubliés dans l'histoire des spectacles. Difficilement traçables dans les archives comme dans la ville, ils témoignent pourtant des envies architecturales et artistiques de leur temps, mais aussi de la recherche constante de nouveaux lieux à exploiter.

Fig. 10.14. *Palais des Fêtes* (élévation), Cyprien-Alfred Duprat et Pierre Ferret, 1913 © Archives Bordeaux Métropole, Bordeaux, 26 Fi 27.

La place des Quinconces, dans ses dimensions gigantesques, appelle d'autres ambitions, notamment des projets beaucoup plus majestueux : les palais du XXe siècle. Ici, la vue de la façade donnant sur la Garonne du Palais des Fêtes, imaginé en 1913 par Duprat et Ferret.

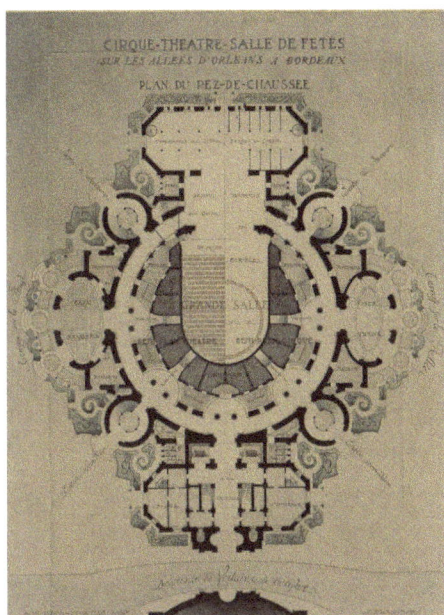

Fig. 10.15. *Palais des Fêtes* (plan), Cyprien-Alfred Duprat et Pierre Ferret, 1913 © Archives Bordeaux Métropole, Bordeaux, 26 Fi 18.

Ce projet intitulé « cirque-theatre-salle des fêtes » propose une salle au dispositif modulable : d'un côté une salle de théâtre à l'italienne, avec parterre, sièges et orchestre disposés frontalement à la scène ; de l'autre, une salle de cirque, où le parterre devient une piste, sur laquelle on peut former des cortèges entiers de cavalerie ou de figurants.

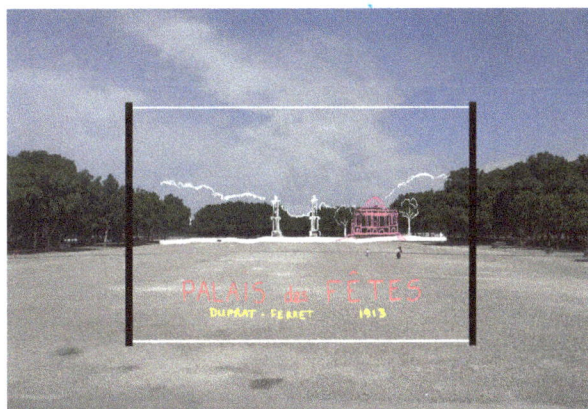

Fig. 10.16. Transparent du Palais des Fêtes de Cyprien-Alfred Duprat et Pierre Ferret, création originale de Louise de Sédouy © Photographie Louise de Sédouy.

Dans la volonté de faire connaître ces projets oubliés, des actions de médiation scientifique sont parfois envisagées : ici, lors d'une balade dans la ville, un croquis du Palais des Fêtes, dessiné sur film transparent, est à « plaquer » sur la réalité. Ce dispositif permet ainsi de visualiser le lieu inscrit dans le paysage urbain, à la manière de divers dispositifs de réalité étendue, mais sans besoin d'outils technologiques !

Fig. 10.17. *Palais municipal* (élévation), Roger-Henri Expert, 1932 © Archives Bordeaux Métropole, Bordeaux, 8334 M5.

Le second projet de palais, celui de Roger-Henri Expert, est un palais municipal imaginé en 1932. Il est résolument plus moderne dans son esthétique, mais rejoint celui de Duprat dans sa volonté d'architecture démesurée et de salle polyvalente.

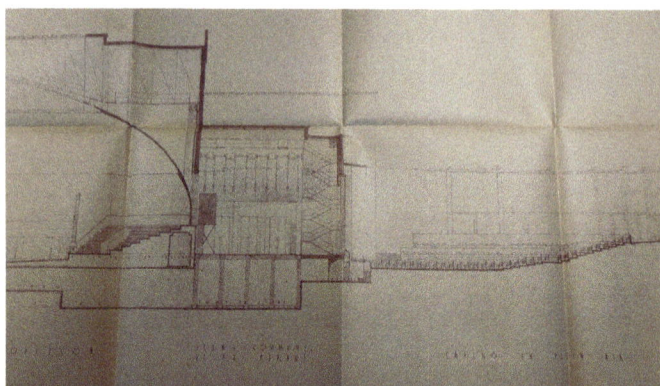

Fig. 10.18. *Palais municipal* (coupe), Roger-Henri Expert, 1932 © Archives Bordeaux Métropole, Bordeaux, 8334 M2.

En plus d'un hall de quatre mille deux cent places, trois espaces sont dédiés au spectacle, situés les uns à la suite des autres : un auditorium, une scène dite « à double face » ou « salle des pas perdus », et un espace de gradins extérieur, appelé *Casino des Quinconces*, qui s'ouvre sur la scène intérieure.

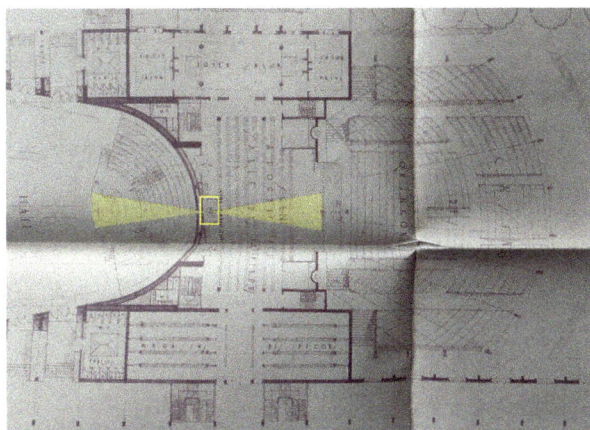

Fig. 10.19. *Palais municipal* (plan et surface), Roger-Henri Expert, 1932 © Archives Bordeaux Métropole, Bordeaux, 8334 M2.

Cette scène-là ne semble pas modulable sur les plans contrairement au Palais des Fêtes, mais elle est en revanche multiple : une cabine de ciné-radio peut en effet projeter à la fois dans l'auditorium et sur un écran disposé au-dessus de la scène de spectacle.

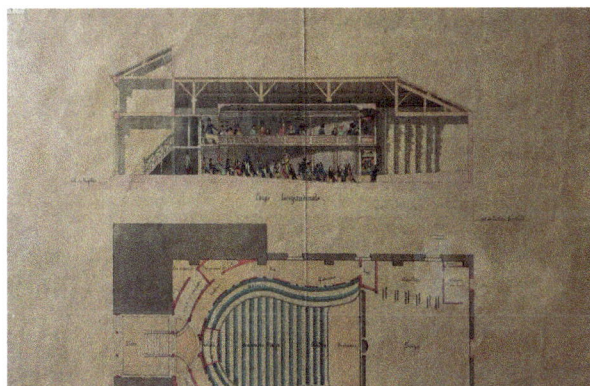

Fig. 10.20. *Projet de théâtre place Napoléon*, Eugène Larmale, 1851 © Archives Bordeaux Métropole, Bordeaux, XXX-I-1.

Au-delà de la place des Quinconces, une multitude de projets bordelais ne voit pas le jour, à l'instar de ce théâtre prévu par Eugène Lamarle en 1851 sur la place Napoléon, qui se situe dans le quartier de la Bastide, alors écarté du centre-ville. Leur grand nombre révèle qu'un pan important de l'histoire matérielle des spectacles reste encore à explorer, particulièrement en province.

Bibliographie

Pauline Beaucé, Sandrine Dubouilh et Cyril Triolaire (dir.), *Les espaces du spectacle vivant dans la ville, permanences, mutations, hybridités (XVIIIᵉ-XXIᵉ siècles)*, coll. Histoires Croisées, Presses Universitaires Blaise Pascal, Clermont-Ferrand, 2021.

Pauline Beaucé et Cyril Triolaire, « Les Wauxhalls de province en France. Nouveaux espaces hybrides de divertissement et de spectacle d'une ville en mutation », Dix-huitième siècle, 2017/1, n°49, p. 27-42. https://doi.org/10.3917/dhs.049.0027.

Robert Coustet et Marc Saboya, *Bordeaux, le Temps de l'Histoire, architecture et urbanisme au XIXᵉ siècle (1800-1914)*, Mollat, Bordeaux, 1999.

Louise de Sédouy, *Une autre fabrique du spectacle en province : lieux et pratiques marginales. Le cas de Bordeaux (XVIIIᵉ-XXᵉ siècles)*, thèse de doctorat en Art, en cours, dirigée par Sandrine Dubouilh et Pauline Beaucé, Université Bordeaux Montaigne.

Louise de Sédouy, « Un visage alternatif de la vie théâtrale à Bordeaux : lieux de spectacle utopiques à la fin du XVIIIᵉ siècle », dans *Revue Marketing Territorial*, n° varia, Université de Rouen, 2022, url : http://publis-shs.univ-rouen.fr/rmt/index.php?id=854

Sandrine Dubouilh, « Faire parler les architectures et les décors. Les oublis de l'histoire du théâtre », *Revue d'histoire du Théâtre*, n°270, 2015, p. 33-50.

Sandrine Dubouilh et Rafaël Magrou (dir.), « Lieux de spectacle, architectures en devenir », *Horizons/Théâtre*, n°15, Presses Universitaires de Bordeaux. https://doi.org/10.4000/ht.3434

Sandrine Dubouilh et Rafaël Magrou, « Concevoir, vérifier, dialoguer : les multiples vertus de la maquette scénographique », *Double jeu*, n°18, 2021, p. 41-56.

Michel Figeac, « Du tripot au Wauxhall : jeux et loisirs dans le port de Bordeaux au temps des Lumières », *Histoire urbaine*, 2000/1, n°1, p. 105-121.

Pierre Frantz et Michèle Sajou d'Oria, *Le siècle des théâtres, salles et scènes en France (1748-1807)*, Bibliothèque historique de la ville de Paris, 1999.

Henri Lagrave, Charles Mazouer et Marc Régaldo, *La vie théâtrale à Bordeaux des origines à nos jours*, t. I : Des origines à 1799, CNRS, Paris : [s.n.], 1985. vol.1.

Rabreau Daniel, *Apollon dans la ville : Le théâtre et l'urbanisme en France au XVIIIᵉ siècle*, Edition du Patrimoine, 2008.

Rocher Yann, *Théâtres en Utopie*, Actes Sud, 2014.

Taillard Christian, « De l'Ancien Régime à la Révolution : l'histoire exemplaire des projets d'aménagement du Château Trompette à Bordeaux » *Revue de l'Art*, n°83, 1989, p. 77-85, url : https://www.persee.fr/doc/rvart_0035-1326_1989_num_83_1_347762

11. Les salles de spectacle nantaises jamais construites de Vigné de Vigny et Ceineray (1755–1765)

Julien Le Goff

Résumé

Avant l'inauguration du théâtre Graslin, deux architectes se chargent de dessiner des plans généraux pour la ville de Nantes : Pierre Vigné de Vigny (1690–1772) en 1755 et Jean-Baptiste Ceineray (1722–1811) en 1761. Ce chapitre reconstitue l'histoire contrefactuelle des lieux de spectacle de Nantes en s'appuyant sur les plans conservés. Il retrace l'évolution de différents projets architecturaux depuis leurs motivations jusqu'aux raisons de leur abandon. L'étude de cas des théâtres nantais qui auraient pu exister permet de réfléchir aux moyens de conserver, valoriser et transmettre la mémoire de ces lieux de spectacle aux générations futures.

Abstract

Before the inauguration of the Graslin theater, two architects took on the task of drawing general plans for the city of Nantes: Pierre Vigné de Vigny (1690–1772) in 1755 and Jean-Baptiste Ceineray (1722–1811) in 1761. This chapter reconstructs the counterfactual history of Nantes' venues for the performance arts, based on plans that have been preserved. It traces the evolution of various architectural projects, from their motivations to the reasons why they were abandoned. This case study of the theaters of Nantes that could have existed allows us to reflect on how best to preserve, enhance and transmit the memory of these venues to future generations.

Le voyageur qui, deux cent trente-cinq ans après le célèbre économiste britannique Arthur Young[1], admirant l'architecture néoclassique du Grand Théâtre ou théâtre

---

1   Arthur Young fut très agréablement surpris par la nouvelle salle de spectacle qu'il découvrit en 1788 à l'occasion d'un de ses voyages en France : « J'arrive à Nantes, je me rends au spectacle : la salle est neuve, de belles pierres blanches et un portique magnifique de huit élégantes colonnes de l'ordre corinthien ; il y en a quatre autres en dedans pour séparer le portique d'un grand vestibule ; le dedans est tout or et peinture, et offre un coup d'œil qui m'a singulièrement frappé » (*Voyages en France pendant les années 1787, 1788, 1789 et 1790*, Paris, Buisson, 1794, t. I, p. 287).

https://doi.org/10.11647/OBP.0400.11

Graslin, serait curieux de découvrir les autres salles de spectacle nantaises du XVIIIe siècle, s'exposerait à une légitime déception. En effet, le « théâtre-temple[2] » dessiné par Mathurin Crucy et inauguré le 23 mars 1788 est le dernier lieu de spectacle nantais construit sous l'Ancien Régime encore en activité. Cependant, l'histoire de la vie théâtrale nantaise ne démarre pas avec le Grand Théâtre[3].

À Nantes comme ailleurs, la régulation de l'expansion urbaine et l'embellissement du territoire sont deux enjeux majeurs des villes au siècle des Lumières[4]. Le faste d'une architecture à la grecque s'impose alors partout en province. Nantes, « nouvelle Athènes des bords de Loire[5] », connaîtra elle aussi l'influence du modèle antique pour le plus grand émerveillement des voyageurs de l'époque. Mais par comparaison avec d'autres villes (Bordeaux, Rennes, Lyon ou encore Nancy) la construction d'une nouvelle salle de spectacle à Nantes est tardive. Pourtant, dès les années 1750, en raison de la population croissante et de l'émergence d'une élite commerçante en demande de loisirs, la création de lieux de divertissements devient une nécessité. La grande majorité des spectacles se déroule alors dans des jeux de paume souvent vétustes et à l'atmosphère suffocante. Les acteurs ne cessent de se plaindre des conditions de jeu et les spectateurs manquent de place. À cette époque, le principal lieu de spectacle se situe dans la rue Bignon-Lestard (actuelle rue Rubens). Cette salle de spectacle permanente depuis 1744 est exclusivement consacrée à l'activité théâtrale et peut accueillir jusqu'à 760 spectateurs[6].

Avant le projet de construction du Grand Théâtre, adopté en 1780 et autorisé par ordonnance royale le 12 mai 1781, la construction de salles de spectacle est intégrée aux projets d'embellissement pour la ville de Nantes. Deux architectes se chargent de dessiner des plans généraux pour la ville : Pierre Vigné de Vigny (1690–1772) en 1755 et Jean-Baptiste Ceineray (1722–1811) en 1761. Les deux bâtiments destinés aux deux salles de spectacle qui apparaissent sur les plans conservés sont mentionnés pour

---

2   Daniel Rabreau, *Apollon dans la ville. Essai sur le théâtre et l'urbanisme à l'époque des Lumières*, Paris, Éditions du patrimoine, Centre des monuments nationaux, 2008, p. 167.

3   Les origines du théâtre Graslin, du nom de l'homme d'affaires, spéculateur et mécène, qui l'imagina, sont aujourd'hui bien connues ; voir notamment la liste non exhaustive des travaux suivants : Pierre Lelièvre, *Nantes au XVIIIe siècle. Urbanisme et architecture*, Nantes, Durance, 1942 ; Alain Delaval, *Le Théâtre Graslin à Nantes*, Nantes, Éditions Joca seria, 2004 ; Guy Saupin, « Graslin et les pouvoirs publics à Nantes à la fin de l'Ancien Régime », dans *Graslin : le temps des Lumières à Nantes*, Rennes, PUR, 2008, https://books.openedition.org/pur/5532 (consulté le 30 mai 2023) ; Rabreau, *op. cit.*, p. 179–187. Nous renvoyons également aux articles plus anciens du même auteur : « Le théâtre et la place Graslin de Mathurin de Crucy (1784–1787) à Nantes », *Congrès archéologique de France, Haute-Bretagne*, Paris, Société française d'archéologie, 1968, p. 89–135 ; « Le théâtre à Nantes et l'urbanisme mis en scène », *Monuments historiques*, n° 108, 1980, p. 33–48.

4   Voir Rabreau, *op. cit.*

5   *Ibid.*, p. 179.

6   D'après Delaval, « J.-J.-L. Graslin et la place du théâtre dans la modernisation de la ville », dans *Graslin : le temps des Lumières à Nantes, op. cit.*, p. 234. La salle de Bignon-Lestard était à l'origine une salle de banquet dans un commerce de traiteur. En 1738, son propriétaire, un certain Tarvouillet, décide de louer sa salle à des troupes de comédiens avant de la convertir en salle de spectacle permanente. Son activité théâtrale prend fin en 1822. Voir Étienne Destranges, *Le Théâtre à Nantes depuis ses origines jusqu'à nos jours*, Paris, Fischbacher, 1893, p. 35–55.

la première fois par Étienne Destranges dans son histoire des théâtres nantais[7]. Un siècle plus tard, l'historien de l'art Daniel Rabreau propose une description et une analyse sommaire de ces documents d'archive au service d'une réflexion globale sur l'élaboration d'un programme urbanistique au XVIIIᵉ siècle[8]. La prise en compte de ces projets de salles de spectacle contribue à une meilleure compréhension – voire à une réévaluation – de la « délicate définition du *programme urbain* » et permet de « nuancer les sujétions éditaires et économiques dont l'existence même du théâtre dépend[9] ».

Dans le prolongement de cette étude pionnière, nous nous interrogerons sur l'histoire de ces lieux de spectacle en nous appuyant sur les plans qui en ont été conservés[10]. Ces dessins, il est vrai peu détaillés, fournissent néanmoins quelques informations utiles pour imaginer ce que ces deux salles de spectacle auraient pu être. Nous retracerons l'évolution de ces différents projets architecturaux, depuis leurs motivations jusqu'aux raisons de leur abandon[11]. Notre article vise à éclairer les raisons de l'ouverture comparativement tardive du théâtre Graslin, partant du constat que l'étude, même détaillée, de l'histoire des théâtres existants s'est jusqu'alors révélée insuffisante pour rendre compte des conditions d'intégration d'une salle de spectacle dans un projet global d'urbanisation. Nous posons l'hypothèse que l'étude des projets antérieurs peut aider à combler cette lacune dans le cas de la ville de Nantes, une méthode potentiellement généralisable aux autres villes de province.

L'originalité architecturale des projets des deux salles jumelées de Vigné de Vigny et Ceineray, ainsi que le temps, anormalement long, dans lequel ces projets s'inscrivent – sans évolution manifeste – suscitent un intérêt particulier. On peut dès lors supposer que l'histoire de ces projets avortés est en mesure de nous renseigner sur l'histoire de l'urbanisme de Nantes, et plus particulièrement d'éclairer les facteurs qui sous-tendent le développement de la ville.

Comment faire pour que ces lieux de spectacle « non advenus[12] », qui contribuent à une meilleure compréhension de l'histoire des pratiques culturelles nantaises, ne restent pas lettre morte ? Est-il utile de proposer une restitution numérique de ce qui n'a jamais existé ? Comment conserver, valoriser et transmettre la mémoire de ces

---

7   *Ibid.*, p. 58–59. À la suite de Destranges, plusieurs historiens mentionnent les projets des deux architectes brièvement sans les analyser.

8   Rabreau consacre quelques pages aux « projets de salles de spectacle et plans d'embellissement prématurés » (*op. cit.*, p. 53–71).

9   *Ibid.*, p. 53.

10 Le projet RECREATIS (Recréer en réalité virtuelle : architecture et théâtres inaboutis) du CETHEFI (Centre d'Etudes des Théâtres de la Foire et de la Comédie-Italienne) a abordé la question des théâtres non construits.

11 Nous avons déjà abordé cette question dans un article de vulgarisation intitulé « Projets de salles de spectacles nantaises jamais construites (1755–1765) » et publié sur Nantes Patrimonia, site de la Ville de Nantes, géré par la Direction du patrimoine et de l'archéologie, en lien avec les archives de Nantes. Disponible sur https://patrimonia.nantes.fr/home/decouvrir/themes-et-quartiers/projets-de-salles-de-spectacles.html (mis en ligne le 12 mai 2023).

12 Nous empruntons cette expression au titre donné par Quentin Deluermoz et Pierre Singaravélou à leur ouvrage *Pour une histoire des possibles. Analyses contrefactuelles et futurs non advenus*, Paris, Le Seuil, 2016.

salles de spectacle aux générations futures ? Nous nous proposons de réfléchir à ces questions à partir de l'étude de cas de ces théâtres nantais qui auraient pu exister.

Un premier projet d'embellissement avorté

Dès 1753, le duc d'Aiguillon, commandant en chef de Bretagne, fait appel à l'architecte parisien Vigné de Vigny (1690–1772) pour l'élaboration d'un plan général de développement de la ville de Nantes. Celui-ci passe pour un spécialiste éminent en matière d'architecture urbaine et bénéficie d'une grande notoriété[13]. Le plan-masse de l'architecte laisse apercevoir deux bâtiments de forme rectangulaire, situés le long des remparts, entre la place Sainte-Catherine et le quai Brancas : une « salle de concert » et une « salle de spectacle » (à l'horizontale et en rouge sur le dessin).

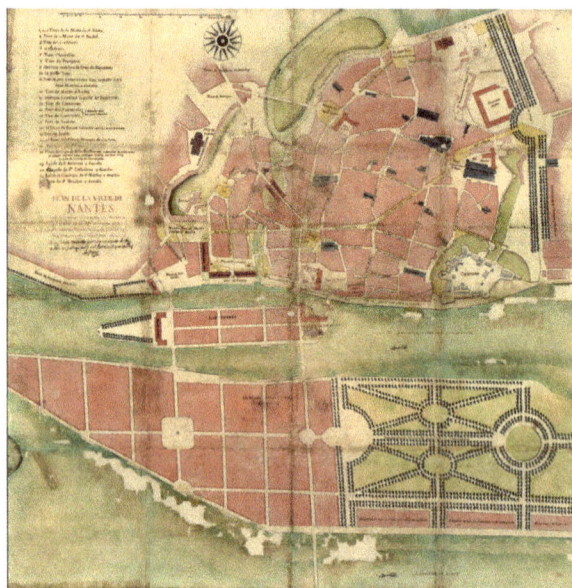

Fig. 11.1 *Plan général de Nantes,* par Pierre de Vigny, 14 avril 1755. Archives départementales de la Loire Atlantique, C 235/1.

Le 22 avril 1755, un arrêt du conseil d'État ordonne l'exécution du projet de l'architecte. Son plan est accompagné d'un mémoire explicatif qui permet à Vigné de Vigny de préciser ses intentions. Outre la création de nouvelles rues, places, ponts et édifices publics, l'architecte prévoit l'édification de deux salles de spectacle jumelées[14], situées

---

13　Voir la biographie de Charles de Beaumont, *Pierre Vigné de Vigny, architecte du roi, 1690–1772*, Paris, Éditions Plon, Nourrit et Cie, 1894.

14　Rabreau souligne l'originalité de ce projet de construction : « L'association de deux salles, pour les concerts et le spectacle, que nous avons déjà rencontrée à Montpellier, prend ici un caractère original, puisqu'elles ne sont pas contenues dans un seul édifice, mais dans deux bâtiments jumeaux » (*op. cit.*, p. 64).

à l'intersection de la place Sainte-Catherine et du quai Brancas, « les bâtiments qu'on y a commencés ne pouvant servir de poissonnerie, comme on l'avait projeté, attendu leur exposition au soleil du midi[15] ». Malheureusement, aucun dessin de détail n'a été conservé pour ces deux lieux de spectacle.

Dans son *Mémoire concernant les commodités et les décorations de la ville de Nantes*, Vigné de Vigny n'est pas plus clair sur les raisons qui l'ont poussé à abandonner son projet initial[16]. Quoi qu'il en soit, l'abandon de la construction d'une poissonnerie au profit de la création de lieux de spectacle témoigne du caractère approximatif du projet global de l'architecte. La localisation prévue pour les deux salles de spectacle se justifie par l'absence de terrain libre pour bâtir à l'intérieur de la ville, la destruction prochaine des remparts, la proximité du fleuve, qui permettait de voir les salles de spectacle en arrivant en bateau[17], ainsi que l'attractivité d'un riche quartier commerçant. Les deux édifices, qui couvrent une longueur importante, auraient pu être les portes d'entrées représentatives d'une cité alors en pleine expansion commerciale et culturelle.

Quels sont les motifs qui conduisent à l'abandon du projet de l'architecte ? L'absence de fonction clairement définie pour ces deux salles de spectacle et, surtout, le manque de cohérence de l'espace choisi au regard des commerces limitrophes, fournissent des éléments d'explication. Il s'agit de l'un des arguments mis en évidence par le bureau de la Ville, qui pense que les emplacements arrêtés par Vigné de Vigny se prêtent plus au négoce qu'au loisir. L'architecte ne conteste en rien cette critique[18]. L'absence de prise en compte des caractéristiques géographiques du site justifie également l'abandon du projet. L'architecte propose une extension de la ville vers le sud, sur les îles de la Loire, alors que les inondations perpétuelles les rendent impraticables[19]. Les historiens s'accordent sur l'incohérence globale du projet de 1755. D'après Pierre Lelièvre, sa mise en œuvre est irréalisable, car l'architecte ne s'appuie pas sur un état des lieux rigoureux[20]. Il est vrai que le mémoire de Vigné de Vigny n'excède pas dix pages et ressemble plutôt à une ébauche. Les édiles locaux soulignent l'impossibilité d'entreprendre des constructions d'une telle ampleur sans en garantir le financement. Les objections nombreuses aux propositions précipitées de Vigné de Vigny, dont la

---

15   Archives départementales (AD) de Loire-Atlantique, C325-1-01 et 02, Arrêt du conseil du 22 avril 1755. Il s'agit du dix-neuvième point figurant sur le projet de l'architecte qui en comporte vingt-cinq. Rabreau explique que « l'exposition plein sud des bâtiments, peu recommandable à la fraîcheur de la marée, avait motivé l'abandon de la halle et suscité cette curieuse mutation » (« Le théâtre de Nantes ou l'urbanisme mis en scène », art. cit., p. 36).

16   Pierre Vigny de Vigny écrit : « On a ouvert dans le mur de la ville la porte dite de Brancas qui donne la communication de la petite place de Sainte-Catherine au quai de Brancas. Je trouve avantageux de percer une rue qui communique de cette place à la rue de Saint-Nicolas et de placer les salles de concert et de comédie aux deux côtés de cette porte de Brancas » (archives municipales de Nantes, DD247).

17   Voir l'article de Jeffrey Leichman et Shea Trahan dans ce livre.

18   Archives nationales (AN), F14 172, cité par Rabreau, *op. cit.*, p. 65.

19   Rabreau ajoute que l'extension prévue par Vigné de Vigny est « idéaliste », car contraire au « développement naturel » de la ville de Nantes, « déjà amorcé depuis de nombreuses années vers l'ouest, où abordent les grands voiliers et où se trouvent les chantiers navals » (*ibid.*).

20   Lelièvre, *op. cit.*, p. 61.

plupart ne sont pas spécifiques aux deux salles de spectacle, ont donc eu raison du projet global de l'architecte.

Reprise du projet de Vigné de Vigny par Ceineray en 1761

Sous l'impulsion du duc d'Aiguillon et de l'intendant, la municipalité reprend à sa charge le plan global d'extension et de reconstruction de la ville de Nantes. Le relevé de François Cacault permet à Jean-Baptiste Ceineray de dresser un nouveau plan d'embellissement en 1761. L'architecte parisien, succédant à Nicolas Portail à la fonction d'architecte voyer de la ville, se charge de rectifier le plan établi par Vigné de Vigny. Ceineray connaît mieux la ville que son prédécesseur et le financement global du projet est mieux maîtrisé. Son plan général est approuvé le 19 mars 1766. Mais Ceineray ne mènera pas son projet à son terme : il sera repris par Mathurin Crucy.

La destruction d'une partie des remparts – dont l'usage défensif n'est plus justifié – a pour objectif d'ouvrir la ville sur ses faubourgs et la Loire. D'importants chantiers sont confiés à l'architecte voyer : la chambre des comptes, l'aménagement des quais le long de la Loire et de l'Erdre, la place du Bouffay, les cours Saint-Pierre et Saint-André, etc.[21]

On retrouve sur le plan général de Ceineray les deux salles de spectacle imaginées par Vigné de Vigny au même emplacement[22].

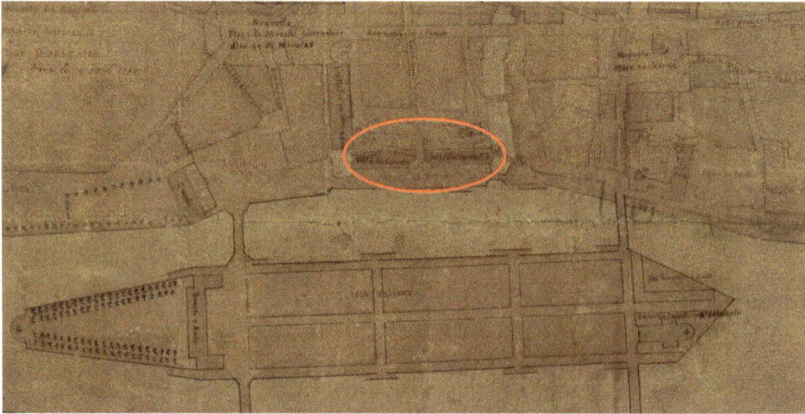

Fig. 11.2 *Plan général de Nantes*, Jean-Baptiste Ceineray, 1761. Archives municipales de Nantes, II158/15.

---

21   Au sujet des réalisations architecturales conduites par Ceineray pour la ville de Nantes, voir notamment Catherine Chabot Barres, *Recherches sur l'architecte Jean-Baptiste Ceineray (1722–1811)*, mémoire de maîtrise sous la dir. de J. Guillaume et C. Mignot, Université Paris Sorbonne IV, 1992 ; Gilles Bienvenu, *De l'architecte voyer à l'ingénieur en chef des services techniques, les services d'architecture et d'urbanisme de la ville de Nantes du XVIIIᵉ siècle au XXᵉ siècle*, thèse de doctorat sous la dir. de Gérard Monnier, université Paris I Panthéon-Sorbonne, 2013 ; Hélène Rousteau-Chambon, « La Chambre des comptes de Jean-Baptiste Ceineray », *Annales de Bretagne et des Pays de l'Ouest*, t. CVIII, n° 4, 2001, p. 81–98, https://journals.openedition.org/abpo/1676 (consulté le 30 mai 2023).

22   Nous entourons en rouge le dessin de l'emplacement prévu pour les deux salles de spectacle.

Deux autres plans de la salle de concert, réalisés par Ceineray en 1759, ont été conservés. Le premier plan présente une coupe longitudinale de la salle de concert. Celle-ci donne une idée approximative de la longueur du bâtiment (environ vingt-cinq mètres).

Fig. 11.3 Coupe longitudinale du projet de salle de concert, 4 février 1759. AM Nantes, II158/8.

Le second plan offre une coupe longitudinale de la salle de concert et des logements voisins. Il donne quelques informations sur la localisation de la salle, située à proximité de la halle aux blés, et son organisation spatiale. Plusieurs espaces sont délimités sur le plan de l'architecte autour de la salle de concert, parmi lesquels un « vestibule », un « orchestre » et une « salle du conseil ». Il est par ailleurs possible d'imaginer la circulation des spectateurs grâce au dessin des deux escaliers conduisant du vestibule à la salle de concert.

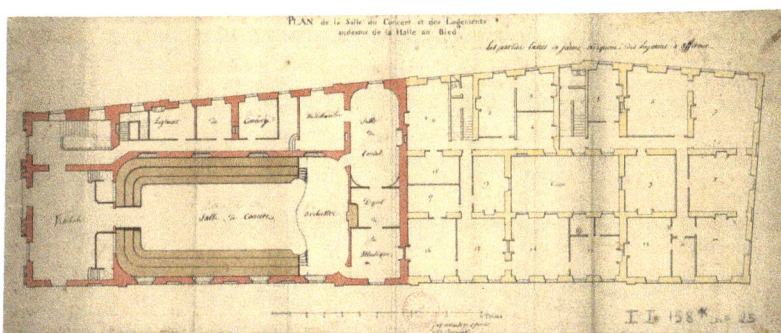

Fig. 11.4 *Plan de la salle de concert et des logements au-dessus de la halle aux blés*, Jean-Baptiste Ceineray,
4 février 1759. AM Nantes, II 158/25.

En l'absence de plan de la salle de spectacle, on peut émettre l'hypothèse d'une possible symétrie des salles induite par la place de l'orchestre dans le plan de la salle de concert, à l'endroit où, dans une salle de spectacle, on attendrait la scène.

Ceineray avait-il également imaginé un plan d'aménagement de la salle de spectacle qui n'aurait pas été conservé ? Rien ne permet de l'affirmer. Ce que l'on sait, en revanche, c'est qu'il échoue – de même que son prédécesseur – à décider les autorités publiques en faveur de la construction des deux salles jumelées. Bien que son plan général d'embellissement soit globalement mieux pensé, l'emplacement choisi pour les deux lieux de spectacle est toujours vivement critiqué. Le site de la rue Sainte-Catherine ne semble pas fait pour accueillir une salle de spectacle. À ce propos, l'avis de Ballais, subdélégué à l'intendant de La Bove, est sans ambiguïté :

> La salle de spectacle ne peut être plus mal placée que sur le terrain qu'il [le plan de Ceineray] désigne. Elle y sera dans toute sa longueur adossée à des maisons particulières, elle n'aura point de place au-devant pour les voitures, et on n'y entrera que par deux rues assez angustiées de manière que ce nouvel édifice présentera tous les dangers de celui qui existe, ceux du feu par son attenance aux habitations des particuliers et ceux que font courir les voitures aux gens de pied ou en chaise par le défaut d'entrées et de sorties assez spacieuses et assez multipliées[23].

Dans la même lettre, le subdélégué estime également que ces projets sont « aussi contraires aux règles de la police qu'à celles de l'architecture qui veulent que ces sortes de bâtiments soient isolés tant pour la décoration que pour la sûreté publique[24] ». Aménager un espace suffisamment grand pour accueillir un public nombreux et présentant des conditions de sécurité suffisantes représente un défi de taille. Le choix de l'emplacement de la salle de spectacle se doit, par ailleurs, d'être stratégique et prendre en compte – comme le fera plus tard Graslin – l'hôtellerie, les cafés, les restaurants, susceptibles d'attirer les voyageurs.

De nouveaux plans pour une salle de spectacle en 1765

Ceineray propose un nouveau projet de théâtre en 1765 situé sur le jeu de paume Saint-Nicolas, rue Sainte-Catherine[25]. Il n'est alors plus question de salle de concert. Parmi les plans conservés de l'édifice[26], l'architecte réalise un dessin de la façade extérieure.

La façade dénuée de caractère monumental imaginée par Ceineray se caractérise par son élégance et sa simplicité [27].

---

23 AD de Loire-Atlantique, C 321, Lettre du subdélégué Ballais à l'intendant de La Bove, 8 juillet 1781 (citée par Delaval, *op. cit.*, p. 19).

24 *Ibid.*

25 Rabreau précise que l'emplacement choisi était « un peu plus à l'écart des quais que le précédent » (« Le théâtre de Nantes ou l'urbanisme en scène », art. cit., p. 37). Il ajoute que « l'idée n'était pas mauvaise, puisqu'elle implantait la salle à la 'soudure' de l'ancienne et de la nouvelle ville, là où, sur le bassin Saint-Nicolas, Ceineray projetait d'édifier une place royale » (*loc. cit.*).

26 Jean-Baptiste Ceineray réalise trois autres plans pour la même salle de spectacle : « une coupe longitudinale », un « plan du premier étage » et « un plan du rez-de-chaussée ». Ces trois documents sont conservés aux archives municipales de Nantes sous les cotes II158/90, II158/91 et II 158/92.

27 Rabreau décrit de la manière suivante la façade de l'édifice : « la partie centrale se creusait derrière un balcon orné de fer forgé ; peu décorée, mais portant les armes du roi, l'élévation s'inscrivait dans la tradition des riches immeubles bourgeois mais dans un style épuré » (*op. cit.*, p. 66). Il ajoute que « l'ambitieuse ville portuaire méritait mieux et l'obtiendra, quinze ans plus tard, sur des projets complètement différents » (*loc. cit.*). Rabreau écrit par erreur – sans justification – que ce projet date

Fig. 11.5 *Plan pour l'élévation de l'entrée du bâtiment de la salle de spectacle projetée*, Jean-Baptiste Ceineray, 29 janvier 1765. AM Nantes, II, 158/89.

Les projets successifs de Ceineray représentent malgré tout un coût important et manquent de soutien financier. Des raisons pratiques et une absence de motivation politique de la Ville expliquent que ces différents projets aient, de nouveau, été ajournés[28]. Il faudra attendre près de vingt ans pour que la construction d'un nouveau théâtre, à partir des plans de Mathurin Crucy, très certainement formé par Jean-Baptiste Ceineray, soit approuvée par lettre patente du roi. Puis encore quatre ans de travaux avant l'inauguration du théâtre Graslin, le 23 mars 1788.

Restitution, transmission et valorisation

Par le biais des quelques informations qu'ils délivrent, mais aussi par le simple fait qu'ils existent, les plans de Vigné de Vigny et Ceineray contribuent à l'histoire des spectacles. Ils apportent un témoignage modeste, mais néanmoins essentiel, pour comprendre les enjeux de la vie culturelle d'une ville de province, les relations complexes qui se nouent entre différents acteurs aux intérêts divergents (pouvoirs publics, architectes, habitants, etc.). Combler les manques du passé, et en l'occurrence faire comprendre ce qui n'a jamais été, c'est moins reconstituer une expérience dramatique authentique, que s'interroger sur les modalités et enjeux d'intégration du théâtre dans le tissu urbain. La prise en considération de l'espace occupé par un lieu, de son environnement direct, ou encore des modalités de circulation du public, sont autant d'éléments susceptibles de venir enrichir cette réflexion.

---

de 1770 (*ibid.* et « Le théâtre de Nantes et l'urbanisme mis en scène », art. cit., p. 37). La date du « 29 janvier 1765 » figure pourtant sur l'ensemble des plans conservés pour cette salle de spectacle.

28 D'après Destranges, en 1770, la salle rue Bignon-Lestard est agrandie (*op. cit.*, p. 58). On peut supposer que les travaux de rénovation effectués expliquent, en partie uniquement, la création tardive d'un nouveau lieu de spectacle.

De toute évidence, l'endroit prévu pour ériger les deux salles de spectacle est particulièrement mal choisi : au regard des témoignages de l'époque, il pose des problèmes de sécurité urbaine. Avant l'incendie du Grand Théâtre, que les spectateurs nantais garderont longtemps en mémoire, l'emplacement choisi pour l'édification des deux salles interroge déjà sur la sécurité des spectateurs, ainsi que sur la sûreté publique des habitants et des bâtiments alentours[29]. Les risques d'embouteillage aux abords des lieux de spectacle et de désagréments sonores s'opposent également à la tranquillité publique. Il peut sembler curieux que Ceineray, qui connaît pourtant mieux les spécificités du terrain que son prédécesseur, n'ait pas choisi un autre emplacement, et prévoie malgré tout des plans (relativement détaillés) de la salle de concert.

Par ailleurs, le cas singulier de ces théâtres jamais construits nous plonge dans l'histoire complexe du développement de la ville de Nantes qui voit s'affronter des acteurs aux intérêts divergents : les hauts fonctionnaires (en quête de prestige), la Ville (qui souhaite faire des économies et développer le commerce) et les architectes (qui comprennent l'importance de la construction de monuments culturels). Ces documents apparaissent donc comme des témoins insuffisamment exploités de leur époque.

Si l'on souhaitait par exemple mener à bien un travail de restitution numérique de ces lieux de spectacles nantais, il conviendrait de s'appuyer sur d'autres documents d'archive, ainsi que sur des sources variées (correspondances, mémoires, ou encore fictions dramatiques et romanesques). Toutefois, avant d'entreprendre un travail d'une telle ampleur, qui pourrait bien, faute de temps et de moyens, ne jamais voir le jour – à l'instar des projets des deux architectes – il peut être utile de penser à des méthodes plus accessibles et moins coûteuses pour inscrire ces salles de spectacle dans l'environnement urbain. On pourrait, par exemple, créer des panneaux numériques interactifs à l'emplacement des salles de spectacle (et autres lieux culturels) afin de faire exister concrètement ces lieux de culture dans le paysage urbain nantais ; inventer une expérience immersive permettant aux spectateurs de se déplacer dans des lieux culturels non construits[30]. Mais ce ne sont là que deux propositions parmi de multiples possibilités.

En attendant, si l'on s'aventure sur le quai Brancas en posant son regard sur la place Saint-Catherine, on pourra trouver plaisant d'imaginer qu'au lieu du *coffee shop*, du restaurant et de la célèbre enseigne de prêt-à-porter qui occupent actuellement les lieux, deux salles de spectacle auraient pu être construites et subsister aujourd'hui.

---

29   Voir la communication de Cyril Triolaire, « Reconstruire après l'incendie. Modèles, normes, contraintes et enjeux des nouveaux projets de (re)construction de salles de spectacles en province entre Révolution et Empire », dans *L'État en scènes. Théâtres, opéras, salles de spectacles du XVIᵉ au XIXᵉ siècle. Aspects historiques, politiques et juridiques*, juin 2017, Amiens, France, p. 97–110, https://uca.hal.science/hal-01834194 (consulté le 23 février 2024).

30   Voir dans ce volume l'exposition présentée par Louise de Sédouy.

12. Zones de conflit : imagination de l'expérience théâtrale militarisée en France au XVIIIe siècle

Logan J. Connors

Résumé

Cet article décrit le rôle d'une expérience théâtrale virtuelle dans la création et l'évaluation d'expériences théâtrales réelles, en particulier, dans les lieux à forte présence militaire pendant la seconde moitié du XVIIIe siècle. Dans une première partie, un panorama de plusieurs initiatives de création et de construction théâtrales dans les villes militarisées de France, en province et dans les colonies, permet de montrer l'ampleur des relations militaires-théâtrales à cette époque. Dans une seconde partie, on propose une étude de cas pour mieux comprendre les contours humains et expérientiels de ces initiatives théâtrales. Il s'agit d'une analyse de la ville de Brest, probablement la ville la plus militarisée de l'espace Atlantique francophone au XVIIIe siècle. Nous espérons expliquer comment la virtualisation du théâtre et de ses effets a influencé de véritables décisions concernant les fonds gouvernementaux, la localisation des nouveaux lieux de spectacle, l'urbanisation et l'embellissement des centres-villes ainsi que les jugements critiques envers ces environnements de performance.

Abstract

This article describes the role of a virtual theatrical experience in the creation and evaluation of real theatrical experiences and, in particular, in places of strong military presence during the second half of the eighteenth century. Provided in the first part is an overview of several initiatives of theatrical creation and construction in militarized cities of provincial and colonial France with the aim of showing the extent of military-theatrical relations at the time. In a second part, a case study of theatre's development in the city of Brest – possibly the most militarized place in the eighteenth-century French-speaking Atlantic – is proposed to better understand the human and experiential contours of these theatrical initiatives. With an analysis of the justifications and critiques of military presence in theatre, the goal is to explain how mental virtualizations of theater and its effects influenced real decisions about government funds, the location of new performance venues, urbanization, and the beautification of city centers as well as critical judgments towards these performance environments.

   https://doi.org/10.11647/OBP.0400.12

Cet article décrit le rôle d'une expérience théâtrale virtuelle dans la création et l'évaluation des expériences théâtrales réelles et, en particulier, dans les lieux à forte présence militaire pendant la seconde moitié du XVIIIᵉ siècle. Dans une première partie, nous dressons un panorama de plusieurs initiatives de création et de construction théâtrales dans les villes militarisées de France et ses colonies, dans le but de montrer l'ampleur des relations militaires-théâtrales à cette époque. Dans une seconde partie, nous proposons une étude de cas pour mieux comprendre les enjeux de ces initiatives théâtrales. Il s'agit d'une analyse de la ville de Brest, probablement la ville la plus militarisée de tout l'espace Atlantique francophone à l'aube de la Révolution. Nous allons nous intéresser au processus rhétorique et conceptuel qui a conduit à la création du Spectacle de la Marine à Brest – seul théâtre financé et administré par une force armée. Il s'agira d'étudier les virtualités qui ont été imaginées avant le projet définitif. À l'appui d'une analyse des justifications et des critiques du « complexe militaire théâtral[1] », nous souhaitons montrer comment ces potentialités théâtrales ont influencé les décisions d'implantation du nouveau lieu de spectacle, l'obtention de financement de la part de l'État et la réception générale du projet définitif. Les efforts militaires dans le domaine du théâtre ont pourtant rencontré des difficultés financières, policières et institutionnelles. Enracinés dans un optimisme qui niait les réalités concrètes, le théâtre militaire et ses partisans exemplifient, au moins en partie, ce que Andrea Albrecht et Lutz Danneberg appellent *a suppositional counterfactual* – un « arrangement mental » ou expérience virtuelle qui « ne pourrait pas être réalisée[2] ».

Le complexe militaire-théâtral

Les militaires ont apporté de l'argent, des opportunités (et, nous allons le voir plus tard, des problèmes) aux théâtres dans l'espace francophone du XVIIIᵉ siècle. Des intendants et des commandants de l'armée ont parfois prêté des salles de caserne aux troupes théâtrales, ils ont écrit des lettres de bonne conduite qui permettaient aux acteurs de jouer et de changer de lieu, et ils ont recueilli des fonds (sollicitant le corps d'officiers ainsi que les dirigeants politiques à Versailles) pour payer les professionnels de la scène[3]. Les officiers, partout en France, ont investi à titre personnel dans les projets

---

1   Cette contribution est basée sur une étude plus élaborée des liens entre les militaires et le théâtre au XVIIIᵉ siècle, notre *Theater, War and Revolution in Eighteenth-Century France and its Empire*, Cambridge, Cambridge University Press, 2024.

2   Andrea Albrecht et Lutz Danneberg, « First Steps Toward an Explication of Counterfactual Imagination », dans Dorothee Birke *et al.* (dir.), *Counterfactual Thinking, Counterfactual Writing*, Berlin, De Gruyter, 2011, p. 13.

3   Cyril Triolaire explique le rôle que les chefs militaires ont joué pour déterminer qui pouvait jouer au cours des dernières décennies de l'Ancien Régime : « L'octroi du privilège royal à une troupe, pour circuler et jouer dans une province donnée, semble répondre d'un schéma strict permettant au gouverneur militaire comme à l'intendant d'asseoir leur autorité sur le monde des spectacles, les premiers parce qu'ils sont responsables de la police des comédiens, et les seconds au nom de la surveillance qu'ils conduisent de concert et de la politique d'aménagement urbain qu'ils stimulent ».

de construction ou de rénovation théâtrales. Les commandants et les intendants de l'armée ou de la marine étaient aussi la force derrière des appels aux municipalités pour les nouveaux projets de théâtre. Les exemples sont nombreux : dans une lettre au conseil de la ville de Dunkerque, par exemple, le maréchal de Castries explique en 1770 qu'un théâtre permanent amènerait du monde ainsi que des ressources – une amélioration sociale de Dunkerque, selon le militaire, étant donné « l'absence de toute société » qui caractérisait cette ville[4]. Le même argument a été offert par le commandant à Bayonne : dans une lettre écrite à la chambre du commerce dans les années 1760 à propos d'un nouveau théâtre, il se plaint que ses officiers n'avaient rien à faire le soir. Cette situation ennuyeuse amenait ses soldats vers des activités peu vertueuses[5]. À Metz, comme à Valenciennes et à Douai, les abonnements militaires, obligatoires pour tout officier en caserne selon une ordonnance de 1768, ont beaucoup contribué à soutenir les théâtres[6].

Une forte présence militaire était souvent la première justification pour construire un nouveau théâtre. Dans le département de la Meuse, par exemple, le sous-préfet de Verdun voulait faire construire un nouveau théâtre dans cette ville. Il se disait confiant du succès de cette entreprise à cause des « établissements militaires » et de la « forte garnison en Infanterie et Calvarie » – des attributs, remarquait-il en 1806, que la préfecture, Bar-sur-Ornain (Bar-le-Duc), n'avaient pas[7]. Les militaires étaient également derrière la création d'un théâtre à Saumur (Maine-et-Loire) où le duc de Choiseul avait fondé l'École des carabiniers en 1763 et où un groupe d'officiers a « fait la pression pour la construction d'un nouveau théâtre public » dans le but de donner aux élèves des leçons douces et plaisantes[8]. Lorsque les soldats tardaient à régler leurs abonnements ou, tout simplement, lorsqu'ils quittaient une ville pour aller au front ou dans une autre caserne, cela entraînait de graves conséquences pour le théâtre. Villeneuve, le directeur du théâtre de Besançon, une grande ville de garnison, écrit aux dirigeants de sa ville en 1802 que quelques années auparavant, Besançon a profité d' « une garnison de cinq à six mille hommes, qui fournissait un abonnement de 1200

Triolaire, « Structures théâtrales et itinérance en province au XVIIIe siècle », dans Guillemette Marot-Mercier et Nicholas Dion (dir.), *Diversité et modernité du théâtre au XVIIIe siècle*, Paris, Hermann, 2014, p. 346.

4   Cette anecdote est citée dans Laurence Baudoux-Rousseau, Alexandre Lardeur et Sophie-Anne Leterrier, *Le théâtre en province Arras (XVIIIe–XXIe siècle)*, Arras, Artois Presses Université et Théâtre d'Arras, 2007, p. 138.

5   Voir Eugène Ducéré, « Le théâtre bayonnais sous l'Ancien Régime », *Revue de Béarn, Navarre et Lannes, Partie historiques de la Revue des Basses-Pyrénées et des Landes*, vol. 1, 1883, p. 161.

6   Article 23 du titre XX dans *Ordonnance du roi pour régler le service dans les places et dans les quartiers du 1er mars 1768*, cité dans Lauren R. Clay, « Patronage, Profits, and Public Theaters: Rethinking Cultural Unification in Ancien Régime France », *Journal of Modern History*, vol. 79, 2007, p. 748.

7   Archives départementales (AD) de la Meuse, 89 T1, Lettre du sous-préfet de Verdun, 4e arrondissement du département de la Meuse, à M. le Préfet du département de la Meuse, 10 septembre 1806. Accès grâce à l'équipe Thérepsicore, niversité Clermont-Auvergne, 12 février 2020.

8   Voir le Tableau général de messieurs les actionnaires de halles et salle de spectacle, construites à Saumur par forme de tontine, 1789. Archives municipales (AM) de Saumur 4M 92, dans Clay, art. cit., p. 748.

à 1500 francs par mois ». Pourtant, après que les soldats sont partis à la guerre en 1800, Besançon n'a « point de garnison » et « point d'abonnements des corps militaires », une situation qui nuit fortement au théâtre[9]. Il semble donc exister une relation entre la forte présence militaire et la construction de plusieurs salles de spectacle en France et ses colonies pendant la seconde moitié du XVIIIe siècle. Les villes de garnisons qui ont bénéficié d'un nouveau ou d'un premier théâtre permanent pendant cette époque sont nombreuses : Arras (1752), Metz (1752), Douai (1758), Saint-Omer (1763), Saint-Etienne (1764), Toulon (1765), Cap-Français (Saint-Domingue, 1766), Brest (1766), Agen (1767), Strasbourg (1767), Bayonne (1768), Cambrai (1762), Boulogne-Sur-Mer (1772), Calais (1774), Port-au-Prince (Saint-Domingue, 1778), Pointe-à-Pitre (Guadeloupe, 1780), Besançon (1784), Lille (1785) et Saint-Pierre (Martinique, 1786)[10].

Quelles sont les origines de cette importante période d'interaction militaire-théâtrale ? Comment expliquer l'importance du théâtre dans la mise en place d'un programme de sociabilité militaire ? L'objectif n'est pas de réduire la diversité de l'histoire théâtrale, ni même la diversité des efforts militaires au sein de cette histoire, mais de mieux comprendre les mécanismes, les tensions et les stratégies au centre du complexe militaire-théâtral. Dans la partie suivante de cet article, nous allons interroger les efforts militaires-théâtraux à Brest pour montrer comment la vie théâtrale en France a été nourrie par une force armée à la fois théâtrophile et soucieuse de la formation morale et sociale des soldats en caserne. Dans leur lutte pour ériger un théâtre permanent à Brest, les administrateurs de la Marine ont proposé un exercice mental puissant, ancré dans le siècle des Lumières, qui consistait à dire que les marins deviendraient « meilleurs » – meilleurs en langue française, meilleurs combattants, meilleurs hommes – grâce aux qualités bénéfiques, prosociales, irréfutables de la représentation théâtrale et du processus social d'aller au théâtre (*theatregoing*). Ces arguments rattachaient le théâtre aux objectifs d'État et aux normes de la sociabilité du XVIIIe siècle, mais étaient parfois aveugles aux réalités financières du parrainage théâtral, ainsi qu'aux problèmes instigués par cette présence militaire au spectacle.

Jouer du théâtre dans un port de guerre

L'urbanisation de la ville de Brest a toujours été liée aux objectifs de la Marine. La guerre de Sept Ans a lancé une période d'activité et de croissance militaro-industrielles ayant pour but de « combler le retard que la France a[vait] sur l'Angleterre dans le domaine des forces navales[11] ». La France n'a pas gagné cette compétition avec l'Albion

---

9   Jacques Rittaud-Hutinet, *Des tréteaux à la scène : le théâtre en Franche-Comté du Moyen Âge à la Révolution*, Besançon, Cêtre, 1988, p. 339.

10   Clay écrit qu'« en 1789, les officiers et les soldats d'au moins dix-huit des garnisons françaises les plus importantes pouvaient assister à une salle de spectacle » (Clay, art. cit., p. 748, nous traduisons). Voir également Rittaud-Hutinet, *op. cit.*, p. 190.

11   Bruno Baron, *Élites, pouvoirs et vie municipale à Brest, 1750–1820*, thèse de doctorat sous la dir. de Philippe Jarnoux, Université de Bretagne occidentale, 2012, p. 22.

mais la ville de Brest en a sûrement profité, car, dans un effort de centralisation et de concentration, Versailles a placé davantage de ressources (marins, argent, officiers-élèves, etc.) dans la ville[12]. À partir des années 1760, Brest rejoignait les rangs des villes les plus militarisées du royaume, comme les villes frontalières de l'est et du nord – Metz, Lille, Besançon, par exemple.

L'essor du théâtre à Brest correspond à la croissance de son complexe militaire. Comme dans la plupart des villes de province, Brest a vu des représentations sporadiques de théâtre religieux et profane remontant au moins au XVe siècle. Le théâtre gagnant en popularité en tant que loisir attrayant et rentable, plusieurs troupes d'acteurs itinérantes ont tenté de s'installer provisoirement au port de Brest, dans le but de satisfaire aux goûts des officiers riches et intellectuellement curieux de la Marine. Pendant tout le XVIIe siècle, l'activité théâtrale a provoqué autant de critiques que de partisans – la haute administration de la Marine était plutôt théâtrophobe. Par exemple, en 1685, le commandant Desclouzeau expulse une troupe d'acteurs du port car leur spectacle, selon lui, « détourne les jeunes officiers et gardes de leurs occupations sérieuses » et « consomme le peu d'argent qu'ils ont[13] ». Il est intéressant de noter que, dans cette même lettre, Desclouzeau, revenant plusieurs fois sur le fait que les acteurs se sont installés à côté de la caserne, sur la place d'Armes, juge que leur présence constitue une distraction nuisible à l'ordre public. Au tournant du XVIIe siècle, plusieurs troupes théâtrales ont tenté de s'installer à Brest, au port militaire, probablement à cause d'une classe d'officiers aisées et théâtrophiles[14]. À chaque fois, pourtant, leurs efforts ont été déjoués par les cadres de la Marine à cause de leurs conceptions négatives du théâtre et de ses effets sur l'attention, l'entraînement, les finances et la constitution morale des marins, des officiers et des officiers-élèves. Une chose qui revient à chaque fois, c'est la localisation de cette activité théâtrale : elle est trop près, selon les commandants, de l'activité militaire.

Dans un article fondamental sur la création des spectacles à Brest au XVIIIe siècle, Nolwenn Kerdraon-Duconte montre que la posture théâtrophobe de la Marine a changé vers 1750, en particulier avec l'arrivée d'un nouveau commandant, Aymar

---

12 Pour plus d'informations sur les changements de politique à Versailles à la suite de la défaite de la France à la fin de la guerre de Sept Ans, voir Edmond Dziembowski, *Un nouveau patriotisme français, 1750–1770 : La France face à la puissance anglaise à l'époque de la guerre de Sept Ans*, Oxford, Voltaire Foundation, 1998, p. 20–42.

13 Lettre de Hubert de Champy, seigneur Desclouzeau, Intendant de la Marine à Brest au Ministre de la Marine, Seigneley, 7 décembre 1685, citée dans Auguste-Aimé Kernéis, « Contribution à l'Histoire de la ville et du port de Brest. L'Hotel Saint-Pierre, actuellement La Préfecture Maritime. Deuxième partie, Le Spectacle de la Marine, bâti sur partie du jardin potager de l'hôtel », *Bulletin de la Société académique de Brest*, 1910–1911, p. 102.

14 Même lorsque Seigneley est remplacé par le comte de Pontchartrain, la position anti-théâtrale du ministère est maintenue. Pontchartrain charge Desclouzeau le 23 avril 1690 de chasser une autre troupe car elle attire « les soldats et les matelots et les ouvriers du port, ce qui cause beaucoup de désordre ». Les deux lettres sont citées dans Kernéis, art. cit., p. 103.

Joseph, comte de Roquefeuil[15]. En décembre 1762, Roquefeuil écrit au duc de Choiseul, secrétaire d'État à la Marine, faisant éloge d'un « petit spectacle qui est ici depuis deux ans » et qui « semble y faire du bien ; le spectacle détourne le goût du jeu, de la table, des querelles, ce qui n'a que trop régné ici » ; il ajoute même qu'il serait prudent d'augmenter l'offre théâtrale bien que la salle existante soit en mauvais état[16].

La charge officielle du comte de Roquefeuil était « la gestion des casernes et le maintien de l'ordre », et le commandant a conçu le théâtre non seulement comme un moyen de détourner ses officiers et ses marins des « viles occupations » et de la fréquentation des travailleuses du sexe au port, mais aussi comme un moyen de forger de nouvelles relations entre les cadres militaires et la population civile et aisée de Brest, c'est-à-dire, les grandes familles dans les industries des armes et des bateaux[17]. En 1763, il commence à penser sérieusement à son projet, surtout lorsque le théâtre existant (une petite salle en bois devenue insalubre) brûle au printemps. Dans une lettre du 13 juin 1763 adressée au duc de Choiseul, Roquefeuil demande un prêt qu'il pense financer avec le prélèvement d'une partie des salaires de tous ses officiers pendant deux ans ainsi qu'une obligation que ces derniers s'abonnent au spectacle avec des frais de « 4 livres par capitaine de vaisseau, de 3 livres par lieutenant, 2 livres 10 sols par enseigne et de 1 livre par garde[18] ». Roquefeuil était confiant du potentiel de son plan car, selon lui, « [les] hommes se montreraient très désireux de voir s'élever ce monument, et [ils sont] prêts à contribuer financièrement à l'événement[19] ». Choiseul donne son accord, un niveau très rare d'implication de Versailles dans l'activité théâtrale en province[20], même s'il est ouvertement sceptique par rapport aux sommes citées par Roquefeuil.

La Marine était donc responsable de toutes les démarches liées à la construction d'un nouveau théâtre à Brest. Vers la fin de l'année 1764, Roquefeuil signe un contrat avec Antoine Choquet de Lindu pour faire les plans de la nouvelle salle. Choquet de Lindu a pratiquement tout construit au port militaire de Brest, notamment le célèbre bagne (prison) de Brest ainsi que quelques structures dans la nouvelle école de la Marine. L'idée de Choquet de Lindu est assez grandiose : il veut construire non seulement une salle de spectacle mais tout un wauxhall – un centre de sociabilité avec théâtre, divertissements, loisirs, promenades et commerces. Cette vision holistique de l'acculturation par le théâtre est visible dans les plans de Lindu ; voici la description de la proposition par l'architecte :

---

15   Nolwenn Kerdraon-Duconte, « Théâtre et pouvoir à Brest au XVIIIe siècle », *Annales de Bretagne et des Pays de l'Ouest*, vol. 119, no 2, 2012, p. 143–72.

16   Service historique de la Défense (SHD) 1 A 106, Lettre de Roquefeuil à M. le duc de Choiseul, 3 décembre 1762.

17   Kerdraon-Duconte, art. cit., p. 148.

18   P. Levot, *Histoire de la Ville et du Port de Brest*, vol. 2 (*Le Port depuis 1681*), Brest, Levot, 1865, p. 274.

19   Kerdraon-Duconte, art. cit., p. 151.

20   Clay remarque que le financement du théâtre de la Marine de Brest représente la première fois que « la monarchie a consenti à expérimenter un nouveau niveau d'engagement dans les affaires culturelles provinciales » (nous traduisons), Clay, art. cit., p. 745.

« Ce Bâtiment est destiné à rassembler en un même lieu divers sortes de divertissements et de tenir lieu en quelque façon de petit Wauxehaal ; en conséquence il contiendra une petite salle de Spectacle ; des salles pour les curiosités et autres petits amusements, d'autre pour différents jeux avec un caffé ; une guinguette pour les danses et festins avec un jardin ou sera différents jeux champêtres et une Esplanade pour les combats d'animaux, feux d'artifice, illuminations [...] une Esplanade sera entourée de tonnelles couvertes, et d'autres en verdure ; le bâtiment contiendra de plus, des boutiques dans la partie extérieure du rez de chaussé, et des logements des acteurs et autres personnes attachées aux différents spectacles[21] ».

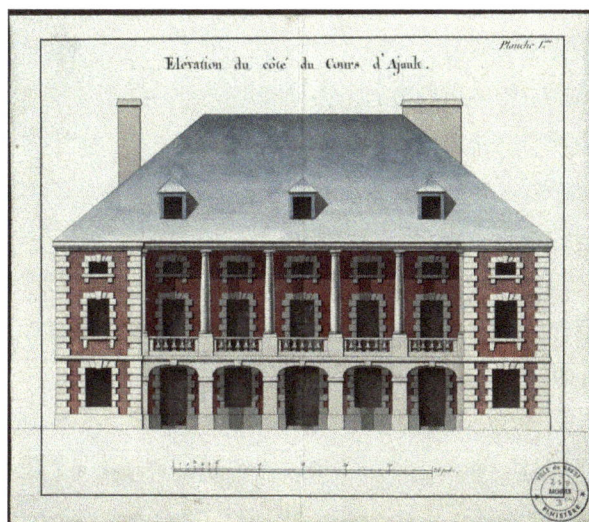

Fig. 12.1. « Élévation sur le cours Dajot », *Projet de foyer pour les troupes*, Choquet de Lindu (et cie.), n.d. (1764 ou 1765). Archives municipales (AM) de Brest, 2S-8 (1).

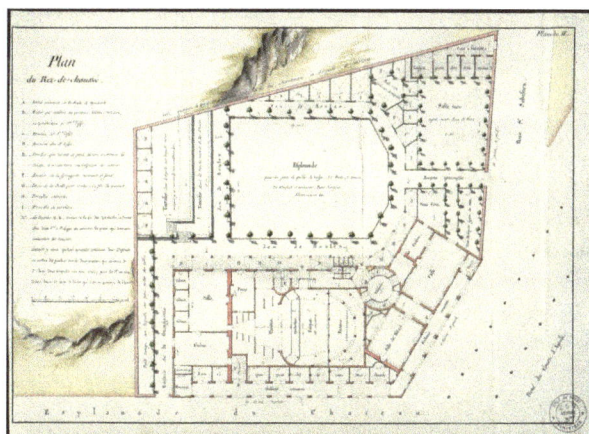

Fig. 12.2. « Plan du rez-de-chaussée », *Projet de foyer pour les troupes*, Choquet de Lindu (et cie.), n.d. (1764 ou 1765). AM Brest, 2S-8 (2).

---

21 Antoine Choquet de Lindu, Projet d'établissement pour des Récréations des Marins et des Troupes en la Ville de Brest, AM Brest, 2S8-1. Voir dans cet ouvrage l'article de Magaly Piquart-Vesperini.

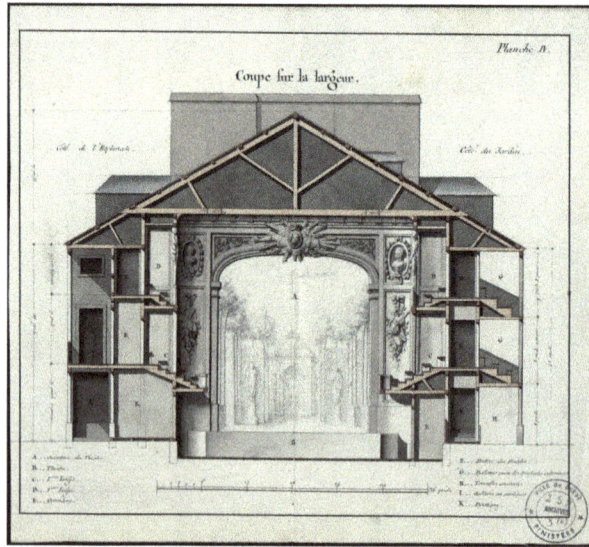

Fig. 12.3. « Coupe sur la largeur », *Projet de foyer pour les troupes*, Choquet de Lindu (et cie.), n.d. (1764 ou 1765). AM Brest, 2S-8 (4).

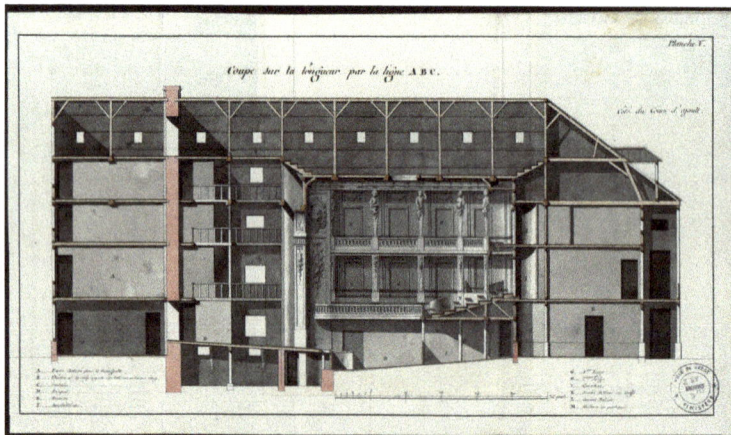

Fig. 12.4. « Coupe sur la longueur », *Projet de foyer pour les troupes*, Choquet de Lindu (et cie.), n.d. (1764 ou 1765). AM Brest, 2S-8 (5).

Choquet de Lindu a donc proposé un complexe de loisirs assez vaste et impressionnant mais c'était un programme tout à fait dans l'esprit de l'époque, comme le prouvent Pauline Beaucé et Cyril Triolaire dans une étude sur la véritable explosion des wauxhalls en province pendant les années 1760 et 1770[22]. Le problème pour Choquet de Lindu, le comte de Roquefeuil et ses marins, c'est que Brest n'est pas Bordeaux,

---

22   Pauline Beaucé et Triolaire, « Les Wauxhalls de province en France : nouveaux espaces hybrides de divertissement et de spectacle d'une ville en mutation », *Dix-Huitième Siècle*, vol. 49, 2017, p. 27–42.

Lyon ou Nantes – ces centres d'activité régionales sont de grandes villes bénéficiant d'à peu près cinq fois plus de résidents que Brest. Le devis envoyé par Choquet de Lindu est beaucoup trop important et Roquefeuil est amené à demander des fonds supplémentaires, cette fois-ci avec moins de succès.

Roquefeuil et ses associés n'ont pas pu construire tout ce que contenaient les plans de Choquet de Lindu mais ils sont arrivés à faire ériger un grand théâtre de plus de neuf cent places ainsi qu'un petit café dans un endroit très particulier. Le théâtre a été construit « face au Champ de Bataille » – où il ne fallait pas faire de théâtre pendant presque cent ans – et le Théâtre de la Marine a donné sa première représentation le 4 décembre 1766, en présence du duc de Praslin, qui venait de remplacer le duc de Choiseul au secrétariat à la Marine. Selon Roquefeuil, la Marine de Brest sera désormais propriétaire d'un théâtre splendide pour nourrir la sociabilité, empêcher les querelles entre les marins et les soldats, et fournir, selon lui, « l'éducation et les dialogues du monde à tant de jeunes officiers qui ne sortent du département que pour aller à la mer ou à la campagne[23] ».

Cette stimulation mentale de la Marine à Brest – à travers la création, dans les lettres, dans les plans et dans l'imaginaire d'une expérience théâtrale éducative, plaisante, holistique et socialement améliorative – a été mise à l'épreuve, testée par la présence de plusieurs centaines de marins, de soldats et d'officiers-élèves dans le même lieu et en même temps (parfois contre leur volonté). Selon la *Chronique d'un Brestois anonyme*, le Théâtre de la Marine était vu comme un endroit où les « tensions [...] chaque fois provoquées par des gens de guerre éclatent régulièrement[24] » et où « 'gardes de la marine', 'officiers de la marine', 'officiers de terre', annoncent les tensions qui les opposent[25] ». La ségrégation est très vite devenue la seule solution et, peu après son ouverture, le Théâtre de la Marine a reçu un nouveau règlement qui distribuait différents rôles administratifs à différentes unités militaires afin que chaque groupe puisse avoir sa place au théâtre[26].

Le clivage entre marins et chefs municipaux, entre officiers locaux et commandants proches du roi, et entre hommes de l'armée et de la marine, a finalement conduit l'administration navale vers un désengagement financier dans les années 1770. En 1790, un édit municipal empêche les officiers de Marine de Brest de renouveler leurs privilèges de police ainsi que leurs abonnements. Des sociétés privées ont ensuite loué le théâtre, sans parvenir à générer de bénéfices tout au long de la décennie. Des officiers de la Marine ont tenté de nouveau en 1799 de reprendre le contrôle du théâtre, mais Charles-Maurice Talleyrand, ministre des Affaires étrangères sous le Directoire, a refusé leurs demandes, en raison du coût élevé de la rénovation de ce qui était

---

23 « Lettre de Roquefeuil à M. le duc de Choiseul », 3 décembre 1762, *loc. cit.*
24 *Chronique d'un Brestois anonyme contemporain de Louis XVI* (1778), citée dans Kerdraon-Duconte, art. cit., p. 159.
25 *Ibid.*, p. 160.
26 Archives nationales (AN), fonds Marine D 2 25, « Règlement du 2 juillet 1769 », cité dans Kerdraon-Duconte, art. cit., p. 164.

devenu un espace assez délabré[27]. Au début du XIXe siècle, le Théâtre de la Marine est devenu un théâtre privé. Son état s'étant encore empiré sous l'Empire, la ville en a pris possession en 1817 et l'a exploité jusqu'à ce qu'un incendie le détruise – à l'exception de sa façade – le 11 mars 1866. La municipalité a vite reconstruit un nouveau théâtre mais ce dernier a fini par brûler dans les années 1930[28].

Fig. 12.5. *Le Théâtre et la rue d'Aiguillon*, carte postale, Brest, Grand Bazar, n.d. (approx. 1880). Paris, BnF, collection bibliothèque numérique de Brest, Bnf45904429.

Conclusion : Espoirs, décalages et séances fragmentées

En plus de leur impact réel sur la construction, le financement et l'administration des théâtres, les militaires créaient un environnement particulier dans les salles. Leur présence était une source de conflit et de concurrence entre l'ambiance militaire et d'autres notions de l'expérience théâtrale qui circulaient à l'époque. Cette tension ne se limitait ni à Brest, ni à la France métropolitaine. Ainsi, Hilliard d'Auberteuil, un notaire et écrivain à Cap-Français (Saint-Domingue), se déclare furieux après une soirée à la Comédie du Cap, le théâtre le plus grand et le plus fréquenté de toutes les Antilles. Il écrit en 1776 qu' « on n'aime point […] à s'enfermer dans une salle où le nombre des commandants, des officiers militaires et des gardes est souvent aussi grand que celui des spectateurs, où le signal de la joie est presque toujours interrompu par un bruit menaçant ; le plaisir en est banni, on n'y voit que la gêne[29] ».

Pour Hilliard d'Auberteuil, comme pour les chroniqueurs de Brest et beaucoup de critiques et spectateurs de Metz, Valenciennes, Besançon, Lille et ailleurs, cette présence militaire était une barrière à leur propre virtualisation de l'expérience théâtrale. Les hommes de guerre dénaturaient un dispositif imaginé et les procédés esthétiques prescriptifs de l'époque, lesquels reposaient sur le désir d'avoir un flux de plaisir en

---

27   La réponse de Talleyrand a été envoyée par Pierre-Alexandre-Laurent Forfait, son successeur, le 21 décembre 1799, citée dans Kernéis, art. cit., p. 280.

28   Pour plus d'information sur la disparition du Théâtre de la Marine, voir Kernéis, art. cit., p. 284–86.

29   Cité dans Jean Fouchard, *Théâtre à Saint-Domingue*, Port-au-Prince, Imprimerie de l'État, 1955, p. 193.

sens unique et sans obstacle allant de la fiction sur scène à un spectateur censé être absorbé. Les soldats étaient des distractions et rappelaient aux spectateurs – comme Hilliard d'Auberteuil au Cap, par exemple – qu'ils étaient loin de Paris ou d'une autre métropole imaginée, leur virtualisation de la culture théâtrale métropolitaine n'étant pas forcément fondée dans la réalité. Il est intéressant de noter, qu'en plus des soldats, l'autre public que Hilliard d'Auberteuil détestait voir au théâtre se composait de gens de couleur libres, pour la même raison qu'ils déconcentraient les autres spectateurs, selon lui, et que leur présence contrastait avec la soi-disant réflexion esthétique de l'élite blanche de la colonie[30].

Les philosophes militaires comme Roquefeuil ou Choiseul, et les critiques des soldats au théâtre tel que Hilliard d'Auberteuil ou les chroniqueurs de Brest sont au moins tous d'accord sur une chose : l'existence d'une relation entre les hommes de guerre et l'expérience théâtrale. Les critiques reprochent l'effet des soldats sur les aspects plaisants et agréables du théâtre – les aspects qui étaient censés aider les hommes de guerre chez les optimistes[31]. Les témoignages de l'époque confirment une expérience théâtrale compliquée, fragmentée à cause de cette présence militaire et, surtout, de l'incapacité des soldats à suivre la forme de sociabilité polie et urbaine demandée par les critiques[32]. Les théâtres avec une forte présence militaire rendent plus complexes les conceptions normatives de l'expérience théâtrale au XVIIIᵉ siècle. Les environnements de performance explorés dans cet article compliquent les grandes déclarations de l'époque ou d'aujourd'hui sur les effets et les objectifs de l'art. Nous avons essayé d'esquisser deux opinions, celle de l'optimiste et celle du pessimiste, sur ce qui se passe dans un théâtre avec une forte présence militaire. Mais plus que cela, nous avons essayé de décrire deux virtualisations concurrentes du théâtre pour évoquer sa nature et son pouvoir. Pour les philosophes militaires, l'histoire du théâtre va du chaos vers l'ordre, la douceur et la lumière, grâce aux effets de la scène. Pour le spectateur perturbé par les soldats dans l'auditorium, son appréciation du théâtre diminue à cause des critères et des conditions de son accès au plaisir. Ces deux versions créent des dispositifs fictionnels, des théâtres virtuels qui ne sont pas forcément intéressants comme preuves de la réalité historique mais plutôt utiles pour éclairer les tensions entre différentes notions de la représentation théâtrale, de ses effets et de ses limites à l'époque des Lumières.

---

30 Voir Clay, *Stagestruck: The Business of Theater in Eighteenth-Century France and its Colonies*, Ithaca, Cornell University Press. 2013, p. 222–24.

31 Pour plus d'informations sur les philosophes militaires et leurs réformes humanistes au sein de l'armée, voir Christy Pichichero, *The Military Enlightenment : War and Culture in the French Empire from Louis XIV to Napoleon*, Ithaca, Cornell University Press, 2017 ; voir également Arnaud Guinier, *L'honneur du soldat : éthique martiale et discipline guerrière dans la France des Lumières*, Ceyzérieu, Champ Vallon, 2014.

32 Les civils étaient bien sûr loin d'être toujours dociles et polis au théâtre, surtout dans le parterre. Voir Jeffrey S. Ravel, *The Contested Parterre: Public Theatre and French Political Culture, 1680–1791*, Ithaca, Cornell University Press, 1999, p. 13–66.

13. Un théâtre virtuel pour La Nouvelle-Orléans : modélisation du *Projet d'une salle de spectacle pour la Ville de la Nouvelle-Orléans* de Jean-Hyacinthe Laclotte (1805)

Jeffrey M. Leichman et Shea Trahan

Résumé

Cet article présente le prospectus pour un théâtre monumental sur les rives du Mississippi à La Nouvelle-Orléans, proposé en 1805 par l'architecte bordelais Jean-Hyacinthe Laclotte, mais jamais construit. Composé par un architecte étranger qui avait fait sienne la ville et qui allait peindre l'image la plus fidèle de la bataille de La Nouvelle-Orléans en 1815, ce prospectus, redécouvert en 2021, offre un aperçu d'une histoire alternative du théâtre et de l'urbanisation à La Nouvelle-Orléans pendant la période dite « territoriale » : (1803–1812). L'architecte Shea Trahan a construit un modèle numérique du théâtre imaginé par Laclotte, à partir des descriptions du prospectus, une restitution informatique virtuelle qui met en lumière les ambitions de Laclotte et de La Nouvelle-Orléans à l'aube du XIXe siècle.

Abstract

This article describes the prospectus for a monumental playhouse on the Mississippi river in New Orleans, proposed in 1805 by Bordeaux-born architect Jean-Hyacinthe Laclotte but never built. This document, rediscovered in 2021, affords a glimpse into an alternative history of theatre and urban development in territorial New Orleans (1803–1812), proposed by a French-born architect who adopted the city as his own and would go on to paint the most historically accurate image of the 1815 Battle of New Orleans. Architect Shea Trahan, AIA, constructed a digital model of Laclotte's unbuilt theatre based on the description in the prospectus, a computerized virtual restitution whose elaboration makes manifest the ambitions of both Laclotte and New Orleans at the dawn of the nineteenth century.

Il est question dans cet article d'une hypothèse de théâtre, d'un théâtre qui n'a jamais existé tel qu'il avait été proposé – mais qui n'est pas pour autant disparu non plus. Malgré une existence purement virtuelle – existence en idée, en description verbale et,

https://doi.org/10.11647/OBP.0400.13

grâce aux modélisations réalisées dans le cadre de cette étude, en images informatiques – ce théâtre peut nous livrer beaucoup de renseignements sur les aspirations culturelles de La Nouvelle-Orléans à un moment unique de son histoire. Notre analyse de ce projet s'appuie sur l'hypothèse que des projets architecturaux non-aboutis peuvent être aussi révélateurs que des structures réalisées, dans la mesure où le bâtiment urbain résulte d'un processus, souvent assez long, de conciliations entre les besoins des usagers divers, notamment le public et l'administration de la ville, et le financement du projet, qu'il soit public ou privé. Nous prétendons que dans le projet papier pour une salle de spectacle, on peut discerner une expression pure (et parfois irréalisable) de la vision de l'architecte pour transformer un site, voire une ville, ouvrant une fenêtre sur un faisceau d'histoires alternatives du rapport entre l'urbanisation et le théâtre, des possibilités qui doivent être prises en compte afin de mieux comprendre ce qui a finalement été construit.

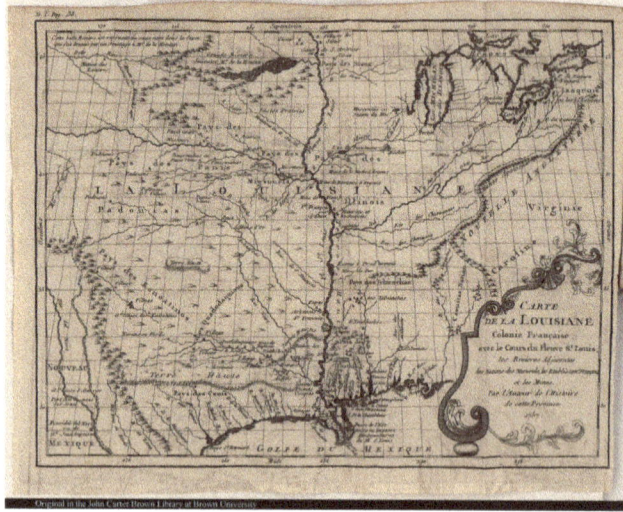

Fig. 13.1. *Carte de la Louisiane Colonie Française avec le Cours du Fleuve St. Louis, les Rivieres Adjacentes, les Nations des Naturels, les Etablissem[ent]s. Français, et les Mines*, Le Page du Pratz, Paris, 1757. A cette époque, le Mississippi s'appelait encore le fleuve Saint-Louis sur les cartes françaises. John Carter Brown Library, E758 L591h, Brown University, USA.

Le 7 juin 1805, l'imprimerie du *Moniteur de la Louisiane* publie un prospectus de Jean-Hyacinthe Laclotte, nouvellement arrivé de Bordeaux, qui propose de redessiner le paysage culturel de La Nouvelle-Orléans en dotant la ville d'un théâtre monumental. La Nouvelle-Orléans, située à l'embouchure de l'énorme fleuve du Mississippi, était alors en pleine expansion grâce à cette situation géographique qui promettait d'en faire un des premiers ports commerçants des jeunes États-Unis, d'où des produits bruts venus du vaste intérieur nord-américain seraient distribués au monde entier, et par où les produits étrangers, et des centaines de milliers d'esclaves africains, entreraient[1].

---

1   Des questions autour de l'importation d'esclaves dans le territoire louisianais étaient une source constante de tensions entre les planteurs créoles qui dominaient la politique de la ville et les administrations successives de l'Espagne, de la France et des États-Unis (voir Paul F. LaChance,

Le prospectus de Laclotte comprend quatre pages imprimées, avec sur chacune une colonne gauche qui contient la description du projet en français, et, en face, sa traduction anglaise dans la colonne droite.

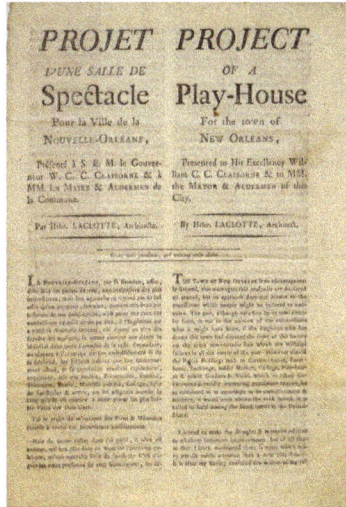

Fig. 13.2. *Projet d'une salle de spectacle pour pour la Ville de la Nouvelle-Orléans* (première page), Jean-Hyacinthe Laclotte, La Nouvelle-Orléans, 1805. Historic New Orleans Collection, cote 86-1999-RL.

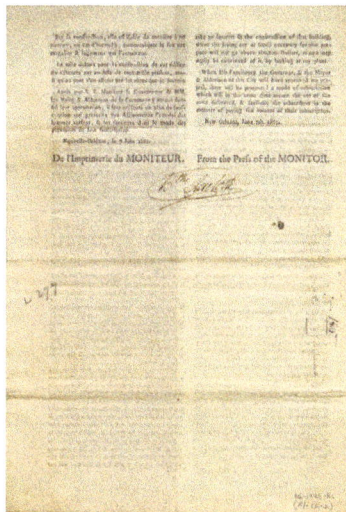

Fig. 13.3. *Projet d'une salle de spectacle pour la Ville de la Nouvelle-Orléans* (dernière page avec signature de Laclotte), Jean-Hyacinthe Laclotte, La Nouvelle-Orléans, 1805). Historic New Orleans Collection, cote 86-1999-RL.

« The Politics of Fear: French Louisianans and the Slave Trade, 1786–1809 » , *Plantation Society*, vol. 1, n° 2, juin 1979, p. 162–197). Le chapitre présent ne traite de l'esclavage même si l'esclavage, et les hiérarchies raciales qui le justifiaient, ont favorisé le premier essor de La Nouvelle-Orléans. Voir Julia Prest, *Public Theatre and the Enslaved people of Saint-Domingue*, Londres, Palgrave MacMillan, 2023 w; et Jeffrey M. Leichman et Karine Bénac-Giroux (dir.), *Colonialism and Slavery in Performance: Theatre and the Eighteenth-Century French Caribbean*, Oxford, Oxford University Studies in the Enlightenment, 2021.

Le passeport qu'il obtient à Bordeaux le 4 fructidor an XII (22 août 1804) indique que Jean-Hyacinthe Laclotte est âgé de 39 ans, et part « à la Louisianne [*sic*] pour exercer son art » d'architecte[2].

Le moment historique où paraît ce prospectus est on ne peut plus propice pour le sursaut culturel supposé par une construction monumentale, peu de temps après l'incorporation du territoire louisianais au sein des jeunes États-Unis. Le 20 décembre 1803 le gouverneur français de la Louisiane, Pierre-Clément de Laussat, qui venait d'arriver du Canada (l'Espagne ayant officiellement cédé son administration le 30 novembre, soit quelques semaines avant), a signé le transfert de souveraineté du territoire de la Louisiane aux États-Unis[3]. Dix-huit mois plus tard, Laclotte (déjà sur place) fait imprimer son prospectus par les presses du *Moniteur de la Louisiane*, le tout premier journal du territoire louisianais, qui paraissait le mercredi et le samedi entre 1794 et 1815. La description détaillée du projet dans le prospectus publié prend la forme d'une lettre adressée au maire et aux conseillers de ville ; ces derniers ont aussi reçu des plans dessinés lorsque le Bordelais livre sa requête officielle pour leur évaluation, images techniques dont on n'a pu à ce jour trouver de trace. Les archives de l'administration témoignent de son enthousiasme pour ce projet de transformation du visage de la ville par l'installation d'un théâtre de premier ordre sur les rives négligées du Mississippi, faisant écho à l'ambition qu'annonce Laclotte d'élever La Nouvelle-Orléans « au rang qu'elle est appelée à tenir parmi les plus belles villes des États-Unis[4] » au moyen d'un monument architectural qui aurait annoncé l'avènement de cette ville sur la scène culturelle internationale – s'il avait été construit.

Avant de quitter Bordeaux, Jean-Hyacinthe Laclotte avait dessiné des plans de résidence, notamment des maisons dans le Médoc, et à Bordeaux dans les quartiers Tourny et Caudéran[5], surtout en collaboration avec l'architecte Raymond Rieutord qui a aussi servi de témoin sur le passeport de Laclotte. Laclotte et Rieutord étaient

---

2   Archives départementales (AD) de la Gironde, 4 M 681/275. Laclotte est né le 12 mars 1766, de Michel Laclotte et Marie Dardan (Peter M. Wolf, *Jean-Hyacinthe Laclotte*, mémoire de master, Tulane University, 1963, p. 14) ce qui indique qu'il n'avait que 38 ans au moment où il a obtenu son passeport.

3   Sur l'histoire coloniale tortueuse de la Louisiane, au carrefour des empires atlantiques de la France, de l'Espagne et de l'Angleterre, voir surtout Lawrence N. Powell, *The Accidental City*, Harvard University Press, 2013. Avec le second traité de San Ildelfonso, signé sous le sceau du secret en 1801, l'Espagne rétrocède la Louisiane à la France, qui avait donné l'administration de ce territoire à Madrid dans le traité de Paris en 1763 afin de contrer les Anglais dans la region. L'administration espagnole règne pourtant toujours sur ce territoire jusqu'à quelques semaines avant que les États-Unis n'en prennent possession le 20 décembre 1803. Pour une perspective de l'époque sur ces événements, voir Pierre-Clément Laussat, *Mémoires sur ma vie, à mon fils...*, 3 vol. , Pau, Éditions Vignacour, 1831, vol. 1.

4   Jean-Hyacinthe Laclotte, *Projet d'une Salle de Spectacle Pour la Ville de la Nouvelle-Orléans*, La Nouvelle-Orléans, Imprimerie du Moniteur, 1805, NP (The Historic New Orleans Collection, 86-1999-RL).

5   Voir les plans conservés par la bibliothèque de Bordeaux et consultables en ligne, Del. Carton 160/7, Del. Carton 32/14 (2), Del. Carton 29/8 (1). Certains documents des années 1820 que nous croyons être l'œuvre de Jean-Hyacinthe, sont catalogués sous le nom de son oncle, Étienne Laclotte, alors que ce dernier est décédé en 1812.

également les architectes du Théâtre de la Gaîté à Bordeaux, construit près des allées de Tourny en 1803, après qu'un premier théâtre de ce même nom fut détruit par un incendie[6]. Était-ce pour poursuivre une carrière d'architecte de bâtiments publics, loin de l'ombre que lui faisait sa famille – le clan Laclotte, composé d'architectes et de maîtres maçons, était célèbre à Bordeaux – que Laclotte s'est hasardé à traverser l'océan au moment où Napoléon se déleste de ses possessions américaines afin de financer ses ambitions sur le vieux continent ? D'autres dessins conservés dans les archives indiquent que Laclotte et Rieutord se sont retrouvés en France au début des années 1820, et qu'ils ont collaboré sur des projets résidentiels, sans que rien n'indique qu'ils aient entrepris d'autres projets théâtraux. En effet, Laclotte est rentré en France en 1817 pour faire graver son célèbre tableau de la bataille de La Nouvelle-Orléans (8 janvier 1815), dont la lithographie connaissait un grand succès de librairie aux États-Unis.

Fig. 13.4. *Bataille de La Nouvelle-Orléans*, Jean Hyacinthe Laclotte, huile sur toile, 1815. New Orleans Museum of Art.

Laclotte, qui s'était inscrit à l'âge de 48 ans comme simple soldat (au grade de *private*) dans le corps d'ingénieurs du major-géneral américain Jacques Villéres, a esquissé cette vue le jour même de la bataille qui mettait fin à la guerre de 1812 et marquait une première victoire éclatante pour le futur président Andrew Jackson[7]. Cette trajectoire souligne une transformation chez Laclotte qui reflète aussi celle du territoire louisianais

---

6   Nous remercions Fabienne Labat de nous signaler cette attribution, ainsi que l'article qui la confirme : Jean-Pierre Mouilleseaux « Un Théâtre bordelais sous l'Empire : Le Théâtre de la Gaîté », *Bulletin de la Société archéologique de Bordeaux*, t. LXVIII (1972–1973), p. 295–303. Le Théâtre de la Gaîté succéda au théâtre des Patagoniens, qui hébergeait un spectacle d'automates très apprécié pendant la seule année de son existence, entre 1801 et 1802, avant d'être réduit en cendres. Le directeur Bojolais, qui allait se voir octroyer la concession du Grand Théâtre en 1806, obtint la permission de reconstruire son théâtre en 1803, et celui-ci ouvrit ses portes au public en 1804 sous le nom de Théâtre de la Gaîté : c'est ce bâtiment – qui brûlera de nouveau en 1819 – qui est l'œuvre de Jean-Hyacinthe Laclotte.

7   Powell A. Casey, *Louisiana in the War of 1812*, Baton Rouge, LSU Press, 1963.

en état des États-Unis : d'un architecte opportuniste qui recherchait dans un nouveau monde en pleine expansion des terrains propices pour ses projets monumentaux, il devint un protecteur zélé de La Nouvelle-Orléans, prêt à se sacrifier pour une ville qu'il avait vu grandir, et à la croissance artistique, économique et sociale de laquelle il avait participé.

Bien que la biographie de Laclotte ne soit pas le sujet de cet article, son parcours à La Nouvelle-Orléans éclaire certains aspects de ce qu'on appelle communément la « période territoriale », entre l'achat de la Louisiane et son intégration au sein des États-Unis, dont elle devint le dix-huitième état en 1812. Pendant les dix ans qui séparent son *Projet d'une salle de spectacle* et son célèbre tableau de la bataille qui marque l'entrée de La Nouvelle-Orléans dans la mythologie politique américaine, Jean-Hyacinthe Laclotte a travaillé à La Nouvelle-Orléans comme architecte, peintre scénique pour des spectacles en langue française, directeur d'une école des beaux-arts et même organisateur d'un spectacle de feux d'artifice en montgolfière[8]. La carrière de Laclotte à La Nouvelle-Orléans correspond à une période charnière pour cette ville, devenue politiquement américaine tout en restant très fortement ancrée dans les perspectives, goûts et habitudes culturelles d'un empire français atlantique dont la vente du territoire louisianais scellait le déclin définitif. Du transfert de souveraineté à la fin de 1803 jusqu'à la défaite finale des forces britanniques sur le continent américain en 1815, La Nouvelle-Orléans a conservé sa nature hybride et unique, hybridité qui a beaucoup influencé le développement de l'identité moderne de la ville[9] et dont témoigne l'histoire du projet de théâtre de Laclotte.

Ce cadre historico-culturel inédit explique l'intérêt que suscite le prospectus de Laclotte, qui cherche, par le biais de l'architecture théâtrale, à influer sur le devenir de la ville ainsi que sur son développement urbain. Si sa proposition n'a pas été réalisée, elle a tout de même servi de base pour le futur Théâtre d'Orléans, destiné à devenir une

---

8   Dans son mémoire, Wolf se focalise surtout sur les bâtiments résidentiels que Laclotte a construits avec son partenaire, Arsène Lacarrière Latour. Wolf spécule que Laclotte part au Mexique comme espion français dans les années 1807–1810 (p. 22). Pendant trois ans, Laclotte dirige ensuite une école des beaux-arts à La Nouvelle-Orléans avec Latour, et contribue régulièrement aux décors de théâtre pour des pièces à grand spectacle. Voir Samuel Wilson Jr., *Plantation Houses on the Battlefield of New Orleans*, La Nouvelle-Orléans, The Battle of New Orleans 150th Anniversary Committee of Louisiana, 1965 ; et « Almonester: Philanthropist and Builder in New Orleans », dans J. F. McDermott (dir.), *The Spanish in the Mississippi Valley, 1762–1804*, Urbana-Champaign, University of Illinois Press, 1974, 183–247 ; sur le « spectacle aérostatique » voir *Le Moniteur de la Louisiane*, 27 décembre 1806 ; sur les décors de théâtre, voir *Le Moniteur de la Louisiane*, 4 juillet 1811, 21 novembre 1811, 28 avril 1812 et 22 mai 1813 (entre autres) ; sur l'établissement de l'école des beaux-arts Latour et Laclotte, voir la *Louisiana Gazette*, 20 septembre 1810 ; sur la vente aux enchères des biens de l'école lors de sa dissolution, y compris d'un esclave noir, voir *Le Courrier de la Louisiane*, 25 juin 1813.

9   Avec la présence des esclaves, l'autre facteur démographique qui marque profondément La Nouvelle-Orléans pendant cette période est l'émigration des Créoles de Saint-Domingue en trois vagues: d'abord dans le sillage des soulèvements qui commencent en 1791, ensuite lors de la déclaration de la République d'Haïti en 1804, et enfin lors de l'expulsion des Dominguais de leur exil à Cuba en 1809. Voir à ce sujet, Nathalie Dessens, *From Saint-Domingue to New Orleans: Migration and Influence*, Gainesville, University of Florida Press, 2007.

institution culturelle importante de La Nouvelle-Orléans, ainsi que, plus largement, de l'Amérique du XIXᵉ siècle. Cette transformation commence par le parcours accidenté du prospectus lui-même, méconnu jusqu'à sa redécouverte dans les archives de la ville en 2021 ; les histoires de la ville ne mentionnent que sa seconde version modifiée, imprimée dans *Le Moniteur de la Louisiane* en 1806 et signée par l'entrepreneur de théâtre Louis-Blaise Tabary. Dans la décennie qui suit cette publication, le projet a connu maints revers, alors que Laclotte poursuivait sa carrière de peintre scénique et d'architecte, avant de prendre les armes (et le pinceau) pour la défense de la ville en 1815. La dernière partie de cet article détaillera le processus de restitution architecturale de la structure proposée dans le prospectus de 1805, dans un modèle informatique exécuté par l'architecte et doctorant Shea Trahan.

Une salle de spectacle virtuelle

Dans son prospectus, Laclotte remarque que toute la ville doit être renouvelée : pour que La Nouvelle-Orléans puisse prétendre au cachet d'une ville internationale, ses « Jardins, Tribunaux, Bourse, Marchés publics, Collége [sic], Salle de Spectacles & autres[10] » sont à refaire, et il se déclare prêt à fournir des plans pour chacune de ces structures. Mais ce Bordelais juge que la salle de spectacle, seule capable de fixer « l'attention publique », est le plus urgent de tous. Le bâtiment théâtral, objet d'une évolution importante en France au XVIIIᵉ siècle, marquait la sophistication et la richesse des villes françaises[11]. De nombreuses villes ont réaménagé leur espace urbain autour d'un édifice théâtral à caractère monumental dans la seconde moitié du XVIIIᵉ siècle : à Bordeaux, la ville natale de Laclotte, avec le Grand Théâtre de l'architecte Victor Louis (1780), mais aussi à Douai (1783), à Besançon (Théâtre Ledoux, 1784) ou encore à Nantes (Théâtre Graslin, 1788), pour ne nommer que quelques exemples connus. La famille Laclotte s'étant beaucoup impliquée dans le développement d'un nouveau quartier autour du Grand Théâtre de Bordeaux (notamment la place de la Comédie, qui encadre et prolonge l'écrin massif du théâtre de Victor Louis), Jean-Hyacinthe comprenait les multiples attraits civique, économique et culturel d'un bâtiment théâtral qui ancre un quartier résidentiel[12].

L'histoire de l'origine du théâtre professionnel de La Nouvelle-Orléans a souvent été entourée de légendes, y compris l'idée que les premiers acteurs de la ville étaient

---

10 Laclotte, *op. cit.*, NP.
11 Voir Daniel Rabreau, *Apollon dans la ville: Le théâtre et l'urbanisme en France au XVIIIᵉ siècle*, Paris, Éditions du Patrimoine – CNM, 2008.
12 Christian Taillard, *Le Grand Théâtre de Bordeaux : Miroir d'une société*, Paris, CNRS Éditions, 1993, p. 42. Sur le père et les deux oncles de Jean-Hyacinthe, voir l'étude de Philippe Maffre, *Construire à Bordeaux au XVIIIᵉ siècle : Les frères Laclotte, architectes en société (1756–1793)*, Bordeaux, Société archéologique de Bordeaux, 2013.

des réfugiés de Saint-Domingue[13]. Les travaux de René J. Le Gardeur dans les années 1950 établissent une base documentaire qui fonde un récit cohérent généralement accepté aujourd'hui[14]. Selon Le Gardeur, les frères français Louis-Alexandre et Jean-Marie Henry, bâtisseurs-charpentiers, ont donné la première représentation théâtrale de l'histoire de la ville le 4 octobre 1792, dans un bâtiment à l'emplacement de l'actuel 732 rue Saint-Pierre[15] ; plus tard pendant cette même décennie, le théâtre accueillait une forte présence d'acteurs de Saint-Domingue, parmi lesquels figuraient vraisemblablement les vedettes métisses Minette et Lise Ferrand[16]. Le Théâtre de la rue Saint-Pierre était la seule salle de spectacle publique de la ville jusqu'à l'ouverture du Théâtre de la rue Saint-Philippe en 1809. Mais la vie théâtrale sous l'administration espagnole n'était pas facile, et une dispute au sujet de la grande loge centrale réservée à l'usage du gouvernement a fait fermer le théâtre pendant presque deux ans, entre 1800 et 1802, avant la reprise des activités avec l'arrivée du gouverneur Salcedo[17]. Le très bref interrègne français en 1803 a vu la fermeture pour rénovations (voire démolition) du théâtre dilapidé de la rue Saint-Pierre, qui ne rouvre qu'à la fin de 1804[18]. Ainsi, au moment de l'arrivée de Laclotte en 1804, il manque vraisemblablement à La Nouvelle-Orléans ce signe reconnu de la prospérité et la sophistication d'une ville : une salle de spectacle.

Alors que le théâtre proposé dans le prospectus que Laclotte a fait imprimer n'a jamais été construit, ce document expose un pan du passé théâtral et urbain de La Nouvelle-Orléans, et invite ainsi à considérer ce que les projets non-aboutis peuvent nous révéler, et ce que les structures existantes, avec leur indéniable présence physique, ont tendance à obscurcir. En l'occurrence, le Théâtre d'Orléans, qui est le devenir historique des plans de Laclotte, se trouvait dans la rue d'Orléans, entre les rues Royale et Bourbon, soit au centre de la partie la plus dense de l'ancienne ville (voir le plan de 1812, Figure 13.5, et notamment les sigles F et I)[19].

13	Dans *1791 : Le théâtre français à La Nouvelle-Orléans* (Nouvelle-Orléans, Imprimerie Geo. Miller, 1906), J.G. de Baroncelli recueille ou invente des mythes sur le théâtre qui continuent encore aujourd'hui à paraître en ligne et parfois même dans des publications scientifiques.

14	René J. Le Gardeur, *The First New Orleans Theatre, 1792–1803*, Nouvelle-Orléans, Leeward Press, 1963 ; *id.*, « Les premières années du théâtre à La Nouvelle-Orléans », *Comptes-rendus de l'Athénée louisianais*, mars 1954, p. 33–72.

15	Le Gardeur, *op. cit.*, p. 4.

16	*Ibid.*, p. 13–14 et p. 22.

17	*Ibid.*, p. 35–39. Un guide du XIXe siècle décrit ce théâtre en 1802 comme une structure longue et basse, construite de bois de cyprès et très susceptible aux incendies. S.A., *Historical Sketchbook and Guide to New Orleans and Environs*, New York, William H. Coleman, 1885, p. 15.

18	Le Gardeur, *op. cit.*, p. 38.

19	Sur les questions relatives à la circulation autour des théâtres (problème plus important pour le Théâtre d'Orléans, en plein centre-ville, que pour l'édifice initialement projeté sur un terrain dégagé sur les rives du fleuve), voir Mélanie Traversier et Christophe Loir, « Pour une perspective diachronique sur les enjeux urbanistiques et policiers de la circulation autour des théâtres (Antiquité, XVIIIe–XIXe siècles) », *Histoire Urbaine*, vol. 3, n° 38, 2013, p. 5–18.

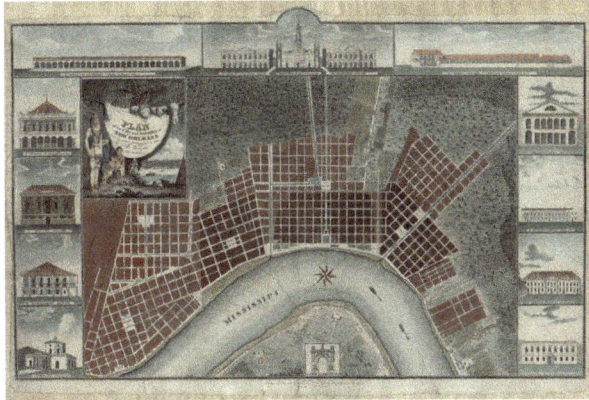

Fig. 13.5. *Plan of the City and Suburbs of NEW ORLEANS from an actual survey made in 1815 by J. Tanesse City Surveyor*, Jacques Tanesse, New York, Charles del Vecchio, 1817. Historic New Orleans Collection, cote 1946.2 i-xiv_o2.

Fig. 13.6. *Plan of the city and suburbs…*, Jacques Tanesse. Détail montrant le Théâtre d'Orléans, comme il apparaît en 1813. Historic New Orleans Collection, cote 1946.2 i-xiv_o2.

Par contraste, Laclotte visait initialement les rives du Mississippi, et en particulier l'emplacement d'une bâtisse existante qui, par son apparence et ses appartenances, ne reflétait plus le caractère de la ville : l'ancienne douane espagnole. Cette structure massive, construite sur le sol spongieux des bords du fleuve en brique locale (moins résistante que la brique de Baltimore ou de Philadelphie) sans pilotis adéquats en dessous, tombait en ruines[20].

---

20   B.H.B. Latrobe, *Impressions Respecting New Orleans*, New York, Columbia University Press, 1951, p. xiv.

Juchée sur la rive gauche du Mississippi, La Nouvelle-Orléans – qui à l'époque se bornait à la partie qu'on appelle aujourd'hui le Vieux Carré (*the French Quarter*) – longe la courbe du fleuve en face du point d'Alger, une situation qui ne pouvait que rappeler à Laclotte Bordeaux et la Garonne. Laclotte chercha à installer son monument civique à l'endroit de la jeune ville américaine qui aurait les vues les plus pittoresques sur le port, la cathédrale, et le Cabildo qui servait de mairie et qui domine encore la Place d'Armes, aujourd'hui connue sous le nom de Jackson Square. La proposition était audacieuse : elle cherchait à décentraliser le développement de la ville et à y établir non seulement un nouveau quartier (le prospectus détaille aussi des appartements et des commerces intégrés dans cette grandiose construction), mais aussi un nouveau pôle d'activité culturelle qui aurait durablement changé l'orientation géographique et architecturale de la ville. Et puis, dans ce nouveau Bordeaux-sur-le-Mississippi, Laclotte s'offrait la possibilité de faire encore mieux que Victor Louis, en proposant un monument qui aurait dominé le rivage et le port de La Nouvelle-Orléans, un symbole de la ville qui aurait surtout été visible pour les bateaux qui apportaient immigrés et esclaves en Louisiane. Comme beaucoup, Laclotte s'est laissé rêver grand aux États-Unis.

Le conseil de ville considère le prospectus et les plans de Laclotte lors de sa séance du 13 juillet 1805, et demande à trois conseillers (Bellechasse, Arnaud et Faurie) d'examiner les plans et de faire un rapport[21]. Une semaine plus tard, le maire sortant, Jacques Pitot, déplore que la vieille douane n'ait pas été comprise dans l'ordre d'assainissement qui faisait démolir les « baraques » construites sur les levées du fleuve. Le sol appartenant, selon lui, à la ville, et le bâtiment au gouvernement fédéral, il fait notifier le gouverneur et décrète la démolition de la structure dans les six mois[22]. Bien que les autorités de la ville semblent favoriser la proposition de Laclotte, la réponse du gouverneur William C.C. Claiborne, reçue le 14 août, est décevante : il affirme que le terrain sur lequel se trouve la vieille douane (comme pour toutes les batteries défensives sur le Mississippi) appartient au gouvernement fédéral, et envoie deux commissaires pour en établir les limites. Ce même jour, le conseil de ville reçoit un rapport sur l'état vétuste du théâtre de la rue Saint-Pierre, qui est inondé de six pouces d'eau au rez-de-chaussée et qui commence à pencher vers un côté. Les aldermen mandent immédiatement aux ingénieurs de réparer le bâtiment[23].

Le projet initial de Laclotte pour le site de la douane – le *Projet d'une salle de spectacle* de 1805 – prend fin ici, pour donner lieu à une autre proposition à partir des mêmes plans grâce à un nouveau personnage qui deviendra une figure importante pour le développement de la vie théâtrale à La Nouvelle-Orléans : Louis-Blaise Tabary, qui

---

21 New Orleans Public Library City Archives, AB300 1803–1836, mf roll #89-294, v. 1, séance du 13 juillet 1805.

22 Tulane University Special Collections, Collection 16 (New Orleans Municipal Papers 1782–1925), Box 2, folder 3, séance du 20 juillet 1805. Pitot se fera remplacer comme maire une semaine plus tard par John Watkins.

23 Tulane University Special Collections, Collection 16 (New Orleans Municipal Papers 1782–1925), Box 2, folder 4, séance du 14 août 1805.

est arrivé de France presqu'au même moment que Laclotte, à la fin de 1804[24]. Tabary fait republier le prospectus de Laclotte dans *Le Moniteur* le 24 mai 1806, substituant au lieu proposé par Laclotte un terrain qu'il venait d'acheter rue d'Orléans. Situé entre les rues Royale et Bourbon, et perçant jusqu'à la rue Saint-Anne, il se trouvait dans l'emplacement qui serait un jour, après bien des périples, celui du Théâtre d'Orléans[25]. Soucieux de vendre des actions pour financer son projet, Tabary annonce la participation de Laclotte, « si avantageusement connu pour la Salle qu'il a construite à Bordeaux ». Laclotte accepte de faire les plans (pour l'essentiel déjà faits) et de diriger les travaux de construction[26] de la version de 1806 de son théâtre, souvent considérée comme la première mouture de son projet[27]. Notre travail de modélisation architecturale du prospectus de 1805 donne au contraire à voir l'originalité d'une toute autre vision pour le développement du théâtre à La Nouvelle-Orléans.

Du virtuel au virtuel : Modélisation informatique du Projet d'une salle de spectacle pour la Ville de la Nouvelle-Orléans

Comment comprendre l'importance d'un projet non-abouti ? Nous avons opté pour la modélisation informatique du prospectus de Laclotte, afin de concevoir cette structure dans le contexte d'un socle urbain spécifique, celui d'une ville en pleine transformation sociale, économique et politique, jouissant d'une situation à la fois avantageuse et difficile à l'embouchure du plus grand fleuve nord-américain. Shea Trahan, dont le travail d'architecte sur le Vieux Carré de La Nouvelle-Orléans recherche l'équilibre entre la préservation des anciens bâtiments et les besoins de la ville actuelle, a réalisé les images techniques suivantes avec le logiciel Rhino à partir de descriptions trouvées dans le prospectus de Laclotte, descriptions qui correspondent aux plans désormais

---

24   Le Gardeur, *op. cit.*, p. 40–41.

25   La première brique du théâtre fut posée en présence du maire et du gouverneur le 10 octobre 1806, mais Tabary se révéla incapable de gérer les finances du projet, que les actionnaires durent mener à bien ; après avoir brièvement ouvert pour quelques spectacles en 1809, le théâtre ferme pendant 4 ans, saisi par le shérif et vendu aux enchères en 1812. Sa réouverture en 1813 est interrompue par un incendie qui détruit le bâtiment ; le terrain et celui d'en face sont achetés par John Davis, qui fait reconstruire le Théâtre en 1816 ; il est incendié à nouveau en 1816, et en 1818 la version finale du théâtre d'Orléans (avec hôtel et salle de bal en face) ouvre sous la direction de John Davis qui jouera un rôle important dans la dissémination de l'opéra français aux États-Unis, avec les tournées nationales de sa troupe dans les années 1820 ; sur Davis et le Théâtre d'Orléans, voir Charlotte Bentley, *New Orleans and the Invention of Transatlantic Opera, 1818–1848*, Chicago, University of Chicago Press, 2023 ; sur la préhistoire de ce théâtre, voir Boyd Cruise, *Signor Faranta's Iron Theatre*, La Nouvelle-Orléans, THNOC, 1982 ; et Henry A. Kmen, *Music in New Orleans: The Formative Years*, Baton Rouge, Louisiana State University Press, 1966.

26   *Le Moniteur de la Louisiane*, 24 mai 1806. Il n'est pas clair si Tabary joue simplement sur l'origine bordelaise de Laclotte pour suggérer qu'il est l'architecte du Grand Théâtre, ou s'il fait référence au Théâtre de la Gaîté, que Laclotte a fait construire peu de temps avant de quitter la France.

27   Voir, entre autres, Wolf, *op. cit.*, p. 16 ; Cruise, *op. cit.*, p. 49 ; Kmen, *op. cit.*, p. 63 ; et *64 Parishes*, site sur l'histoire de la Louisiane dir. par la Louisiana Endowment for the Humanities, qui indique qu'en 1805 Laclotte avait dessiné « une salle dans la douane de La Nouvelle-Orléans », https://64parishes. org/entry/jean-hyacinthe-laclotte (consulté le 25 mai 2023).

perdus. À travers plusieurs hypothèses, nous sommes arrivés à une version plausible de ce théâtre. L'ambition et l'impact sur la ville de ces propositions se font sentir à travers la restitution virtuelle, qui nous aide à mieux écrire l'histoire « spectaculaire » de La Nouvelle-Orléans. En guise de conclusion, nous proposons une lecture détaillée de quelques vues de ce théâtre virtuel, à la fois ancien et hypermoderne.

Fig. 13.7. *Vue extérieure du théâtre de Laclotte.* Shea Trahan © 2022.

Fig. 13.8. *Le théâtre de Laclotte, vu de côté avec perspectives sur la ville et le port.* Trahan © 2022.

Le prospectus décrit un grand théâtre situé au sud-ouest du centre urbain (le Vieux Carré) qu'il domine par sa monumentalité, annonçant sa prétention à devenir le pôle culturel de La Nouvelle-Orléans.

Fig. 13.9. *La façade du théâtre de Laclotte,* vue frontale. Trahan © 2022.

Le prospectus de Laclotte détaille la colonnade, la galerie et le portique qui définissent ensemble la séquence d'entrée du grand théâtre. Avec sa colonnade et sa statuaire classique représentant les muses, le théâtre de Laclotte évoque les salles de spectacle de l'Europe, notamment le Grand Théâtre de Victor Louis à Bordeaux. La terrasse sur laquelle repose le bâtiment, haute de quatre pieds, ajoute à la proéminence de la structure, tout en fournissant une protection contre les inondations et les sols marécageux de la ville.

Fig. 13.10. *Vue du grand hall d'entrée du théâtre de Laclotte* ; la forme circulaire au-dessus de l'escalier indique l'emplacement du foyer circulaire à l'étage (voir fig. 13.11). Trahan © 2022.

La grandeur de la colonnade extérieure se prolonge dans le hall principal. Des colonnes encadrent l'escalier central, ce qui renforce l'impression de zones conçues pour la circulation des personnes dans un lieu voué au rassemblement public. Le théâtre était à cette époque un lieu où les populations urbaines se rencontraient, et Laclotte entend faire de ce théâtre un site incontournable de la sociabilité à La Nouvelle-Orléans.

Fig.13. 11 *Vue du foyer circulaire au premier étage du théâtre de Laclotte,* avec au fond la colonnade de la façade donnant sur la ville et le port. Trahan © 2022.

La question de la sociabilité occupe une place centrale dans le projet de Laclotte, notamment dans sa description détaillée d'un lieu de rassemblement qui souligne que le spectacle n'est guère limité à l'intérieur de la salle. Au premier étage, Laclotte désigne

« un foyer circulaire décoré de 16 pilastres, entre lesquels sont des portes, croisées et cheminée, qui de son centre a en vue la Salle de Spectacle, le théâtre & même la rade », une description qui renforce la continuité entre le théâtre, la ville et le monde qui arrive par le fleuve. Cette pièce est l'apogée de la spectacularité de ce bâtiment théâtral qui offre des vues impressionnantes sur le Vieux Carré et le Mississippi à travers le portique de l'entrée (contigu à ce foyer, visible au fond de l'image), en même temps qu'il met en vedette le public rassemblé, à la fois à l'intérieur et à l'extérieur de la salle de spectacle proprement dite.

Fig. 13.12 *Intérieur de la salle de spectacle, vue de la scène prise depuis le fond de la salle.* Trahan © 2022.

Fig. 13.13 *Intérieur de la salle de spectacle, vue de la salle prise depuis la scène.* Trahan © 2022.

La description détaillée de l'intérieur de la salle de théâtre nous permet d'avoir plus d'assurance quant au caractère et aux dimensions de cette partie du modèle. Des loges, des baignoires (ou loges grillagées) et un amphithéâtre à trois rangées entourent l'espace circulaire, avec un parterre assis et un parquet au sol, donnant au public une belle vue sur les spectateurs ainsi que sur la scène. La scène large (de soixante pieds) et dégagée favorise l'acoustique dans la salle.

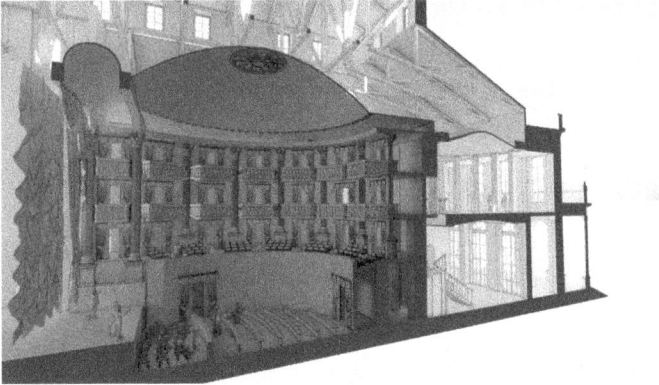

Fig. 13.14 *Coupe sur la longueur du théâtre de Laclotte*. Trahan © 2022.

Le théâtre qui résulte de notre travail – théâtre virtuel qui n'a d'autre réalisation que ce modèle numérique virtuel – témoigne de l'ambition de La Nouvelle-Orléans au moment de son intégration dans les États-Unis, alors qu'elle était en plein essor et cherchait à se mettre en valeur sur la scène du monde.

14. Entretien avec Olivier Aubert et Françoise Rubellin. « Comme de la pâte à modeler » : dialogue sur les humanités à l'âge du numérique

Olivier Aubert, maître de conférences associé en informatique à Nantes Université et consultant en ingénierie des connaissances et Françoise Rubellin, professeure de littérature française du XVIIIᵉ siècle (CETHEFI, LAMO, Nantes Université), en conversation avec Pauline Beaucé et Jeffrey M. Leichman.

***

Jeffrey Leichman (JL) et Pauline Beaucé (PB) : À travers cet entretien, l'idée est de vous inviter à contextualiser des questions qui parcourent en filigrane plusieurs des contributions présentées dans ce volume consacré au renouvellement des études sur lieux de spectacle du passé. Les humanités numériques y tiennent une place importante : bases de données, modélisations, réalité virtuelle, réflexions théoriques... Le numérique, souvent décrit comme virtuel, est pourtant inséparable de notre monde bien réel : quels sont, selon vous, les enjeux des lieux du numérique pour les chercheurs en sciences humaines ?

Olivier Aubert (OA) : Une première chose me fascine, c'est que Jeffrey a beau être aux États-Unis [cet entretien a été en partie réalisé en visioconférence], donc à quelques milliers de kilomètres d'ici, il n'y a quasiment pas de latence. C'est une des premières choses que je mettrais en lien avec la question des lieux du numérique. Le numérique a aboli la distance géographique, tout en permettant la création de nouveaux espaces de communication de nos objets de recherche et de socialisation. La crise Covid, débutée en 2020, a accentué l'accessibilité à l'univers académique, habituellement fermé sur ses lieux, et depuis la communication a été largement transposée par la visioconférence et l'échange de mails. Je n'avais jamais assisté à autant de séminaires et de conférences en ligne avant le premier confinement !

Le numérique a surtout créé des lieux pour l'hébergement des données et il est important de ne pas rester dans la conception d'un numérique éthéré, cette vision dans le nuage [le *cloud*]. Le nuage, c'est une vision du ciel, on ne sait pas trop où ça se trouve. Non, les données numériques sont bien sur des serveurs qui appartiennent bien à quelqu'un et existent quelque part, fonctionnent avec une énergie, avec des problématiques environnementales liées à la consommation de ressources énergétiques et au coût de fabrication du matériel qui sert à stocker le disque dur sur lequel sont inscrits les bits d'information.

S'il y a ces serveurs physiques, il faut des gens pour les maintenir. Or, la maintenance préoccupe peu les chercheurs, et surtout le financement des projets n'inclut quasiment jamais de ligne de maintenance, qui est faite le plus souvent bénévolement par des personnes au sein des laboratoires. C'est aussi le projet suivant qui doit réussir à maintenir les rendus du projet d'avant, mais pas forcément avec les mêmes personnes, ce qui entraîne des problèmes de transmission d'informations.

L'enjeu est alors celui du soin qu'on prend des choses : que ce soit dans l'architecture informatique, au plus près de la machine, des mises à jour, ou que ce soit le soin même des données qu'on a produites et qui évoluent. Les données ne sont plus des choses statiques qu'on écrit dans un livre, qu'après on pose sur une étagère et qu'on reprend quelques années plus tard sans qu'elles aient bougé. Dans une base de données, on incorpore de nouvelles informations, il faut que ce soit accessible, modifiable, que les données puissent vivre. Il faut bien qu'il y ait quelqu'un qui se charge de gérer cette chose-là. Et ce n'est pas toujours complètement pensé[1].

Françoise Rubellin (**FR**) : J'aimerais évoquer un exemple concret pour illustrer l'intervention d'Olivier, en parlant de panne. Quand le site CESAR[2] est resté inaccessible de longs mois, ce fut une catastrophe pour les chercheurs qui travaillent sur le théâtre français d'Ancien Régime. CESAR était aux abonnés absents, introuvable, ce qui montre bien que l'espace de l'information n'est pas irréel ou immatériel.

Se pose alors la question de l'accessibilité. Il est dangereux qu'un lieu de ressources soit confié à une seule personne et installé en un seul endroit (un seul serveur, par exemple) : cela entraîne une dépendance et une grande fragilité des données. De même qu'on laisse parfois un théâtre tomber en ruines, comme le théâtre Bel-Air à Nantes qui se détériore année après année à l'abri des regards, dans le cas d'un projet informatique des espaces de rencontre, de stockage de données, d'intersections de connaissances peuvent être abandonnés du jour au lendemain. Donc, selon moi, de même qu'on analyse l'histoire de la construction et de l'architecture des espaces physiques de spectacle (disparus, subsistants ou jamais construits), il serait très utile de conserver et documenter les différentes étapes des projets numériques : de futurs archéologues du digital se demanderont à quoi ressemblaient ces espaces disparus ou transformés (qu'il s'agisse de CESAR ou de tous les actuels projets concernant le théâtre).

1	Voir sur ce sujet David Pontille et Jérôme Denis, *Le Soin des choses : politiques de la maintenance*, Paris, La Découverte, 2022.

2	CESAR : Calendrier électronique des spectacles sous l'Ancien Régime et la Révolution, https://cesar.huma-num.fr/cesar2/.

OA : Je veux profiter de la comparaison avec le théâtre qui s'effondre parce que il n'est pas entretenu pour évoquer un danger, peu mesuré en informatique mais bien présent dans l'esprit des archivistes : le *black hole* [trou noir][3]. La période où on s'est mis à tout numériser va peut-être devenir, pour les archivistes dans quelques siècles, une grande période de trou noir parce qu'on n'a pas dans le numérique la même culture de documentation, de préservation et d'organisation qu'il y a avec les archives matérielles. Autant en informatique, on peut facilement manipuler des grandes masses de données, autant on peut aussi faire des bêtises à grande échelle, par exemple supprimer des gigas de données en un clic qui fait perdre des choses de manière permanente. Pour moi, il y a un vrai risque de perte des informations qu'on produit, un risque qui est accentué dans le cas informatique.

JL : C'est en fait une question inhérente à l'innovation technologique car le livre est une technologie extrêmement solide, qui fonctionne de la même manière au XVIIe siècle qu'aujourd'hui alors que si on essaie d'utiliser un disque d'il y a 20 ans, c'est presqu'impossible. Dans ce cas, c'est l'évolution technologique qui rend invisibles les données qui seraient, dans un livre (avec tous ses défauts), accessibles même des siècles après. Olivier a dit que les données restent vivantes tant qu'elles sont disponibles, mais ce lieu de l'information disparaît dès qu'on le débranche.

FR : Cela m'amène à un second point : après la panne, l'erreur ! Le problème des données en ligne accessibles à tous aujourd'hui, c'est qu'il peut y avoir des choses fausses qui se répandent à toute vitesse partout. Alors qu'il existait déjà des erreurs dans les livres des savants, les chercheurs pouvaient porter un regard diachronique et le cas échéant publier quelque part « on sait depuis 30 ans que telle affirmation n'est pas exacte ». Tout comme l'espace virtuel élimine la distance géographique, il met à mal l'approche chronologique. On a accès aussi bien à des choses fausses de 1720 qu'à des choses fausses de 2023 ! Le numérique comme espace des savoirs a aussi ses limites.

OA : Comme exemple d'une documentation responsable, je voudrais mentionner Wikipédia, l'encyclopédie collaborative qui a longtemps été décriée par la sphère académique. Elle a deux propriétés fondamentales qui devraient inspirer les chercheurs lorsqu'ils montent des projets collectifs : la gestion des versions (on a tout l'historique de chaque page, qui modifie quoi) et l'onglet discussion (trace des polémiques, des échanges).

JL & PB : Pour passer à un autre sujet, beaucoup de recherches présentées dans le volume s'articulent autour des représentations visuelles des espaces qui ont le potentiel de changer notre conception des cultures de la performance de la première modernité.

---

3   Voir sur ce sujet Jonas Palm, « The Digital Black Hole » (2005) sur le site de l'International Council on Archives, https://www.ica.org/en/digital-black-hole.

Quelle est, selon vous, la valeur des images à l'aune du numérique ? Qu'est-ce qu'elles apportent à nos recherches ? Est-ce que l'image informatique est une finalité inévitable quand on travaille sur les lieux de spectacle du passé ?

FR : Quand on s'intéresse au théâtre, on se pose forcément la question de comment le modéliser, que faire s'il n'existe pas de plans ? J'aimerais partir de l'exemple de la tabatière illustrée par Blarenberghe. Cette miniature exceptionnelle de 6cm x 3cm a longtemps été prise comme une source d'information sur un théâtre de marionnettes de la Foire Saint-Germain. Bien qu'il ne s'agisse pas d'une photo, elle permet à beaucoup de découvrir le théâtre de la Foiredu XVIIIe siècle et d'imaginer qu'il était ainsi. Mais le travail fait par Paul François (architecte-docteur au CNRS, qui a créé le cadre architectural pour le projet VESPACE et a restitué cette salle de marionnettes en réalité virtuelle) a montré toutes les tromperies de cette image concernant la lumière, les perspectives, la hauteur (voir la contribution de Paul François dans ce numéro). J'ajouterais au sujet de l'iconographie que ces représentations visuelles sur lesquelles nous nous appuyons ne sont jamais innocentes. Par exemple, cette illustration de tabatière a été peinte après l'incendie de la Foire Saint-Germain en 1762 : ce théâtre n'existe plus au moment où on le représente. Est-ce pour montrer qu'il y avait du public noble aux marionnettes ? Est-ce pour garder le souvenir des marionnettes de Bienfait ? de Polichinelle et dame Gigogne ? Est-ce pour rappeler qu'à la Foire il y a différents types de spectacles (l'autre face de la tabatière montre un spectacle de danse de corde, chez Nicolet sans doute) ?

Le numérique nous pousse vers la visualisation, ce qui est surtout vrai par exemple pour la réalité virtuelle ou la modélisation 3D. L'immersion offre la possibilité d'entrer dans le lieu et d'avoir une approche beaucoup plus sensorielle et pas uniquement visuelle. On peut se poser la question du bruit, du toucher (comment on croise les gens en les bousculant), de l'odeur (quand on voit la fumée tremblotante de la chandelle), etc. Je pense que moins que d'apporter des réponses, ce travail à partir des images apporte de nombreuses questions, auxquelles parfois on n'a jamais songé, ce qui est très utile pour renouveler l'étude du théâtre.

Toutefois, la visualisation n'est pas le seul objet de toutes les études présentées dans ce numéro. De nombreux projets collectifs contribuent à renouveler l'histoire des spectacles. Lors du colloque de décembre 2022 à Bordeaux[4], on l'a très bien vu : il était fascinant de découvrir les projets des uns et des autres, pas seulement pour le lieu représenté, mais pour les méthodes que les chercheurs avaient employées : on s'est aperçu qu'on n'avait pas tous les mêmes chemins pour aboutir à ce rêve partagé de redécouvrir une histoire du théâtre dynamique.

---

4 *Repenser les lieux de spectacle de la première modernité : sources et méthodes du virtuel pour l'histoire du théâtre*, organisé par Pauline Beaucé, Jeffrey M. Leichman et Louise de Sédouy, les 8–9 décembre 2022 à l'Université Bordeaux Montaigne et au Musée d'Aquitaine. Programme disponible sur le carnet hypothèse, https://vtheatres.hypotheses.org/.

Ces nouvelles images générées nous semblent dans un premier temps comme des plongées dans le passé. On commence par penser : « ah, enfin on peut voir comment c'était ! ». Or il faut bien garder à l'esprit que ce sont des hypothèses de lieux et non des lieux. Mais j'ai envie de répondre à ceux qui nous disent « oui mais c'est faux, comment pouvez-vous savoir que la tapisserie était comme ça ? », que quand on n'avait pas les images, de nombreux historiens ou critiques faisaient des suppositions fausses et qu'on ne les attaquait pas pour cela. On le voit bien avec la contribution de François Rémond, qui a montré que selon les historiens du théâtre, on avait estimé que la scène de l'Hôtel de Bourgogne faisait tantôt six, tantôt douze mètres de large, et qu'on avait aussi fait des approximations sur la hauteur des portes, alors que les images informatiques qu'il a produites contredisent ces suppositions.

Ces images ont un aspect très positif. C'est ainsi, je pense, qu'on va attirer de nouveaux publics. Le jeune public, du collégien à l'étudiant, a des images toute la journée devant lui. Donc intéresser par les images, donner envie d'entrer dans les bâtiments, ce n'est pas forcément l'érudition qu'évoque l'histoire du théâtre, mais c'est une très bonne incitation d'autant qu'il y existe des moyens de mettre en valeur les incertitudes à l'intérieur de la réalité virtuelle par exemple.

OA : Effectivement, pensons au système Prouvé développé par Paul François pendant sa thèse, qui permettait d'enrichir un modèle de réalité virtuelle avec les données qui avaient servi, soit pour contextualiser des éléments dans le système, à concevoir ce modèle de réalité virtuelle. Le système Prouvé s'aligne sur l'esprit critique qu'il faut appliquer à une abondance d'informations, dont ces histoires de visualisation, de représentation, etc. Que ce soit les représentations anciennes auxquelles on a accès maintenant (pensons à Gallica), ou alors à celles qu'on produit nous-mêmes, faire la part des choses exige un regard critique affûté pour trouver des contradictions qui peuvent exister, poser des questionnements, tant par le biais des outils spécifiques comme Prouvé, que par la communication entre chercheurs dans des colloques ou des publications.

Ce qu'a dit Françoise m'évoque notamment la session autour du jeu vidéo que j'ai beaucoup appréciée lors du colloque de décembre 2022 [voir l'entretien, dans ce livre, avec Nicolas Patin et Sandrine Dubouilh], qui nous amène à examiner la série *Assassin's Creed* et les questions qu'elle pose au milieu académique. Il y a une sorte de conflit avec les chercheurs qui ont l'habitude d'avoir des informations validées, exactes et parfois laissent peu de place à l'imaginaire. Alors que le jeu vidéo n'est pas forcément la meilleure chose en termes d'exactitude, pourquoi la suspension temporaire de l'incrédulité (qui est un principe classique de l'expérience théâtrale) n'aurait-elle pas ses applications à nos domaines de recherche ? Quand on joue à un jeu vidéo, il y a des choses qu'on croit, des choses qu'on ne croit pas – on se met à voler, ce qu'on ne peut pas faire dans la réalité mais ce n'est pas grave : il y a des formes de représentation qui sont exactes, d'autres qui ne le sont pas. Je trouve vraiment fécond de situer le jeu vidéo à la fois comme outil de médiation pour faire venir les publics, par son intérêt ludique et sa beauté visuelle mais aussi comme un support à la discussion critique, parce qu'il permet de tester des hypothèses et d'apporter des questionnements, surtout au sujet de la valeur du modèle sensoriel, qu'on n'aurait pas apportés autrement.

FR : En octobre 2018, nous étions à l'Hôtel de Région des Pays de la Loire lors de la Fête de la Science pour présenter VESPACE. A côté de nous, il y avait un stand d'Ubisoft avec *Assassin's Creed*, qui exposait leur mode de jeu « Discovery Tour », qui permet d'apprendre des faits relatifs aux décors historiques des différents jeux. Pourtant les personnes qui jouaient n'avaient pas envie de savoir de quand datait la pyramide, elles ne s'intéressaient qu'au jeu !

JL & PB : L'image n'est pas ordinairement l'objet principal d'étude dans l'histoire du théâtre, mais plutôt un support qui facilite et dissémine notre travail de recherche – images mimétiques, mais aussi graphes et autres traductions visuelles des informations. Est-ce que nous maîtrisons les images ou est-ce que les images nous maîtrisent ? Qu'en est-il de l'autonomie intellectuelle du chercheur qui dépend d'outils qui ne sont pas forcément les siens comme base de son travail ? Est-ce que la pluridisciplinarité du numérique, souvent portée subrepticement par l'image numérique, menace la spécificité des domaines d'étude en les subordonnant tous à une visualisation unificatrice mais potentiellement déformatrice ?

OA : Je pense qu'il y a quelque chose à tirer du point de vue des chercheurs dans ce sentiment de vulnérabilité qu'ils ressentent à la non maîtrise des éléments. C'est un vrai plaidoyer en faveur de tous les diplômes en humanités numériques qui se développent pour former des personnes qui ont à la fois des compétences numériques et dans le domaine des humanités, pour que l'informatique ne soit pas quelque chose qu'on subit, mais que ce soit un outil de plus.

FR : Je suis d'accord bien sûr avec Olivier et je pourrais donner l'exemple de Scott Sanders, qui a appris à coder pendant le confinement pour pouvoir aller plus loin dans son programme de recherche. Nous devrions au moins apprendre à penser la création d'une base de données, même si ce n'est pas nous qui allons l'exécuter. Quand j'ai participé à l'élaboration du modèle de données de THEAVILLE (http://www.theaville.org), j'ai appris beaucoup en posant des questions naïves et non informées. Quant à l'idée d'une perte d'autonomie et d'une dépendance aux outils, il me semble qu'il faut surtout souligner la nécessité d'un travail collaboratif et les avantages que celui-ci entraîne. Pendant longtemps la recherche en lettres relevait d'un effort solitaire, souvent coupé non seulement des autres chercheurs mais aussi des autres disciplines. Aujourd'hui, la crainte de la dépendance recoupe parfois la peur de se voir déposséder de ses données, ou bien de ne plus être seul maître à bord.

OA : Je suis un informaticien donc j'ai l'habitude de cette chose-là, j'ai déjà ce rapport à la matière numérique, que je vois comme de la pâte à modeler. Mais je n'ai pas toujours les questions pour faire avancer la recherche, c'est pour ça qu'il faut que je travaille avec des personnes comme Françoise qui apportent les questions et le cadre pour guider la forme qu'on donne aux rendus. La question que vous posez, la manière dont vous l'avez énoncée, suppose qu'on subit les images, les représentations. Or, c'est quelque chose contre lequel je me bats justement, j'essaie de faire prendre conscience à tout le monde et surtout aux personnes qui ne sont pas dans le numérique, qu'on ne subit pas un ordinateur, on n'a pas le droit de subir ce qu'il nous fait. C'est bien de reprendre une autonomie par rapport à ça, et pour ce faire il faut se former un peu, développer une appétence et un minimum de connaissances pour pouvoir discuter. C'est aussi un appel moins à former des chercheurs qui soient uniques et qui aient toutes les compétences de manière unique, qu'à à créer de vrais pôles de compétences et des groupes de recherche en humanités numériques. Cela implique de dépasser le modèle des prestataires numériques, des gens à qui on demande juste un service avec une spécification qui est mal faite parce qu'elle n'intègre pas les aspects numériques.

Cette question de l'autonomie intellectuelle rencontre celle, évoquée au début, de la pérennité des recherches qui dépendent des méthodes informatiques, précisément dans le domaine des licences. Quelle est la propriété qu'on donne à la fois aux logiciels, et surtout aux logiciels libres qui permettent de garder une pérennité de ces données, et les licences qu'on met aux données aussi ? Autrement dit, comment est-ce qu'on permet qu'une donnée évolue, comment est-ce qu'on permet qu'une personne s'approprie cette information, et quelles licences peut-on utiliser pour éviter qu'il y ait une appropriation personnelle, pour assurer qu'il s'agisse d'une contribution générale ?

Ces histoires de licence soulignent l'importance du privé dans le monde de la recherche, au sein même de l'espace informatique. Mais les revues scientifiques avec des droits d'accès énormes montrent que la publication académique était déjà quelque chose de commercial avant l'informatique. Sous cet angle, ce n'est pas si évident que ce soit juste le privé qui pose problème. On peut encore faire le lien avec Wikipédia qui opère avec une licence ouverte, avec Creative Commons pour pouvoir diffuser la connaissance, qui n'empêche pas l'appropriation. Dans les licences libres, il y a deux grands domaines : celles qui permettent l'appropriation, donc des licences très permissives, ce qu'on appelle les licences MIT. Sous ces accords, quelqu'un peut tout à fait profiter d'un logiciel ou d'une base de données qui a été développé par quelqu'un d'autre, l'intégrer dans quelque chose de complètement propriétaire et personnel sans aucune obligation morale ou légale vis-à-vis des développeurs initiaux.

D'autres licences imposent d'avoir à redonner aussi ces modifications et ces ajouts aux matières utilisées aux développeurs, qui empêchent de réutiliser des produits informatiques (logiciels ou bases de données) pour des fins entièrement privées. Il y a un vrai débat autour de ça dans le monde du libre et qui se diffuse un peu partout. Le maintien et la licence déterminent qui va pouvoir voir et utiliser les recherches après la fin du projet, et donc ce sont des questions importantes à avoir en tête en amont des projets numériques. Quels droits est-ce que je donne aux utilisateurs futurs ? Qu'est-ce que je permets d'en faire explicitement ? Les universitaires préfèrent souvent laisser cela un peu flou.

JL & PB : Quelle suite pour les projets en humanités numériques ? Quelles évolutions vous fascinent le plus ?

OA : L'intelligence artificielle fait beaucoup parler en ce moment, et il est intéressant de noter que les données générées par ChatGPT sont sous licence Creative Commons. Elles sont en CC-BY donc elles sont en Creative Commons avec devoir d'attribution d'auteur, en l'occurrence OpenAI [l'entreprise qui a développé l'IA]. C'est différent du domaine public, parce qu'il faut toujours citer l'auteur ; sinon, c'est très permissif, on peut les réutiliser, on peut en faire quelque chose de commercial, on peut les vendre, mais normalement il faut toujours citer l'origine.

Beaucoup de modèles et de procédés de modélisation actuels nécessitent de gros moyens matériels, comme on a évoqué au tout début de la discussion, les serveurs et les centres de calcul, qui nécessitent des alimentations électriques, des gigawatts de puissance qui dépassent de loin les moyens des universités, alors quelle place pour les centres de recherches publics ? Ici, on peut citer l'exemple de Bloom, un modèle de langage conversationnel comme ChatGPT mais beaucoup plus réduit. C'est à l'échelle des serveurs universitaires et au moins on maîtrise ce qu'il y a dedans – dans la mesure où on peut maîtriser ce qu'il y a dans un réseau neuronal artificiel, où l'enjeu est souvent d'observer le rendu et de théoriser comment l'affecter pour affiner les résultats, car dans les systèmes de *deep learning* (apprentissage profond), on ne maîtrise pas tout. Mais avec un système comme Bloom, au moins on peut faire de la recherche dessus, c'est plus ouvert que les systèmes propriétaires.

Mais même ces systèmes d'une complexité littéralement au-dessus de notre compréhension fonctionnent tous sur une base de données, des données créées par les humains. Par exemple, les premiers modèles de *deep learning* qui ont vraiment bien fonctionné étaient les modèles de labellisation et puis de génération d'image. Ce modèle s'est formé d'abord avec ImageNet, une grande base d'images assemblée par des humains. Si on se projette un peu dans l'avenir, on pourrait imaginer des IA qui sont entraînées spécialement pour fouiller dans les données de recherche faites pour des projets informatiques antérieurs, par des chercheurs dans le passé. À ce moment-là, la question de la propriété – de la licence – devient centrale.

Ensuite, l'IA ne peut pas toujours évaluer la validité et la pertinence des données. Dans les algorithmes de *deep learning*, si la source n'est pas fiable, le résultat ne le sera pas non plus – « *bullshit in, bullshit out* ». Mais qui va avoir l'expertise pour valider les données d'entraînement de ces systèmes-là ? Et après, qui aura l'expertise pour les tordre suffisamment pour faire sortir des choses inappropriées au modèle[5] ?

FR : J'aimerais conclure ces remarques par l'observation que l'IA montre l'importance de l'esprit critique : on aura encore plus besoin de savants en philosophie, en littérature, en histoire de l'art, en architecture. L'expertise humaine ne sera pas remplacée par l'IA. Terminons sur une note positive pour valoriser nos domaines de compétences et n'ayons pas peur d'être écrasés et de disparaître !

---

5   Comme souvent, une nouvelle de science-fiction pointe, dès 1996, ce problème de la validation des données nourrissant des modèles de deep learning qui gèrent de plus en plus de décisions dans le monde. Dans « Nulle part à Liverion » Serge Lehman fait le récit d'un historien qui utilise sa connaissance des archives afin de pirater les droits de propriété sur la terre, qui sont déterminés par des satellites dont les algorithmes de contrôle dépendent d'informations susceptibles d'être manipulées.

Biographies des contributeurs

Olivier Aubert est consultant en ingénierie des connaissances, et maître de conférences associé en informatique à Nantes Université (Polytech Nantes-LS2N) dans l'équipe DUKe. Il poursuit une recherche interdisciplinaire en ingénierie des connaissances, avec un focus sur l'annotation audiovisuelle et les humanités numériques. Site personnel : https://www.olivieraubert.net/

Pauline Beaucé est maîtresse de conférences en études théâtrales à l'Université Bordeaux Montaigne et membre junior de l'Institut universitaire de France. Ses recherches portent sur l'histoire des spectacles au XVIIIᵉ siècle et au début du XIXᵉ siècle. Elle s'intéresse à l'évolution des formes spectaculaires en musique (parodie d'opéra, pantomime, pastorale, opéra-comique), à l'histoire matérielle du théâtre à travers l'étude des lieux, ainsi qu'aux enfants artistes de scène. Elle a coordonné avec Jeffrey Leichman le projet *Virtual Theaters in the French Atlantic World*. (publications : https://cv.hal.science/pauline-beauce)

Raphaël Bortolotti est titulaire d'un premier master en histoire de l'art de l'Université de Lausanne et d'un second master en chant baroque de la Schola Cantorum Basiliensis. En 2017, Raphaël Bortolotti apprend l'existence d'un équipement scénique original du XIXᵉ siècle dans le théâtre de la petite ville de Feltre, dans le nord de l'Italie. Il entreprend alors un doctorat en histoire de l'art sur la peinture de scène italienne du XIXᵉ siècle sous la codirection de Maria Ida Biggi (Università Ca'Foscari) et de Philippe Kaenel (Université de Lausanne).

Logan J. Connors est professeur de langues et de littératures modernes à l'Université de Miami (Floride). Il est notamment l'auteur de *Theater, War, and Revolution in Eighteenth-Century France and Its Empire* (Cambridge University Press, 2024), *The Emergence of a theatrical science of man in France, 1660–1740* (Oxford University Studies in the Enlightenment, 2020), *Dramatic battles in eighteenth-century France* (Oxford University Studies in the Enlightenment, 2012) et d'une édition critique du *Siège de Calais* de Pierre-Laurent de Belloy (MHRA, 2014). Il travaille actuellement sur la fonction du théâtre comique pendant la Révolution française.

Estelle Doudet, ancienne élève de l'ENS-Ulm, agrégée et docteure ès lettres, a étudié en France, aux États-Unis et aux Pays-Bas, avant de devenir maîtresse de conférences à l'Université de Lille, chercheuse déléguée au CNRS et professeure à l'Université Grenoble Alpes. Membre honoraire de l'Institut universitaire de France, elle est l'actuelle titulaire de la chaire de littérature française des XIVe, XVe et XVIe siècles à l'Université de Lausanne (Suisse), et vice-rectrice recherche de cette université. Elle travaille sur les représentations du temps présent et les pratiques de la communication publique en moyen français : rhétorique, poésie, historiographie, polémique et satire. Historienne du théâtre en français aux XVe et XVIe siècles, elle développe des approches innovantes comme l'archéologie des média et l'utilisation de la réalité virtuelle.

Sandrine Dubouilh est architecte DPLG, professeure des universités à l'Université Bordeaux Montaigne (UR ARTES), détachée à l'École nationale supérieure d'architecture Paris Val de Seine. Ses recherches portent essentiellement sur la scénographie, l'architecture théâtrale et les équipements culturels. Elle a notamment publié *Une Architecture pour le théâtre populaire 1870–1970* (Éditions AS, 2012) ainsi que divers articles sur l'histoire et l'analyse des lieux de spectacle. Ses recherches portent aussi sur l'histoire des salles de spectacle du Trocadéro et l'acoustique des salles (programme de recherche ÉCHO-ÉCrire l'Histoire de l'Oral).

Paul François est architecte, ingénieur et docteur de l'Ecole Centrale de Nantes. Il est ingénieur de recherche au laboratoire d'archéologie médiévale et moderne en Méditerranée (CNRS-Aix-Marseille Université), ses travaux portent sur la numérisation, la restitution et l'immersion virtuelle pour l'histoire et l'archéologie.

Julien Le Goff est ATER en études théâtrales à l'Université de Lille et doctorant à Nantes Université, ou il prépare actuellement une thèse sous la direction de Françoise Rubellin intitulée *Être spectateur dans les théâtres officiels et non officiels au siècle des Lumières : de la réalité matérielle à la représentation littéraire, expérience individuelle et enjeux des réseaux sociaux*. Il est membre du Centre d'études des théâtres de la Foire et de la Comédie-Italienne au sein du laboratoire LAMO. Il a participé au programme international et multidisciplinaire VESPACE (*Virtual Early Modern Spectacles and Publics, Active and Collaborative Environment*) qui vise à reproduire une expérience d'immersion multisensorielle dans un théâtre de la Foire Saint-Germain à Paris au siècle des Lumières.

Jeffrey M. Leichman est *William Boizelle Associate Professor* dans le département d'études françaises à Louisiana State University (LSU), où il dirige le Centre d'Etudes Françaises et Francophones. Ses recherches portent sur les cultures de performance dans le monde francophone moderne, les rapports entre cinéma et théâtre et les humanités numériques. Il a notamment co-dirigé les projets VESPACE (modélisation interactive d'un théâtre de foire parisien) et *Virtual Theatres in the French Atlantic World*. En 2018–2019, M. Leichman était Fellow à l'Institut d'Etudes Avancées de Nantes.

Rafaël Magrou est architecte, docteur en arts et architecture, et maître de conférences enseignant la conception de théâtres et de scénographies (en partenariat avec la Comédie-Française) à l'École nationale supérieure d'architecture Paris-Malaquais. Ses travaux de recherche portent notamment sur les mutations morphologiques des salles de spectacle, les dispositifs évolutifs scéniques et la scénographie.

Nicolas Patin est ancien élève de l'ENS de Lyon, agrégé et docteur en histoire contemporaine. Spécialiste de l'Allemagne du premier XXᵉ siècle, il a publié de nombreux livres sur la question. Dans sa pratique pédagogique, il a cofondé l'initiative *Montaigne in Game* en 2018 à l'Université Bordeaux Montaigne, avec José-Louis de Miras (docteur en cinéma). Ils analysent les jeux vidéo qui traitent du passé en proposant des conférences en live.

Magaly Piquart-Vesperini est doctorante à l'Université Paris 1 Panthéon-Sorbonne sous la direction de Jean-Philippe Garric. Sa thèse est consacrée aux wauxhalls parisiens, monuments éphémères des fêtes parisiennes dans la seconde moitié du XVIIIᵉ siècle. Il s'agit d'un sujet apparu à la suite de ses mémoires de master 1 et 2, sur le Colisée de Paris (1771–1780) et le Cirque du Palais-Royal (1787–1799). Elle enseigne à l'Université de Poitiers en tant qu'ATER en histoire de l'architecture en France et en Italie du XVᵉ siècle au XVIIIᵉ siècle.

Bertrand Porot est professeur émérite à l'Université de Reims et au CERHIC. Il est chercheur associé à l'IReMus, Sorbonne-CNRS. Ses recherches portent sur les spectacles lyriques et forains en France, sur la vie musicale des XVIIᵉ et XVIIIᵉ siècles ainsi que sur les études de genre. Il a publié plus de de cent articles scientifiques, articles de dictionnaire et préfaces. Il a publié *Les Interactions entre musique et théâtre*, L'Entretemps, 2011, *Musiciennes en duo, Compagne, fille, sœur d'artistes*, Presses universitaires de Rennes, 2015 et *Quelles musiques pour la piste ?*, Presses universitaires de Rennes, 2023.

François Rémond est comédien, metteur en scène et enseignant en histoire et esthétique du théâtre à l'Université Paris III-Sorbonne Nouvelle. Ses recherches portent sur l'histoire des formes théâtrales populaires, les structures dramatiques et la relation entre le textuel et le performanciel. Son essai *Les Héros de la farce : Répertoire des comédiens-farceurs des théâtres parisiens (1610–1686)* est paru en 2023 aux éditions Honoré Champion.

Françoise Rubellin est professeure de littérature française du XVIIIᵉ siècle à Nantes Université. Fondatrice et directrice du Centre d'études des théâtres de la Foire et de la Comédie-Italienne (http://cethefi.org, UR 4276 LAMO), elle est spécialiste de Marivaux (9 livres et éditions, 40 articles), des théâtres de la Foire, dont l'opéra-comique et les spectacles pour marionnettes, des relations théâtre et musique et des pratiques parodiques. Elle a publié plusieurs recueils de pièces inédites et de nombreux articles sur le théâtre français non officiel du XVIIIᵉ siècle. Elle coordonne plusieurs programmes de recherches interdisciplinaires qui s'appuient sur les humanités numériques (et, avec Jeffrey Leichman, VESPACE).

Louise de Sédouy est doctorante et ATER en études théâtrales à l'Université Bordeaux Montaigne. Elle rédige une thèse de doctorat intitulée « Une autre fabrique du spectacle en province : lieux et pratiques marginales. Le cas de Bordeaux (XVIIIe-XXe siècle) » (sous la direction de Sandrine Dubouilh et Pauline Beaucé) et porte divers projets artistiques pour la compagnie de spectacle 10 Secondes et des Brouettes.

Shea Trahan, AIA, LEED AP, est architecte et directeur du design pour le cabinet MADE Design à La Nouvelle-Orléans. Il est diplômé en architecture de Tulane University et de l'University of Louisiana at Lafayette, et détient une certification en neuroscience pour l'architecture de la New School of Architecture and Design. M. Trahan a présenté ses travaux dans des organisations et des publications internationales, notamment TEDx Vermilion Street, *Architect Magazine*, ArchDaily, le New Orleans Museum of Art, The Academy of Neuroscience for Architecture, et le collectif *Creating Sensory Spaces: The Architecture of the Invisible* (Routledge, 2017). Actuellement, il fait partie du conseil exécutif de l'International Arts and Mind Lab à l'université Johns Hopkins. En dehors de sa pratique architecturale, M. Trahan est aussi doctorant en design à Louisana State University.

Cyril Triolaire est maître de conférences en études théâtrales à l'Université Clermont Auvergne et membre du Centre d'Histoire « Espaces et cultures » (CHEC). Il s'intéresse aux pratiques culturelles et artistiques entre Lumières et romantisme, et particulièrement au cours des années révolutionnaires et impériales. Il privilégie une histoire tout à la fois culturelle, sociale, économique, politique et matérielle des spectacles et de la vie théâtrale en étudiant tant les structures que les parcours des artistes ou bien leurs répertoires. Il montre un intérêt renouvelé à l'égard des formes théâtrales mineures et hybrides héritières des spectacles vivants et mécaniques de la foire. Il a publié *Le Théâtre en province pendant le Consulat et l'Empire* (PUBP, 2012) et a codirigé, avec Pauline Beaucé et Sandrine Dubouilh, *Les espaces du spectacle vivant dans la ville. Permanences, mutations, hybridité (XVIIIe-XXIe siècles)* (PUBP, 2022). Il a coordonné le projet de recherche-création sur la vie théâtrale dans le Massif central des Lumières à la Belle Époque avec Dominique Touzé (Wakan Théâtre), et Pierre Levchin et Anne-Sophie Emard (vidéastes-plasticiens Derzu & Uzala). Ce projet a donné lieu à une enquête inédite, *Tréteaux dans le Massif. Circulations et mobilités professionnelles théâtrales en province des Lumières à la Belle Époque* (PUBP, 2022).

Natalia Wawrzyniak a soutenu sa thèse en lettres modernes à l'Université de Varsovie en 2015, et publié *Lamentation et polémique au temps des guerres de Religion* (Classiques Garnier, 2018). Elle a coordonné le projet de l'exposition virtuelle à l'université du Mans : Enfances humanistes. Parcours visuel et sonore. Entre 2020 et 2023, elle a été Chercheuse FNS senior à l'Université de Lausanne. Dans le cadre du projet FNS

Médialittérature, dirigé par Estelle Doudet, elle a mis en place une base de données *Premiers théâtres romands*. Ses recherches sur les activités théâtrales dans l'espace romand, notamment sur les farces vaudoises et le théâtre militant de Neuchâtel, ont fait l'objet d'expérimentations en RVI dans le cadre des séminaires ARCHAS en 2021 et 2022.

List of Illustrations and Videos

Illustrations

Videos

Index

À propos de l'équipe

Alessandra Tosi a été la rédactrice en chef de ce livre. Margaret Rigaud a révisé et indexé ce manuscrit.

Jeevanjot Kaur Nagpal a conçu la couverture avec InDesign en utilisant la police Fontin. L'image de couverture a été réalisée par Louise de Sedouy.

Illustrations de la couverture:
Projet de théâtre place Napoléon, Lamarle, 1851 - © Archives de Bordeaux Métropole, Bordeaux XXX-I-1.
Projet de Wauxhall, Louis Combes, 1778 - Séléné, Fonds Delpit, Del. Carton 159/42.
Projet de Wauxhall, Nicolas Lenoir, 1769 - © Archives de Bordeaux Métropole, Bordeaux XXI-O-79.
Casino pour la place des Quinconces, Eugène Gervais, 1894 - © Archives de Bordeaux Métropole, Bordeaux XXI-Q68.
Projet de Palais des Fêtes, Cyprien-Alfred Duprat et Pierre Ferret, 1913, © Archives de Bordeaux Métropole, Bordeaux 26 Fi 27.

Cameron Craig a composé le livre avec InDesign et produit les éditions brochées et reliées. La police du texte est Tex Gyre Pagella et la police du titre est Californian FB.

Cameron a également produit les éditions PDF et HTML. La conversion a été effectuée avec un logiciel open source et d'autres outils disponibles gratuitement sur notre page GitHub à l'adresse https://github.com/OpenBookPublishers.

Jeremy Bowman a créé l'EPUB.

Laura Rodríguez a été en charge du marketing

Ce livre a été évalué par des experts dans leur domaine. Nous remercions le professeur Jan Clarke et l'expert anonyme pour leur aide précieuse.

Vous pourriez également être intéressé par :

Acoustemologies in Contact
Sounding Subjects and Modes of Listening in Early Modernity
Emily Wilbourne and Suzanne G. Cusick(Eds)

https://doi.org/10.11647/obp.0226

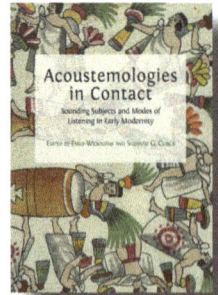

The Juggler of Notre Dame and the Medievalizing of Modernity
Volume 4: Picture That: Making a Show of the Jongleur
Jan M. Ziolkowski

https://doi.org/10.11647/obp.0147

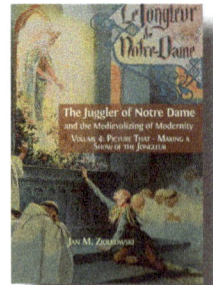

The Sword of Judith
Judith Studies Across the Disciplines
Kevin R. Brine, Elena Ciletti, and Henrike Lähnemann (Eds)

https://doi.org/10.11647/obp.0009

Milton Keynes UK
Ingram Content Group UK Ltd.
UKHW052155201024
449849UK00006B/28

9 781805 112853